Comparative Research Series on Cross-strait Industry

两岸产业比较研究丛书

本丛书是“2011计划”——“中国特色社会主义经济建设协同创新中心”的子平台“区域协调与产业发展”研究团队的阶段性成果

两岸新能源产业发展比较研究

庞瑞芝　孟辉　李爽　主编

Comparative Study on Cross-strait Development of New Energy Industries

经济管理出版社
ECONOMY & MANAGEMENT PUBLISHING HOUSE

图书在版编目（CIP）数据

两岸新能源产业发展比较研究/庞瑞芝，孟辉，李爽主编．—北京：经济管理出版社，2019. 1

ISBN 978-7-5096-6331-8

Ⅰ．①两…　Ⅱ．①庞…　②孟…　③李…　Ⅲ．①新能源—产业发展—对比研究—中国　Ⅳ．①F426. 2

中国版本图书馆 CIP 数据核字（2019）第 016578 号

组稿编辑：郭丽娟
责任编辑：刘　宏
责任印制：黄章平
责任校对：董杉珊

出版发行：经济管理出版社
（北京市海淀区北蜂窝 8 号中雅大厦 A 座 11 层　100038）
网　　址：www. E-mp. com. cn
电　　话：（010）51915602
印　　刷：北京玺诚印务有限公司
经　　销：新华书店
开　　本：720mm×1000mm/16
印　　张：18. 5
字　　数：323 千字
版　　次：2019 年 4 月第 1 版　　2019 年 4 月第 1 次印刷
书　　号：ISBN 978-7-5096-6331-8
定　　价：69. 00 元

编委会名单

序　一

经历了2009年国际金融危机的冲击，当前世界经济进入新一轮的调整和转型期，以美国为代表的发达国家虽然经济探底趋稳，但财政悬崖、主权债务危机的阴影犹存；新兴经济体和部分发展中国家虽然经济保持较高的增速，但面临的挑战和风险也很大。从世界经济格局来看，世界经济中心向亚太地区转移的趋势有所增强，在刚刚过去的2012年，全球经济复苏放缓，而亚太新兴经济体总体上保持了难得的增速，成为世界经济的一抹“亮色”。在亚太地区，中国大陆与中国台湾作为“大中华经济圈”中实体经济发展各具千秋的两个重要经济体，彼此之间活跃的产业合作和日益紧密的经济联系会增强双方的实力，达到合作共赢、共同增强在亚太地区的主导力量的效果。

自2008年两岸关系出现历史性转折后，两岸双方在反对“台独”、坚持“九二共识”的共同政治基础上，本着“建立互信、搁置争议、求同存异、共创双赢”的精神，致力于两岸关系的和平发展。目前我们已经签署了空运、海运、通邮等协议，实现了两岸全面直接双向“三通”，促成了大陆居民赴台旅游，取得了两岸人员往来的又一次重大突破，在众多领域建立了两岸交往与合作机制，解决了两岸同胞关心的一系列经济、社会、民生等问题，特别是签署了《海峡两岸经济合作框架协议》以及投资保护、海关合作两项后续协议后，更推进了两岸经济一体化的进程。“三通”开放至今，两岸贸易总额已突破5600亿美元，大陆累计批准台商投资项目8.7万个，台商实际投资金额565.3亿美元。同期，共有133家大陆企业在台设立分公司或代表处，投资金额达7.22亿美元。2008年两岸携手直面国际金融危机的冲击，风雨同舟，共渡难关，为两岸产业与企业界的更深入、具体、全面的交流与合作奠定了坚实的情感基础。两岸发展的历史充分证明，分则两败，合则共赢。

我们惊喜地发现，在两岸经济、社会、文化、教育等领域日益频繁而密切的交流中，两岸的高校发挥了重要而独特的作用。不仅通过教师和学生的交流互访学习，取长补短，加深了理解和友谊；而且更有一些眼光深邃、做法务实的两岸高校，各取所长，为两岸的产业和企业合作发展发挥着智力支持作用。由南开大学和台湾东吴大学发起，联合了两岸十几所高校的专家学者编写出版的“两岸产业比较研究丛书”，恰逢其时，将适应两岸经济交流与合作的新形势，为两岸产业和企业加深了解、建立互信、寻求商机、互利互惠开启一扇机会之窗。

未来“大中华经济圈”的不断崛起将可能成为影响国际经济格局变化的重要力量，两岸的经济和产业合作也将不断由初期的贸易往来和直接投资向立足于两岸需求、资源、技术的全方位深层次的产业对接与合作转移。两岸内部市场的新经济增长点在哪里？两岸产业各自的竞争优势是什么？两岸产业进一步深入合作的制度政策和机制需求是什么？相信“两岸产业比较研究丛书”的出版将有助于我们寻找相关问题的答案。也希望通过这套丛书的出版，能进一步推进两岸官、产、学、研的更加深入持久的战略性合作。

目前两岸科技、文化、教育等领域交流与合作议题的正式商谈虽然还未开始，但两岸一些心系两岸和平发展之大计、脚踏实地的高校和学者已经开始他们扎实而富有成效的探索，虽然这些成果还不尽善尽美，但他们精诚合作，为两岸发展贡献绵薄之力的赤诚之心可见。愿他们的开拓性工作不断深入，结出更多更美的硕果。愿两岸产业界和企业界携手合作，共赢共荣的美好日子愈久绵长。

陈云林

2015 年 6 月

序　二

全球经济已经进入成长速度放缓、竞争加剧、深度转型的调整期，未来发展充满了复杂性、不稳定性和不确定性。已开发国家经济进入缓慢复苏的阶段，低速成长可能成为长期的趋势。开发中国家或地区尤其是新兴经济体具有较高的成长速度，已经成为世界经济成长的主要动力，但成长速度不如以往的压力也逐渐显现。世界经济格局正发生明显的变化，亚洲的地位与作用日益重要。为因应全球经济高度不确定性的挑战，掌握全球经济重心向亚洲转移的机会，海峡两岸应加强合作、优势互补，共同采取更为积极有效的措施以稳定、发展、繁荣两岸经济。

2008 年以来，两岸关系迈入和平发展的一个新的阶段。至 2012 年底为止，海基会与海协会共举行了 8 次高层会谈，签署了 18 项协议，涉及两岸直航、大陆观光客来台、投资保障等，为两岸经济共同繁荣与发展奠定了坚实的基础。其中，2010 年 6 月，海基会和海协会签署了《海峡两岸经济合作框架协议》(ECFA)，进一步增进了双方的贸易与投资关系，建立了有利两岸经济繁荣与发展的合作机制，为台湾与大陆的经贸交流与合作揭开了新的里程碑。

世界经济进入全新的发展阶段，新的形势给两岸经济交流与合作创造了新的机会，也产生了新的需求。当前，两岸经济均进入调整期，新阶段的产业合作可以基于两岸内部市场新经济成长机会的创造与成长方式的改变；如何从两岸经济发展的特色出发，选择两岸产业合作的领域与重点备受关注。就现阶段而言，两岸产业合作特别要注重对两岸内部市场的培育。两岸关系进入后 ECFA 时期，机制与制度的建构已经成为两岸产业合作的重中之重。两岸关系的改善以及 ECFA 的签署，应该在已有的架构协议层面，积极地完成相关的配套政策、机制、制度的建设，才能更深化产业的合作。在两岸合作由初级贸易往来转向深层次产业合作的关键时刻，如何从两岸的共同利益出发，实现两岸经济与产业的合作共赢，在全球经济格局中共同实现经济再发展，已经成为两岸官方、产业界和学术界共同关心的重大课题。

欣闻东吴大学和南开大学共同发起建立专业化、开放化和国际化研究平台，吸引海峡两岸的优秀学者，在两岸产业合作与对接这一新兴重要领域进行兼具创建性、开拓性与系统性的研究，共同编撰“两岸产业比较研究丛书”，深感其正逢其时、意义深远。这是第一部两岸学者携手完成的两岸产业比较研究丛书，这一系列丛书全方位剖析了两岸产业发展现状与未来对接的机会和挑战，涉及物流产业政策、港口发展等多个不同经济发展领域，研究成果兼具深度与广度。我相信这套丛书的出版问世，将为两岸产业合作与对接提供可参考、可采纳、可使用的产业发展对策，切实有效地为两岸经济共同繁荣与发展作出贡献。

这套丛书的问世，倾注了两岸学者的卓越智慧，期盼两岸学者能够继续精诚合作，竭尽所能地进一步加强两岸教育与科研资源的交流，建立高效、稳定、可持续的合作机制，产出更多、更好的硕果，为共同提升两岸经济发展贡献力量。

江丙坤

2015 年 8 月

前 言

能源是现代经济的血液，是人类社会生存和发展的重要物质基础。随着全球经济的快速发展和人口不断扩张，人类对能源的需求呈现指数增长，这与传统石化能源的日益短缺形成尖锐矛盾。此外，我国长期以来传统高能耗的发展模式导致生态环境日益恶化，现有能源消费模式已难以满足可持续发展要求。在此背景下，发展环境友好、地域分布相对均衡且潜力无限的新能源成为各国共识，美国、欧盟、日本等主要发达国家和地区都在加紧制定战略性能源规划，积极鼓励新能源领域的开发建设，以期改善能源消费结构，构建安全、稳定、经济、清洁的现代能源产业体系。

新能源产业作为体现国家战略的新兴产业，对于我国经济的长期持续发展以及在国际产业竞争中占据战略地位，都具有重要意义。我国进入“十三五”时期，习近平总书记将“绿色发展”作为“十三五”发展的五大发展理念之一，强调经济、社会和环境的和谐健康发展。当前，海峡两岸能源紧缺的问题严重制约着经济社会发展。一方面，两岸能源消费仍以常规能源为主，污染问题严重且不可持续；另一方面，两岸能源消费大多依赖进口，存在着能源安全隐患。因此，要实现两岸经济社会可持续发展，就必须注重经济安全、能源安全与环境安全的协调统一。只有大力发展新能源，才能确保两岸能源供应安全、能源结构调整优化，才能更好地应对全球产业结构优化升级的挑战，进而加快经济发展方式转变，促进能源与经济、社会、环境的协调发展。

现阶段发展新能源产业，既是世界能源发展大趋势，也是世界各国的必然选择，新能源领域的合作与发展正成为国际社会共识。长期合作意向，不仅会对能源产业转型产生重大的促进作用，也将为全球新能源发展奠定新的基础，并且对我国经济转型产生积极影响。海峡两岸目前均面临经济转型升级与增强产业竞争力的挑战，未来海峡两岸应在和平友好的良好局面下，加强新能源领域的交流与合作，实现优势互补，促进互利共赢，进一步深化两岸经济合作的目标。

正是在此背景下，本书作为海峡两岸产业发展系列比较丛书之一被特别予以规划。本书的研究内容分为五部分。第一部分，新能源产业的特征与发展的一般理论分析。通过对新能源的内涵、特征、产业链、新能源与可持续发展的关系等一般经济理论的梳理，解决新能源的范围界定、技术经济特性以及新能源产业链的完善和可持续发展等基本问题，进而梳理当今国际特别是两岸新能源产业的基本发展情况。第二部分，两岸新能源产业发展比较。从两岸太阳能、风电、核电、生物质能产业发展的阶段演进、重点领域、技术状况、发展趋势和热点问题出发，对两岸新能源产业发展进行全方位对比分析。第三部分，两岸新能源产业的经营效率比较。以中国大陆和中国台湾 51 家光伏上市公司为例，从微观视角考察两岸光伏产业的经营绩效水平，客观评价两岸新能源产业的发展现状及差距。第四部分，新能源产业政策理论与两岸新能源产业政策对比分析。结合我国新能源产业政策现实，从理论层面对新能源产业政策进行深入分析，在此基础上，从财税政策、科技政策和金融政策等层面对两岸产业政策进行比较分析，为我国新能源产业政策的制定与实施提出意见和建议。第五部分，两岸新能源产业的法律法规比较与两岸新能源合作前景。梳理两岸新能源整体产业以及细分行业的法律法规，并对两岸新能源产业法律法规的特点与现状进行归纳、比较，进而提出相应的建议。最后则是探讨两岸新能源合作的未来前景，描绘了未来两岸在光伏、风电、核电、生物质领域的合作趋势，并构建宏观、中观、微观层面的合作机制来保障两岸合作的长期性、稳定性、可行性。

本书在完成过程中得到了两岸学者以及产业界人士的诸多帮助。南开大学经济与社会发展研究院副院长白雪洁教授，台湾交通大学胡均立教授，台湾东吴大学邱永和教授，台湾政治大学地政学系、台湾都市计划协会秘书长白仁德教授，台湾东吴大学商学院院长傅祖坛教授，台湾经济研究院研究五所所长杨丰硕，台湾综合研究院（“经济部”节能减碳推动办公室）副所长侯仁义，台达电子文教基金会计划主任邱姿蓉，零碳行动有限公司执行长陈杨文，茂林工程顾问有限公司总经理潘裕文都为本书提供了珍贵的资料，在调研、建议和协调上给予了莫大的帮助与支持，在此致以深深的谢意。正是由于他们无私的帮助，才使本书能够对台湾新能源产业发展的现状及动态有了更为深刻的了解，实现对两岸产业发展的比较研究。在这里，还要感谢为本书的完成付出许多努力的南开大学经济与社会发展研究院的多位硕士研究生同学：李培培、周良军、杜乃璇等。他们为本书初稿的完成承担了部分基础性的资料收集、文字整理和排版工作。本书在初稿和修改稿过程中具体写作分工如下：李爽（第一、二、四、五、六章）、孟辉（第二、三、七、八、九章）、周良军（第四章）、李培培（第一章）、庞瑞芝（第六、十章），庞瑞芝对整本书的框架内容及修改进行总体指导和负责，孟辉对中国台湾资料的收集整理和调研做出突出贡献。

在本书编写过程中，汲取和引用了国内外许多专家学者的研究成果，在此对这些专家学者表示诚挚的谢意。然而由于作者水平有限，书中难免出现错误和不妥之处，恳请学界同仁和读者批评指正。

庞瑞芝　孟辉　李爽

2018 年 9 月于南开园

目　录

第一章　新能源产业的特征与发展的一般理论分析

本章作为本书开篇第一章，意图通过对新能源的内涵、特征、产业链、新能源与可持续发展的关系等一般经济理论的梳理，解决新能源的范围界定、技术经济特性以及新能源产业链的完善和可持续发展等基本问题，并进而讨论当今国际特别是两岸新能源产业的基本发展情况，为后面各章的论述打下基础。本章内容包括以下四个部分：新能源的内涵与基本特征、新能源产业演进与可持续发展、新能源的产业链、全球新能源产业的发展现状。

第一节　新能源产业的内涵与基本特征

新能源是当今全球能源体系中的重要组成部分，在全球能源供应和生态环境保护等方面扮演越来越重要的角色。本节内容介绍了新能源的内涵、资源现状、特征以及新能源产业的一般特征。

一、新能源的内涵

在分析新能源的内涵之前，有必要对能源的内涵和分类进行一般论述，从而发掘出新能源与传统能源的共性以及新能源区别于传统能源的优势所在。

能源作为一类重要的自然资源禀赋，是经济增长的物质基础，同时也是人类赖以生存的生活要素，是社会进步的重要源泉。能源是指能够产生电能、热能、光能、机械能等能量的资源，包括煤炭、原油、天然气、水能、太阳能、风能、生物质能、核能、地热能、海洋能、氢能等。在能源的分类问题上，可以按照不同的角度划分为不同类型：

（1）从其物理形态是否改变的角度可划分为一次能源和二次能源。

一次能源是指从自然界取得的未经任何改变或转换的自然能源，如原油、原煤、天然气、水能、太阳能、生物质能、地热能等；二次能源是指一次能源经过加工或转换得到的能源，如煤气、焦炭、汽油、煤油、电力、热水、氢能等不同形式的能源。

（2）从是否可持续供应的角度划分为可再生能源与不可再生能源。

其中前者是指在自然界中可不断再生并可以持续利用的资源，主要包括太阳能、风能、水能、地热能、生物质能等；而后者是指经过亿万年形成的、短期内无法恢复的能源，包括原煤、原油、天然气、油页岩、油砂矿、核能、煤气层等。

（3）从对自然环境产生污染的程度角度分为清洁能源和非清洁能源。

前者对自然环境无污染或污染较小，包括天然气、水能、太阳能、风能等；后者对自然环境污染较大，如煤炭、石油等。

（4）从开发与利用技术成熟度的角度可分为常规能源与新能源。

常规能源是指截至目前其开发利用技术已比较成熟，能够被人类大规模使用的能源类型，比如不可再生能源中的煤炭、石油、天然气以及可再生能源中的水能等；新能源则主要包括那些开发利用技术尚不成熟，与常规能源相比尚未实现广泛应用的能源类型，比如太阳能、风能、地热能等。

从上文对新能源的分类中可以看出，新能源是与常规能源相对应的一个概念，它与可再生能源、清洁能源既有共同的领域，又存在相互区别的地方，它既包括太阳能、风能地热能等一次能源，又包括氢能、燃料电池等二次能源。因此一直以来，新能源的概念模糊不清、众说纷纭。1978 年 12 月 20 日，第 33 届联合国大会第 148 号决议提出一个新的专业化名词——“新能源和可再生能源”——来代指常规能源及核能以外的所有能源。具体包括以下 14 种能源：太阳能、地热能、潮汐能、风能、海水温差能、波浪能、木柴、木炭、生物质转化、蓄力、油页岩、焦油砂、泥炭及水能。1981 年联合国在新能源和可再生能源会议上正式界定了其基本含义：“以新技术和新材料为基础，使传统的可再生能源得到现代化的开发利用，用取之不尽、用之不竭的可再生能源来不断取代资源有限、对环境有污染的化石能源。”

基于上述概念和特点的描述可知，太阳能、风能、生物质能、海洋能、地热能、氢能等都应属于新能源和可再生能源的范畴。而通常意义上的“新能源”除了前文所界定的“新能源和可再生能源”外，还包括“核能”这种潜力巨大的能源类型。本书所指“新能源”，即包括“新能源和可再生能源”以及核能。

二、新能源的资源现状与特征

各种类型的新能源由于其资源现状、特征等方面的差异而拥有不同的优点和缺点，开发和利用现状也各有不同。下面从资源储备、资源分布、能量密度和技术发展现状等方面对几种主要新能源的资源现状与特征进行简要的梳理，并进而总结出各种新能源的优点和缺点，如表 1-1 所示。

表 1-1　主要新能源的资源现状与特征

能源类型	资源储备	资源分布	能量密度	技术发展现状
太阳能	储量大，年辐射能量相当于当前全球能源消费总量的 2000 倍	分布最广，但过于分散	能量密度低，且易受季节、地区和气候影响	太阳能电池技术日趋成熟
风能	储存量大，可开发资源相当于当前全球发电量约 3 倍	分布广泛，但地区差异大、并网难度大	能量密度低、风速不稳定	技术基本成熟，发电成本不断降低
核能	储量极大	分布不受地域限制	体积小而能量大	危险性极大，民间大范围使用受限
生物质能	储量较大，每年植物光合作用固定碳达 2×10^{11} 吨	受农作物和地区影响较大，仅能小规模利用	能量密度大，所含能量是全球每年能耗约 10 倍	技术难题较少，主要用来发电、供热和生产液体燃料

资料来源：编者整理。

通过表 1-1 的汇总不难发现，几种主要类型的新能源都拥有比较富裕的资源储备和巨大的能量，但也具有不同的优点和缺点。其中太阳能的优点主要表现为资源分布广泛、技术成熟度较高、安全系数高等，缺点主要有资源分布不集中、存在发电上网及储能问题、多晶硅生产易产生废弃物污染等；风能和太阳能一样拥有储量大且分布广泛的优点，但同时也存在风速不稳定、风机噪声大、并网难度大等劣势；核能的突出优势是蕴藏能量巨大且发电成本较低，局限性主要起因于核电站的危险系数高、运营维护难度大；生物质能在开发利用过程中几乎不会污染环境，是最具生态友好性的新能源类型，然而商业化难度大、原材料供应紧张等问题大大限制了生物质能源的推广普及。

综上所述，不同类型的新能源拥有各自不同的比较优势，但同时也都存在缺点和不足。由此可见，单靠哪一种新能源的开发都不能充分满足当代社会经济生活的多样化需求，只有同时发展各种类型的新能源技术，并充分发挥不同类型新能源的比较优势，构建健康、合理、可持续的能源发展结构，才能使新能源更好地满足人类的生产生活需要，实现人类社会的可持续发展。

三、新能源产业的一般特征

新能源产业是指对太阳能、风能、核能、生物质能等新能源进行开发利用的产业。与其他行业相比，新能源产业具有技术含量高、前期投入大、风险高、发展时间短、进入门槛高、规模效益大等基本特征。

1. 高风险、高投入、高技术含量

新能源产业的发展涉及新材料、大型装备制造、核电站建造、生物技术、海洋科技等多个高新技术领域，是典型的高技术产业，因而具备高技术产业高风险、高投入、高技术含量的一般特征。在这三大特征之中，高技术含量是因，高风险和高投入是果。具体而言，由于新能源产业具有技术含量高的基本特征，因而为了抢占行业发展制高点、降低生产成本、扩大市场份额，企业需要持续投入高昂的研发费用，而研发活动本身具有高风险特征，研发活动一旦失败，之前的所有投入将变为沉没成本，这就决定了新能源产业的高风险和高投入特征。另外，太阳能行业硅晶片的生产和组装、风电行业风机叶片的生产、核电产业核电站的建造等都需要造价高昂的大型装备等固定资产投资，这也是导致新能源行业高投入的重要原因之一。

2. 进入门槛高，规模效益大，具有自然垄断属性

如前所述，新能源产业的发展离不开高昂的前期投入和固定资产投资，这一基本属性自然会将大批中小企业拒之门外，可见新能源产业的进入门槛是相当高的。根据西方经济学原理，较高的进入门槛对于潜在进入企业而言是一种严重的阻碍因素，它导致在位企业和潜在进入企业之间市场地位的不平等，从而极易引发垄断。另外，新能源产业还具有较强的规模报酬递增属性，也就是说，随着生产规模的扩大，新能源产业的平均生产成本是递减的。这意味着规模越大的新能源企业，很可能越具备成本优势，长此以往容易导致“强者愈强、弱者愈弱”的马太效应，从而加剧市场结构的垄断性特征。综上所述，

进入门槛高和规模效益大这两方面基本特征导致新能源产业具备较强的自然垄断属性，观察全球新能源产业的发展现状不难发现，无论是太阳能光伏行业还是风电产业，均呈现出几家独大的自然垄断性竞争格局。

3. 属于新兴产业、弱小产业、战略性产业，需要政府扶持

根据产业政策相关理论，弱小产业是指长期而言发展潜力大、关联带动效应强，但目前发展仍不成熟、缺乏国际竞争力的产业，它一般是新兴产业。20世纪70年代末，受到石油危机的冲击，世界各国才开始对新能源给予更多关注。因而与传统能源产业相比，新能源产业的发展历史极短，属于新兴行业。比如中国政府的“十三五”规划就将新能源产业归为“战略性新兴产业”。另外，由于新能源产业对技术创新和经济基础有着极高的要求，因而很难在短期内获得质的飞跃。这导致新能源产业无论在产业规模、技术水平还是市场占有率等方面都无法与传统能源产业相抗衡。以中国大陆为例，截至2014年，大陆商品化可再生能源的供应总量（各类发电和生物液体燃料）约合3.9亿吨标准煤，约占能源消费总量的9.3%。① 因此，从全球视角来看，目前新能源产业仍属于弱小产业。根据弱小产业扶植政策，政府可以通过财税、金融、进出口保护等政策来培育新能源产业的国际竞争力。除此之外，新能源产业还是关乎国家能源安全、环境保护和社会稳定的战略性产业，随着煤、石油等传统能源的大量消耗和日渐枯竭，新能源产业的战略地位和市场空间势必会进一步提升。因此，综上所述，政府应当通过财税、金融、科技支持等多种类型的扶持政策为新能源产业的发展提供有力的支持，从而实现新能源产业的快速、健康发展。

第二节　新能源产业演进与可持续发展

新能源产业发展至今，其发展演进过程既遵循产业生命周期变化的总体规律，又具有自身的特征。本节内容将运用产业演进与产业生命周期的一般理论，对全球新能源产业的发展演进过程进行系统分析。

---

① 资料来源：中投顾问产业研究中心，产业研究智库。

一、产业演进与产业生命周期的一般理论

产业生命周期理论是产业经济学理论的重要组成部分，也是产业经济分析的常用工具，对于分析产业发展演进过程及其阶段性特征具有重要的指导作用。因此，在研究全球新能源产业的发展演进之前，有必要对产业生命周期理论进行简要介绍。

1. 产业生命周期的内涵与阶段性特征

“生命周期”这一概念最初源于生物学领域。经济学理论最初将这一概念应用于产品销售，后来又扩展到企业和产业层面。“产业生命周期”是指某个产业从产生到衰落的全部发展过程，而一般意义上的“产业演进”就是指产业生命周期过程。产业生命周期从整个产业的角度思考问题，产品的质量、规格等具体差异并不在其考虑范围内。判定产业所处生命周期阶段的主要指标包括：产品的产量、品种数量及市场占有率，市场增长率，需求增长潜力，竞争者数量，进入壁垒，技术水平等。

如图 1-1 所示，根据产业生命周期理论，产业演进可划分为初创期、成长期、成熟期和衰退期四个阶段，产业发展到不同阶段所对应的市场需求、竞争者数量、消费者群体、技术水平、进入壁垒以及盈利状况等均不相同。如表 1-2 所示，在产业初创期，产品的市场增长率较高，需求增长较快，技术变动

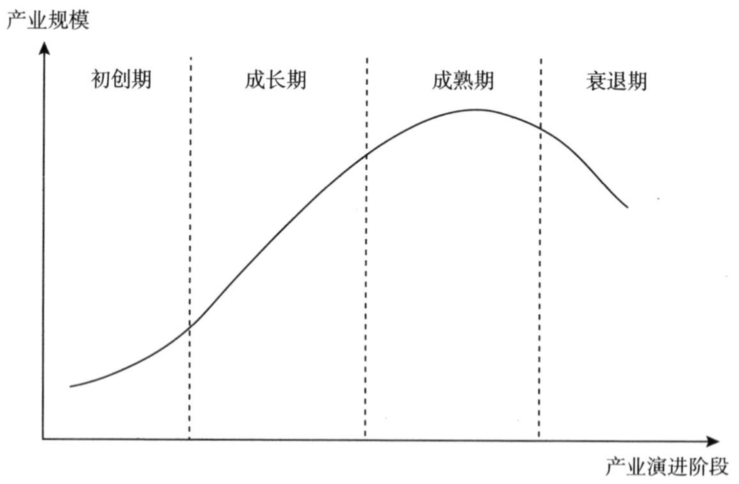

图 1-1　产业生命周期示意图

资料来源：编者绘制。

较大，产业中的企业主要致力于开辟新用户、占领市场，但此时技术上有很大的不确定性，对市场竞争状况、用户特点等方面的信息掌握不多，企业进入壁垒较低。进入产业成长期之后，市场增长率大幅提高并超过整个产业系统的平均发展速度，需求快速增长，技术水平渐趋稳定，产业竞争状况及用户特点已较为明朗，企业进入壁垒提高，产品品种及竞争者数量增多。到了产业成熟期，产品的市场增长率趋缓，需求增长率降低，技术上已经趋于成熟，产业竞争格局及用户特点非常清楚和稳定，买方市场形成，产业盈利能力下降，新产品和产品的新用途开发更为困难，进入壁垒很高。到了最后一个阶段即产业衰退期，市场增长率下降，需求下降，产品品种及竞争者数目减少，该产业在整个国家的产业系统中所占的比重不断下降。

表 1–2　产业生命周期的阶段性特征

产业生命周期	初创期	成长期	成熟期	衰退期
市场需求	极小	快速增长	增长缓慢甚至停滞	减少
竞争者数量	很少	增多	很多	减少
消费者群体	少数	市场大众	市场大众	减少
技术水平	不稳定	趋于稳定	成熟	稳定
进入壁垒	较低	提高	很高	下降
盈利状况	高风险、低收益	高风险、高收益	低风险、收益降低	高风险、低收益

资料来源：编者绘制。

不过，根据世界各国的产业结构演进历史，进入衰退期的产业在整个产业系统中的比重并不会下降至零，而是表现出“衰而不亡”的特征。原因在于，虽然新兴产业的出现会迅速挤占原有产业的市场空间，但消费者对该产业产品的市场需求并不会完全消失。甚至在个别情况下，进入衰退期后的产业还会由于技术进步或市场需求的变化而“起死回生”，从而进入下一个生命发展周期。

2. 产业演进阶段的划分方法

产业演进阶段之间的分界通常并不是显而易见的，为了准确辨别某个产业目前处于哪个生命周期阶段，需要选取恰当的量化指标对产业演进阶段进行划分。以往学者对产业演进阶段的划分方法十分多样，且各有自身的优点和不足之处。总体而言，大致可将这些方法归纳为两大类，分别是基于产业组织的划分方法和基于产业规模的划分方法。

（1）基于产业组织的划分方法。

比较常用的基于产业组织的划分方法有厂商“净进入率”法、二维识别法和产业集中度法。其中厂商“净进入率”法是指通过比较前后两个时期的产业中的厂商数量来划分产业演进阶段。其具体判定标准是：当厂商数量的新进入率开始低于前一时期的3%时，则可认为该产业进入成熟阶段。该方法由Michael Gort和Steven Klepper（1982）提出，因此也被称为G-K模型。二维识别法则是在厂商“净进入率”法的基础上，加入了产业就业人数这一维度，从而将判定指标扩充至二维。产业集中度法由著名咨询机构科尼尔公司于21世纪初首次提出，该方法采用贝恩的市场集中度指标（CR_n）来对产业演进阶段进行判定，具体判定标准如表1-3所示。

表1-3 产业演进各阶段的市场集中度水平

产业演进阶段	市场结构类型	CR_4（%）	CR_8（%）
初创期	分散竞争	<30	<40
成长期	低集中度竞争	30~35	40~45
成熟期	高集中度竞争	35~75	45~84
衰退期	寡头垄断	>75	>84

资料来源：应海涛：《基于产业演进和企业生命周期的企业成长内部因素研究》，浙江理工大学硕士学位论文，2011年。

（2）基于产业规模的划分方法。

比较常用的基于产业规模视角的划分方法包括产出增长率法、普及率法和生长曲线法。其中产出增长率法是指根据产出增长率的变化幅度来判定产业演进阶段。具体判定标准有两种：一是平均值法，它是通过比较某个产业的产出增长率与该国所有产业的平均产出增长率（通常用GDP来代替）来判定，比如处于成长期的产业的产出增长率在两个相邻时期均应高于所有产业的平均产出增长率；二是拐点判别法，该方法将产出增长率曲线的拐点视为产业演进阶段的分界点，具有较强的可操作性。普及率法是一种存量分析法，主要适用于耐用消费品行业。它通过搜集经验数据来对某些特定产业的生命周期阶段进行判别，具体划分标准如表1-4所示。生长曲线法是一种较为精确的产业演进阶段判定方法，它通过运用数学模型对产出或销售增长率等时间序列数据进行拟合，进而将所得曲线的拐点视为产业演进阶段的分界点，还能进一步对演进趋势进行预测。

表 1-4　普及率法的产业演进阶段划分标准

产业演进阶段	产品普及率（%）
初创期	<5
成长期	5～80
成熟期	80～90
衰退期	>90

资料来源：编者绘制。

二、全球新能源产业的发展演进过程

长期而言，新能源产业的演进趋势遵循产业生命周期演进的一般特征，即会依次经历初创期、成长期、成熟期和衰退期四个阶段，当然，由于受到各种外部环境因素的影响，短期的波动和起伏是在所难免的。综观全球主要发达国家新能源产业的发展历程可知，目前全球新能源产业整体上正处于成长期，在过去半个多世纪的发展过程中，大致经历了产业萌芽期、产业低迷期以及产业快速成长期三个阶段。

1. 20 世纪 50 年代初至 20 世纪 80 年代末：产业萌芽期

“二战”后，以美、苏两国为首的两极格局逐步形成，发展核能成为两大阵营的重要角力点之一。1954 年，苏联建成世界上第一座核反应堆，自此之后，美、法、日等西方发达国家开始大力开展核电技术研发和核电站的建造工作，这在客观上促进了核能这一新能源的开发利用。除此之外，这一时期西方发达国家还开始了对其他可再生能源的探索开发，比如日本早在 1951 年就颁布实施了《热管理法》，开始倡导对太阳能、地热能等新能源的开发利用。不过，这一时期的新能源开发仅限于个别发达国家和个别重点领域，且以政府的技术研发活动为主，市场需求和市场主体数量极少。

20 世纪 70 年代先后爆发的两次中东石油危机，强化了西方大国减少能源进口依赖、发展新能源的决心。美、欧、日等国家或地区纷纷推出具体的发展规划和补助措施，鼓励本国新能源的开发利用。比如，美国于 1978 年颁布的旨在解决能源安全问题的综合性法案《国家能源法案》中，下辖的五个单一法案均涉及新能源的开发利用，具体涉及生物质发电、太阳能、风电设备、地热设备等多个领域，以实现能源结构的多样化。随着新能源开发的深入，美国政府还分别于1980年和1992年对《国家能源法案》进行了修订和补充，使补贴政策的涉及范围和科学化水平不断提高。法国政府确立了以核电为主导的能源战略体系，继续加大对核电技术的研发力度，并于1970年从美国西屋公司引进压水堆技术，通过技术的消化、吸收和再创新，不断完善对核电站的运营和开发。英国为了普及新能源发电的使用，在1989年颁布的《电力法》中通过"配额制"规定了电力公司的可再生能源电力义务，即要求电力公司收购的电力中必须包含一定比例的新能源发电。日本为了保证国内能源供给，更加注重核电站的建造，1974年出台的"电源三法"① 对建设核电站的地方公共团体给予三倍于火电和水电的补助金，大大促进了核电的开发，到20世纪90年代末，日本共建成核电站51座；在非核新能源方面，日本通产省于1974年制定了"阳光计划"，这是日本第一个综合新能源技术开发长期规划，目标期限设定至2000年，主要涉及太阳能、地热能、氢能等新能源的开发利用。

第二次石油危机结束后，世界各国开始加强新能源领域的国际合作。1981年，联合国召开"新能源与可再生能源会议"并通过《内罗毕行动纲领》，呼吁世界各国加强对新能源的开发利用，使得新能源的开发在20世纪80年代达到一个小高潮。综上所述，从"二战"结束到20世纪80年代末，随着核能技术的突破和石油危机的爆发，西方国家开始将目光投向具有广阔发展空间的新能源产业，通过政府规划和补贴的方式引导公众对可再生能源的开发和使用。不过，由于新能源产业的高投入和高风险特征，这一时期新能源开发的产业化水平还比较低，政府的公共资金在新能源开发中扮演主要角色。

2. 20世纪90年代：产业低迷期

进入20世纪90年代，全球石油价格长期处于低迷状态，这大大削弱了世界各国发展新能源的内生动力，导致新能源开发的步伐与20世纪80年代相比明显放缓。据国际能源机构统计，1990~2001年，全球新能源供应量的年均增长率仅为1.2%，远低于1970~2001年全球新能源供应量的年均增长水平(2.2%)。

3. 21世纪初至今：产业快速成长期

进入21世纪后，在三大外因的作用下，全球新能源产业的发展迎来了重

① 日本国会于1974年颁布《电源开发促进税法》《电源开发促进对策特别会计法》《发电用设施周边地域整备法》，简称"电源三法"。

要的历史机遇期。第一，国际油价持续走高，使得世界各国重新认识到发展新能源产业的必要性。第二，生态破坏和环境危机愈演愈烈，减少化石燃料使用和温室气体排放日益成为世界各国的共识。截至2009年，全球已有183个国家签署了旨在减少碳排放的《京都议定书》，以共同抵御全球气候变暖的威胁。第三，2007年全球金融危机爆发后，为尽快摆脱后危机时代的经济低迷，世界各国急需找到新的经济增长点来重振国内经济，包括新能源产业在内的新兴产业成为拉动实体经济发展的重要动力。2009年，美国政府出台总额高达7870亿美元的《美国复苏与再投资法案》，该法案将新能源产业作为重点发展领域，以此来促进美国经济复苏。经济危机后，欧盟也立即出台关于发展“环保型经济”的中期规划，力图在2009~2013年打造出具有国际竞争力的“绿色产业”，并将其作为欧盟国家产业调整和经济复苏的“重要支撑点”。日本政府为了实现经济结构优化和长期经济发展，在经济危机后进一步加大对节能技术研发、清洁能源开发等领域的财政支持力度。

三、新能源产业与可持续发展

如前所述，与传统化石能源相比，新能源拥有资源丰富、可再生、清洁干净等天然优势，因而在传统能源日益枯竭、生态环境每况愈下的当今社会备受推崇，符合“可持续发展”的理念。但能源的可持续发展问题则拥有更深刻的内涵，它不仅要求实现能源自身的可持续利用，还要求能源的开发利用能够满足经济社会可持续发展的需要。

1. 新能源产业符合“可持续发展”理念

“可持续发展”是指“既满足当代人的需求，又不对后代人满足其自身需求的能力构成危害的发展”。它是当今世界各国在经济社会发展中普遍遵循的价值准则，是人类社会健康永续发展的基本前提。太阳能、风能、生物质能等新能源拥有储量丰富、可再生、低污染甚至零污染等优点，既能有效缓解能源供应紧张的局面，又能减少因传统化石能源的大量消耗而导致的环境污染和生态破坏。由此可见，对新能源的开发利用符合“可持续发展”的理念，有利于人与自然的和谐共生，在可持续发展理念日益深入人心的21世纪以及更远的将来，新能源将拥有十分广阔的发展空间。众所周知，当今世界的能源消费结构是以煤和石油等传统化石能源为主，在能源消耗过程中会产生大量的二氧化碳、二氧化硫、氮氧化合物以及烟尘、颗粒物等污染物质，给全球生态系统造成沉重负担，不利于人类社会的可持续发展。而太阳能、风能、生物质能等新能源使用过程则十分清洁，无论是用来发电还是供热，都不会大量排放有害物质。表 1–5 比较了传统火力发电与太阳能光伏发电、风力发电、生物质能发电以及核电等几种常见的新能源发电技术的温室气体排放系数，由此可见，新能源发电导致的温室气体排放量远低于火力发电，对新能源的开发利用能有效降低二氧化碳等温室气体的排放，减轻能源消耗带来的环境负担。

表 1–5　几种常见新能源发电技术的温室气体排放系数①比较

单位：克/千瓦时

发电类型	火力发电	光伏发电	风力发电	生物质发电	核电
排放系数	1084~1342	20~40	6~9	210~260	7~13

资料来源：刘胜强、毛显强、邢有凯：《中国新能源发电生命周期温室气体减排潜力比较和分析》，《气候变化研究进展》2012 年第 1 期。

2. 新能源的开发利用要坚持“可持续发展”原则

新能源具备“可持续发展”的先天优势，并不意味着对它的开发利用不会违背“可持续发展”原则。新能源从原料开采到终端使用及废弃物处理，中间需要经过诸多生产加工环节，涉及多种要素的使用和配合，稍不留意就会造成资源浪费及环境污染，导致与“可持续发展”的初衷背道而驰。比如风力资源的开发就很容易导致对草场的破坏以及对周围居民造成噪声污染，而核燃料在生产过程中对水资源的大量消耗及核反应堆产生的废弃物都会对生态环境造成负担。中国早在 1996 年批准的《国民经济和社会发展“九五”计划和 2010 年远景目标纲要》中就把“可持续发展”作为一条重要的指导方针和战略目标，并把“能源开发和利用”列为可持续发展战略的重点领域。有学者提出，“能源的可持续发展”应包含双重含义：一是能够低成本、高效率地支持本国经济、社会、资源、环境各领域的可持续发展；二是确保能源系统各环节（开采、加工转换、传输配送、终端消费、回收利用）运转的科学高效，实现能源自身的可持续发展。也就是说，能源的可持续发展不仅要保证能源自身的可持续利用，还要满足经济社会可持续发展的需要。

新能源作为能源的主要类型之一，对它的开发利用同样应当遵循“可持续发展”的基本原则，只有这样才能真正实现能源结构的优化和新能源产业

① 某种能源技术的温室气体“排放系数”是指该类能源每千瓦时发电量的温室气体排放量。

的健康发展。为此，首先应当从政策和法律层面上树立新能源可持续发展的理念，从可持续发展的原则出发加强对新能源开发活动的监管和法律约束；其次要树立全局观念，从整个国民经济发展和能源供需体系平衡的高度考虑新能源产业的选择和布局问题，实现能源体系的效益最大化；最后要采用科学的评价体系和管理方式，对新能源生产的上中下游各个环节实施严密的监测和有效的管理。下面一部分内容将介绍一种目前较为流行的评价体系——生命周期评价体系。

3. 新能源产业的“生命周期评价”（LCA）体系

既然新能源与传统化石能源的重要区别在于新能源符合可持续发展的理念，那么在新能源产业的选定和发展战略的制定过程中，应特别注重该种能源是否满足可持续发展的要求，有些看似对环境无损害、有利于生态良性循环的能源其实暗藏着对化石能源的过度消耗甚至环境污染。为此，有必要通过科学的评价体系来对新能源的整个生产加工过程进行全程监控，从而实现新能源的“可持续发展”。生命周期评价（Life Cycle Assessment，LCA）方法是指从生命周期的角度对产品生产过程中各个环节的投入和产出进行环境测评的评价系统。它起源于1969年美国中西部研究所对可口可乐容器从原材料采掘到废弃物最终处理的全过程进行的跟踪与定量分析，该方法目前已被纳入ISO14000环境管理系列标准，成为国际上通用的产品制造和环境管理标准。在新能源产业领域，LCA方法同样具有广阔的应用空间，对新能源产业发展过程中的类型甄别、布局定位、政策方向等问题有着重要的指导意义，有助于及早地预计某类新能源产业的环保价值和发展前景，及时淘汰落后产能，提高新能源产业的发展质量和政府补助的实际效果。

例如，太阳能光伏产业一度被认为是清洁无污染、可再生的朝阳产业，受到各国的大力追捧，然而光伏产业的发展现实告诉我们，光伏产业上游多晶硅提纯领域需要消耗大量的传统化石能源，从产品生命周期的角度考察，光伏产业并不是真正意义上的新能源产业。更糟糕的是，中国大陆和中国台湾作为全球光伏电池产品的主要生产地区，其消耗国内化石能源生产出的光伏电池有90%以上都用于出口，这显然违背了本国大力发展太阳能产业的初衷。为此，台湾岛内目前不乏反对发展光伏产业的呼声，中国大陆也因光伏产业严重的产能过剩局面而转入产业调整期。由此可见，各国在选择新能源产业重点发展领域的过程中要本着全局和长远的眼光，采用科学的生命周期评价体系对该类产业的综合环境效益进行客观评价，以期实现新能源产业的持续健康发展。

第三节　新能源的产业链

随着传统能源危机愈演愈烈以及人类环保意识的日益增强，世界各国对新能源开发和利用的深度持续推进，新能源产业链的概念应运而生。本节从产业链的角度对新能源产业的各环节进行纵向剖析，从而发掘新能源产业内部各环节的相互关系。

一、产业链的一般理论

在研究新能源产业的产业链形态之前，有必要首先对产业链的一般理论进行简要介绍，主要包括产业链的内涵以及产业链的基本特征两部分内容。

1. 产业链的内涵

在产业经济学理论中，“产业链”是一个十分传统的概念。有关产业链的思想最早可追溯至赫希曼在 1958 年出版的《经济发展战略》一书中关于产业前向关联、后向关联的思想。后来随着供应链、价值链等概念的兴起，产业链的理论研究和现实意义被弱化。截至目前，学术界对于产业链的内涵并未达成一致意见。此处结合以往学者的研究成果和本研究的需要，将“产业链”定义为“某一行业中从最初原材料生产直至最终产品到达消费者手中为止的整个过程”。它以企业为节点，以产品为对象，反映了产业内部各部门、各环节之间的内在关联。

2. 产业链的基本特征

产业链是一个由众多要素组成的复杂的经济系统，具有整体性、层次性、动态性等基本特征。

（1）整体性。

产业链作为一个整体，其内部各企业之间存在着投入产出上的内在经济关联。产业链一旦形成，便会发挥分散状态下所无法产生的新特性，如企业之间的协同效应、增值效应等。在“整体性”特征的作用下，单个企业的经营成果将与整个产业链的成败密切相关，产业链上的企业之间合作程度越高、分工越合理，产业链的增值效应就越大，从而使产业链上的所有企业实现互利共赢。

（2）层次性。

一个完整的产业链是由各个部分有机组成的，因此可以按照不同的视角划分为不同层次。比如按照产业链的作用范围，可将其划分为全球产业链、全国产业链和区域产业链；按照产业链的作用层次，可将其划分为宏观产业链、中观产业链和微观产业链。处于不同层次或系统的企业在利益诉求、发展方向等方面都可能存在不小的差异，因此应当按照不同的层次对产业链进行深入剖析。

（3）动态性。

产业链的“动态性”在时间上表现为产业链的演化发展。产业链受到各种内外部因素的共同影响，因而通常处于发展变化过程中。其中，影响产业链演化的内部因素包括节点企业的规模及经营能力、企业的进入退出、研发活动等；影响产业链动态变化的外部因素有市场环境、制度变迁、政治环境的变化等。

二、新能源产业链的一般形态

同传统化石能源一样，新能源的产业链也具有鲜明的上、中、下游格局，其中产业链上游一般包括原材料如多晶硅、铀矿等的勘探及加工，中游是指新能源的转化和加工，是新能源产业链的中心环节，下游是指发电系统的运营或者新能源产品的销售。与传统化石能源可用于发电、供暖、燃料等多种用途不同的是，新能源的主要利用形式仅包括发电和供暖。这其中唯一的例外是生物质能源，它与煤气油等化石能源的用途较为类似，即不仅可用于发电、供暖、炊事，还可用于生产生物柴油、燃料乙醇等液体燃料，甚至在未来日益先进的生物科技的推动下，在农药化肥、生物医药、化学品等领域发挥重要作用。

图 1-2 展示了新能源产业链的一般形态。其中，上游原材料的开采和加工决定了产业链中游环节的原料供给状况，而原料供给和原料的市场需求又共同决定了原料价格水平，从而影响中游企业的生产成本；中游的新能源发电设备制造决定了下游发电站运营环节的设备供给状况，设备供给又同设备需求共同决定了新能源发电设备的市场价格，从而影响下游新能源发电企业的生产成本及项目收益率。另外，由于目前世界各国普遍对新能源发电进行财政补贴，因此政府补贴也是影响下游新能源发电项目收益率的重要因素。以上便是新能源产业链的运行情况。

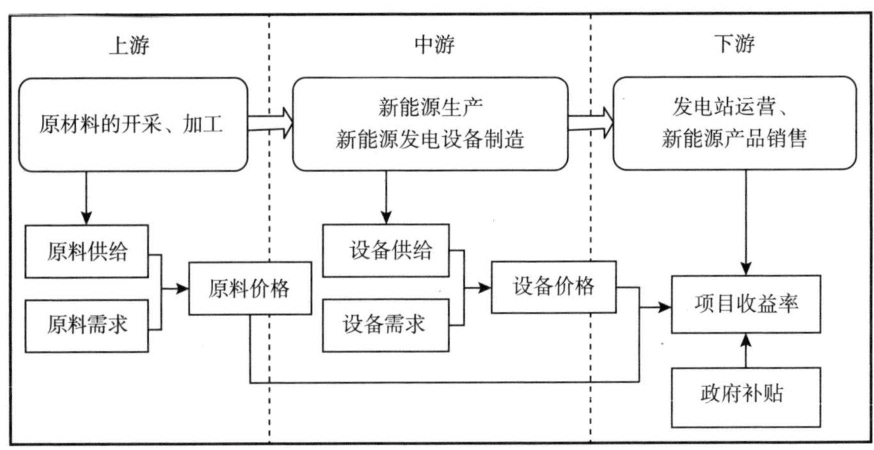

图 1-2　新能源产业链的一般形态

资料来源：编者绘制。

三、新能源产业重点领域的产业链形态

如前所述，目前全球新能源的主要类型包括太阳能、风能、核能、生物质能等，在对这些新能源进行开发利用的过程中形成了太阳能光伏产业、风电产业、核电产业以及生物质能产业等。下面对这四类产业的产业链形态进行具体分析，为我们剖析各类新能源产业的具体形态提供参考。

1. 太阳能光伏产业的产业链形态

太阳能光伏产业链由上游的原料生产、中游的太阳能电池及组件生产以及下游的光伏电站运营和光伏发电上网三大环节构成。根据发电技术的不同，下游的光伏电站主要包括分布式光伏电站和并网式光伏电站两类，其中分布式光伏电站遵循就地取材的原则，所产电力无须储存也无须上网，可供用户直接使用，并网式光伏电站的电力供应则需通过电力公司的收购来间接输送给用户。如图 1-3 所示，上游的多晶硅生产和硅片价格环节决定了中游光伏电池生产的原料供应情况，并与多晶硅原料的市场需求共同决定了多晶硅原料的市场价格水平，从而影响中游光伏电池及组件厂商的生产成本；中游光伏电池厂商的产量则与光伏电池的市场需求一起决定了下游光伏电站收益率；考虑到目前各国一般会对上网电价进行一定数额的财政补贴，因此最终的上网电价由下游光伏电站的项目收益率与政府补贴这两方面因素共同决定。以上就是太阳能光伏产业链的运行情况及价值实现过程。

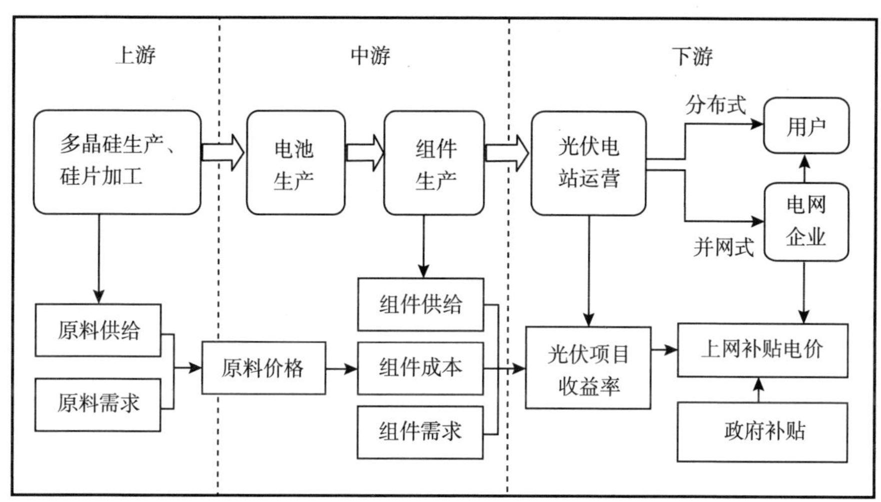

图 1-3　太阳能光伏产业的产业链构成

资料来源：编者绘制。

目前两岸都已建立起完整的光伏发电产业链，其中大陆厂商在产业链的上、中、下游实现了较为均匀的分布，部分实力雄厚的大厂商还积极布局“全产业链”发展；台湾的光伏企业主要集中于产业链中游的光伏电池生产，所生产的太阳能电池大部分用于出口，在性价比方面颇具国际竞争力。近年来随着太阳能产业的不断发展，台湾的光伏厂商也积极向产业链上、下游拓展，目前台湾的多晶硅原料已基本实现自给自足，但下游光伏应用市场需求仍十分狭小。

2. 风电产业的产业链形态

如图 1-4 所示，风电产业链由上游风电零部件制造、中游风机整机制造以及下游的风力发电场运营、风电上网三大环节构成。风电产业链的运行情况与太阳能光伏产业类似，其中上游风电零部件制造商的生产规模决定了风电零部件供应状况，并与风电零部件的市场需求一起决定了中游风机制造厂商所面临的零部件市场价格，进而影响中游风机制造厂商的生产成本；中游风机制造厂商的生产规模决定了风力发电机的市场供给状况，并与风机市场需求共同决定了下游风力发电企业所面临的风机市场价格；风机整机价格影响着下游风力发电场的运营成本和项目收益率，并与政府补贴水平一起决定了风力发电的上网电价。

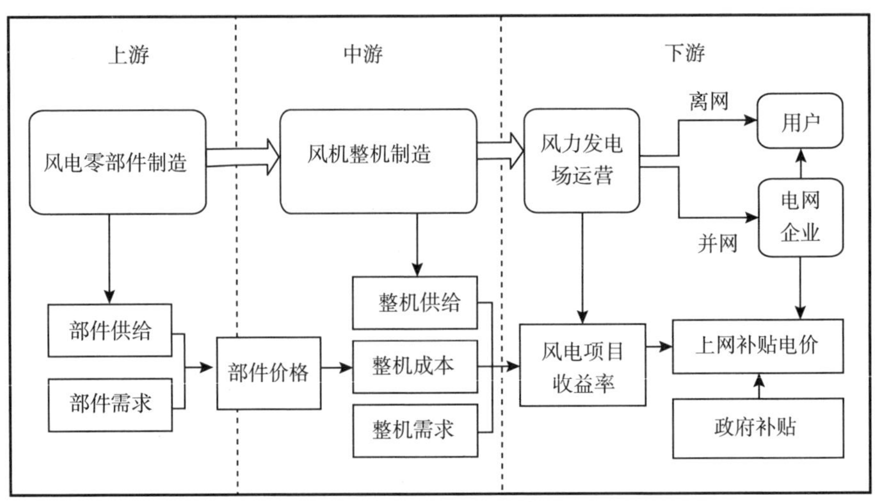

图 1-4 风电产业的产业链构成

资料来源：编者绘制。

目前中国大陆在风电零部件制造、风机整机制造、陆上及离岸风电场建设等方面都拥有较大规模，风力发电装机规模位居世界第一；台湾的风电企业则主要集中于风电零部件制造和中小型风机制造等环节，近年来也积极研制大型风机和海上风电场的建设。

3. 核电产业的产业链形态

如图 1-5 所示，核电产业链一般由上游的核燃料开采及加工、中游的核电设备制造、下游的核电站建设及运营维护三大环节构成。核电产业链的价值实现过程与太阳能光伏产业、风电产业有所不同，其下游核电项目收益率是由上游原料价格与中游核电设备价格共同决定的。其中上游的核燃料开采及加工环节决定了核电站的原料供给状况，并与原料需求一起决定了原料的市场价格水平，而原料价格会直接影响到下游核电站的项目收益率；中游核电设备制造厂商的生产规模决定了下游核电站所面临的核电设备供应状况，并与核电设备需求共同决定了核电设备的市场价格，进而影响下游核电站的运营成本和项目收益率；下游核电站的项目收益率最终由上游原料供给价格、中游核电设备价格以及政府补贴数额共同决定。

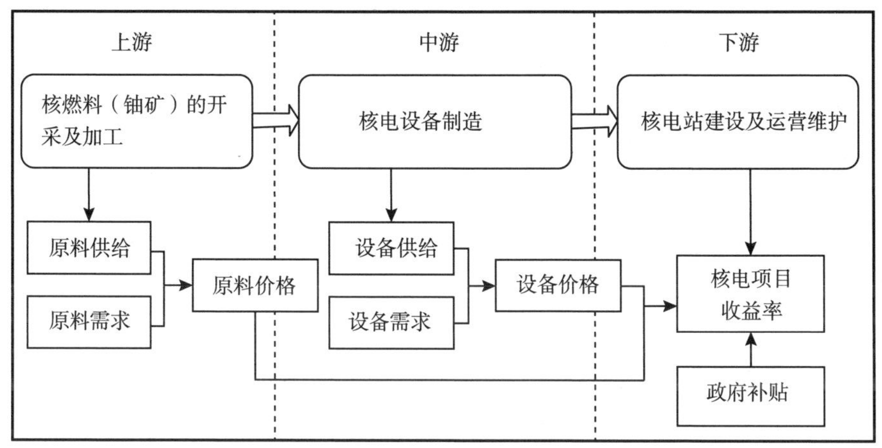

图 1-5　核电产业的产业链构成

资料来源：编者绘制。

中国大陆的核电产业链结构完整，但由于铀矿储备不足及勘探、提纯技术落后等原因，上游原材料的进口依赖度居高不下；台湾的核电企业则是集中于下游核电站的建设及运营维护，上游原料供应和中游核电设备都严重依赖进口，大大增加了核电产业发展的不确定性。

4. 生物质能产业的产业链形态

与其他新能源相比，生物质能源的利用方式更加多样，具备发电、供暖、炊事、肥料、液体燃料等多种用途，因而生物质能产业也包括沼气产业、生物质发电产业和生物液体燃料产业等丰富的内涵。图 1-6 描绘了生物质能产业链的基本组成部分，其中上游是指生物质原材料的搜集及粗加工，包括生活垃圾、牲畜排泄物以及秸秆、木薯等能源作物；中游包括沼气资源的发酵、生物质及沼气发电、生物柴油和燃料乙醇等生物液体燃料的制备等；相应的下游环节包括沼气、沼液、沼渣等资源的综合利用，生物质发电的并网和销售，以及生物液体燃料的掺配、销售等。在价值实现方面，生物质能产业链的价值实现过程与核电产业基本一致，其下游厂商的收益率均由上游原料市场价格、中游设备价格以及政府补贴数额三个方面共同决定，具体过程此处不再赘述。

目前两岸都已形成较为完整的生物质能产业链，上游生物质原料都以废食用油等生活垃圾为主。近年来随着生物质能产业产值的不断增加，两岸的生物质原材料都出现了供应紧张的局面。

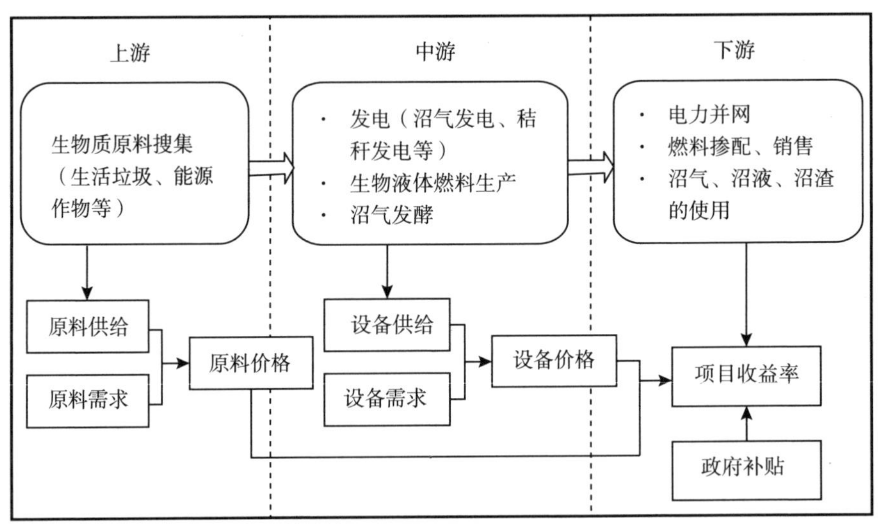

图 1-6 生物质能产业的产业链构成

资料来源：编者绘制。

第四节 全球新能源产业的发展现状

在传统化石能源供需矛盾日益突出和环境危机愈演愈烈的 21 世纪，世界各国纷纷将目光投向拥有巨大发展潜力的新能源领域，采取一系列优惠政策刺激包括太阳能、风能、生物质能、核能等在内的新能源产业的发展。本节内容首先对全球能源的供需结构现状进行整体描述，使读者对新能源在目前全球能源结构中的地位和作用有一个宏观的把握，然后分析全球及两岸新能源的发展现状。

一、全球能源的供需结构现状

能源结构是指能源总量中各类能源所占的比例，包括能源的供给结构和能源的需求结构，简称能源的供需结构。其中能源的供给结构是指能源总生产量中各类能源的供给比例，能源的需求结构则是指能源总消费量中各类能源的需求比例。能源结构反映了一国能源供需的基本状况以及各类能源产业的发展情况，有助于我们从宏观上把握该地区能源产业的发展特征。总体而言，目前全球能源的供需结构可概括为以下几个方面的特点：

1. 世界能源供应仍以煤炭、石油等常规化石能源为主，但新能源供应量增长迅速

根据相关预测，全球常规化石能源剩余可采储量还有一个较长阶段的供应保障期，人类社会也还主要依靠常规化石能源消费来发展经济，因此在未来很长一段时期内，常规化石能源尤其是油气资源仍然会像珍宝一样被世界各能源消费大国所不懈地追逐，甚至不惜动用各种政治、外交和军事等极端化手段。如图 1-7 所示，截至 2015 年底，化石能源仍是世界的主要能源，在世界能源供应中占 86. 95%。其中，2015 年全球煤炭产量为 3830. 1 百万吨油当量，比 2014 年下降 4%，占全球能源总产量的 29. 90%；石油产量为 4361. 9 百万吨，占全球能源产量的 33. 11%，产量比 2014 年增长 3. 2%，创下十年来最快增速；天然气产量为 3199. 5 百万吨油当量，占全球能源产量的 23. 94%，产量比 2014 年增长 2. 2%，低于近十年来 2. 4%的年均增速水平。包括水能在内的可再生能源仅占能源供给总量的 13. 05%，2015 年可再生能源发电量比 2014 年增长了 15. 2%，增长量为 213 太瓦时①，创下历史新高，其中风电和太阳能发电分别占可再生能源发电量的 52. 2%和 32. 6%。

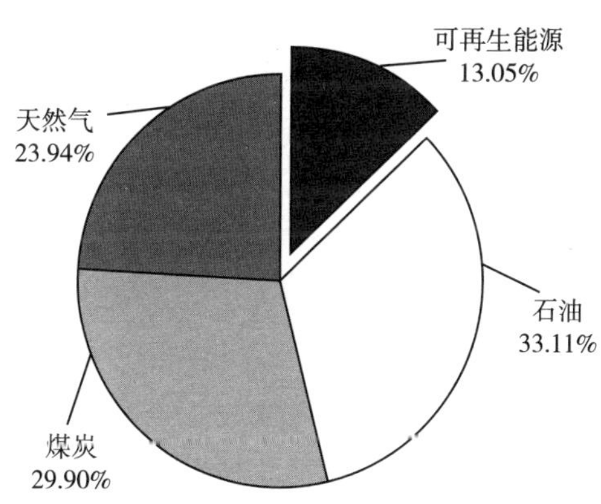

图 1-7　2015 年全球能源供给结构

资料来源：《BP Statistical Review of World Energy 2016》，June 2016. bp. com/statistical review.

① “太瓦时”是一个表征宏观用电量的单位。1 太瓦时 = 10^{12} 瓦时 = 10 亿千瓦时 = 10 亿度电。

2. 新能源的开发利用水平落后，未来发展潜力巨大

表 1-6 汇总了目前几种主要新能源类型的技术潜能和理论潜能。其中技术潜能是指在目前的勘探开发技术水平下能够利用的能源储量，而理论潜能则是指未来在技术水平日臻完善的情况下有望实现的能源储量。通过对比可知，目前各类新能源的开发技术水平普遍十分低下，理论潜能是技术潜能的十多倍甚至成百上千倍。相比而言，现阶段风能和生物质能的开发水平相对较高，技术潜能达到理论潜能的 1/10 以上，而太阳能、海洋能和地热能的开发水平极低，存在极大的开发利用潜力。

表 1-6 全球新能源的利用潜力

单位：10^{15} 焦耳/年

能源种类	技术潜能	理论潜能
太阳能	1600	3900000
风能	600	6000
生物质能	>250	2900
海洋能	10	7400
地热	5000	140000000
总计	>7500	>143000000

资料来源：高盛调查报告《国际、国内新能源产业调查报告》。

3. 发达国家能源消费量的增长速度低于发展中国家

虽然世界各国对能源节约利用和新能源开发的重视程度普遍提高，但由于全球经济总量的持续攀升，全球能源消费总量在过去几十年间也始终保持上升态势。不过具体到各个国家而言，发达国家的能源消费量增长速度显著低于发展中国家。如图 1-8 所示，从 20 世纪末期起，随着落后国家和地区的经济赶超，非经合组织国家的能源需求量激增，并在 2008 年首次超过经合组织国家的能源消费量，之后这一差距始终保持扩大之势。而经合组织国家能源需求量却保持低速增长，近年来甚至出现下降趋势，这一方面是由于发达国家的经济发展普遍已进入后工业化时期，以美国为首的西方世界“去工业化”浪潮将本国能耗及污染严重的重化工业纷纷迁往成本更为廉价的发展中国家和地区，另一方面也与发达国家先进的节能技术和环保理念息息相关。根据 2015 年的

《BP 世界能源统计年鉴》，中国大陆仍是全球最大的能源消费市场，但其能源消费增长速度已降至 1998 年以来的最低水平。

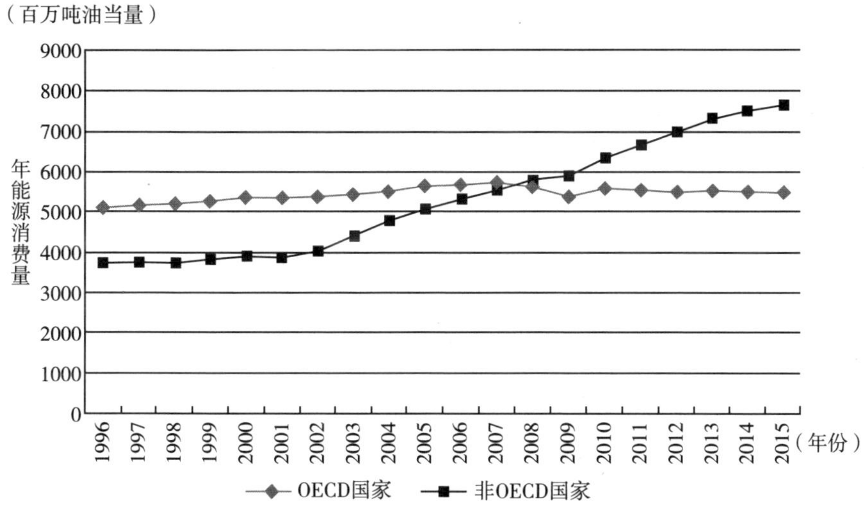

图 1-8　1996~2015 年 OECD 国家与非 OECD 国家能源消费量比较

资料来源：*BP Statistical Review of World Energy* 2016，June 2016. bp. com/statistical review.

4. 发达国家引领国际能源消费结构趋向优质化

如上文所述，近年来发达国家在节能减排方面成果斐然，能源消费量整体呈下降趋势。而在能源消费结构方面，发达国家同样为全球能源消费结构的不断优化做出了突出贡献，引领全球能源消费向新能源领域进发。如图 1-9 所示，与 2014 年相比，2015 年 OECD 国家对煤炭的消费量大幅减少，同时由于核电站所引发的核辐射威胁，发达国家对核能的消费量也有所减少，其他可再生能源的消费量则增加了 28.4 百万吨油当量；相比而言，非 OECD 国家对石油、天然气等传统能源的需求量仍旧大幅增长，可喜的是，非 OECD 国家对煤炭的消费出现了下降趋势，且可再生能源的消费量增加了 9.8 百万吨油当量，这一水平虽然远低于 OECD 国家，但也显示出近年来发展中国家对可再生能源开发及新能源产业重视程度的提升。图 1-10 中几个世界大国的能源需求结构也印证了这一点。

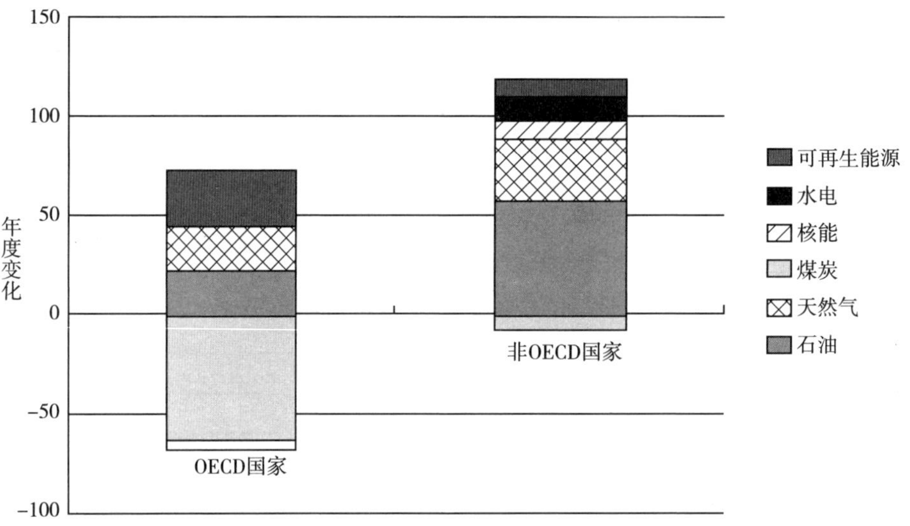

图 1-9　2015 年 OECD 国家与非 OECD 国家能源消费变动来源的比较

资料来源：*BP Statistical Review of World Energy* 2016，June 2016. bp. com/statistical review.

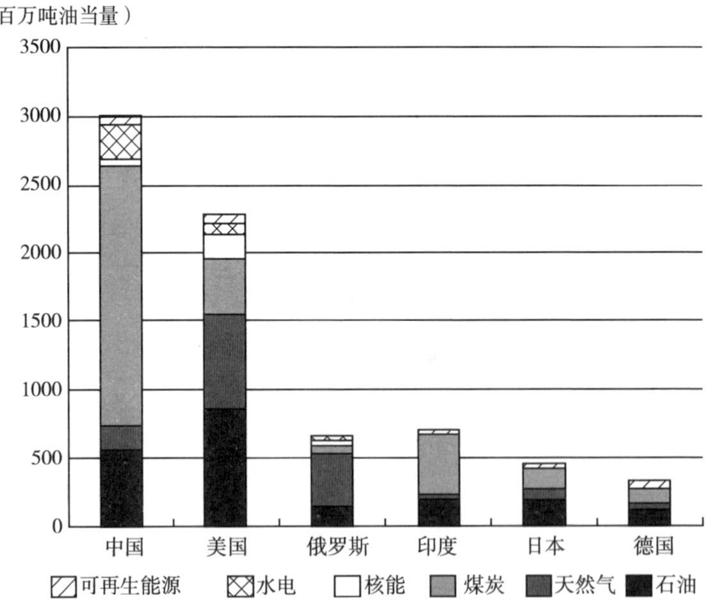

图 1-10　2015 年世界主要国家能源消费量及消费结构

资料来源：*BP Statistical Review of World Energy* 2016，June 2016. bp. com/statistical review.

二、全球新能源产业的发展特征

美国经济学家杰里米·里夫金在 2012 年 6 月出版的新书《第三次工业革命》中提出，新能源将是新一轮的“工业革命”。事实的确如此，在传统能源走向枯竭之前，抢占新能源市场，占领经济制高点，重新洗牌世界经济格局，这是世界各国期待的“革命”①。以太阳能光伏产业、风电产业、生物质能产业、核能产业等为代表的新能源产业经过数十年的发展，在产业规模、技术水平、发展模式等方面都获得了长足进步，在全球能源供需结构中扮演越来越重要的角色。具体而言，目前全球新能源产业的发展呈现以下几个方面的特征：

1. 新能源产量占能源总产量的比重不断提高

如前文所述，进入 21 世纪以来，由于国际石油价格攀升以及新兴国家能源需求的大幅增长，世界各国普遍意识到以传统化石能源为主的能源消费结构已难以为继，纷纷加大对新能源产业的补贴力度，使全球新能源产业获得了突飞猛进的发展。虽然目前全球能源供需结构仍以煤炭、石油、天然气三大传统化石能源为主，但近年来新能源产量及其占能源生产总量的比重都保持上升态势。专家预测，到 21 世纪中叶，新能源在全球能源总量构成中的比重将上升到 50%左右。

2. 新能源发电技术日臻成熟

新能源发电是新能源的主要利用形式，包括太阳能光伏发电、风力发电、生物质发电、核电以及氢能燃料电池等多种发电方式。在各类新能源发电技术中，目前技术成熟度最高、最具经济性的当数风电技术。近二十多年来，全球风电装机容量的年增长率始终保持在 10%以上，风力发电站的建设成本及单位发电成本不断下降，经济性直逼煤炭、石油、天然气等传统化石能源以及核电。随着多晶硅提纯技术、晶硅电池及薄膜电池技术的不断突破，近年来太阳能光伏发电成为新能源发电领域发展速度最快的领域之一，预计今后十年将持续保持 20%～30%的高增长态势，在电力供应系统中的重要性不断提升。在生物质发电领域，除了玉米秸秆、棉花秸秆等传统的原料来源外，一些新型发电原料的发现和技术开发将显著提高生物质发电的效率和经济性。燃料电池发电技术具有效率高、噪声小、污染性极低等显著优点，近年来正朝着增大容量、延长使用寿命、降低成本等方向不断进步。

① 《新能源产业在世界各国艰难前行》，新浪地产网，2013 年 7 月 15 日。

3. 各类新能源产品的生产成本普遍下降

随着新能源技术水平的逐步提升，全球新能源产品的生产成本实现了显著下降。以太阳能光伏产业为例，美国能源部和劳伦斯·伯克利国家实验室一份名为《跟踪太阳》的研究报告发现，从2008年到2013年，光伏组件价格每瓦降低2.70美元，而在光伏系统方面，2013年10千瓦以下系统的平均安装价格为每瓦4.7美元，10~100千瓦系统为每瓦4.3美元，超过100千瓦系统的每瓦3.9美元。

4. 新能源产业链不断延伸，并向相关传统产业渗透

随着新能源产业规模的不断扩张，新能源产业链上、中、下游的内涵也日益丰富，相关的物流仓储及金融等服务业得到同步发展，业务类型不断细化和完善。另外，从当今新能源产业发展的新变化来看，新能源产业链已不再局限于自身的生产加工过程，同时还将渗透到其他相关的传统产业领域，形成新的新能源技术产业。比如新能源汽车是将氢能燃料电池或生物柴油等新能源类型与先进的车辆动力控制技术相结合，使得新能源在传统汽车产业领域发挥了重要作用；太阳能建筑一体化则是把太阳能系统作为建筑的标准体系嵌入建筑的设计、施工及后期管理的全过程，从而达到建筑节能和外形美观的双重功效，实现太阳能系统和建筑业的完美结合。

5. 新能源产业结构不断优化，企业并购重组步伐加快

2008年国际金融危机导致全球经济疲软，新能源产业的国际市场需求也随之大幅缩减，为了支持国内新能源产业的发展，各国纷纷加大对国内新能源产业的财政补贴力度，最终导致全球新能源产业出现严重的产能过剩。近年来随着政府补贴力度的回落，部分竞争力较弱的小企业出现倒闭风潮，新能源产业在全球范围内出现了兼并重组的浪潮。对新能源产业这样的高新技术产业而言，并购重组有利于淘汰落后产能，提升企业的实力和研发创新水平，从而有利于产业结构的优化升级。以中国大陆为例，根据中国工业经济研究所和社会科学文献出版社于2015年1月联合发布的《产业蓝皮书：中国产业竞争力报告（2014）No.4》显示，2014~2016年全球光伏发电和风力发电的新增装机容量将分别保持30%和10%以上的年均增长速度，导致全球新能源产业的产能过剩局面雪上加霜，最终可能引发至少有200家新能源企业破产或者被大企业兼并，其中绝大多数是太阳能光伏电池厂商①。就国内而言，我国拟采取综合措施推动光伏企业兼并重组工作有序开展，提升光伏产业集中度和核心竞争力。

① 王璐：《新能源工业产能过剩，企业并购重组加剧》，《经济参考报》，2015年1月5日。

6. 各国新能源产业的发展普遍依赖政府补贴

新能源产业作为典型的高新技术产业，具有资金和技术高度密集的特征。在新能源产业发展初期，面对巨大的资本投入、较长的投资回收期、极高的研发风险，以及来自传统化石能源的激烈竞争，私人投资者往往望而却步。另外，新能源的开发利用对整个社会具有明显的正外部性，因此政府有充足的理由和动机对新能源产业的发展进行资金补助和政策扶持。在现实中，为了加快新能源的开发利用，增强本国新能源产业的国际竞争力，各国政府确实通过各种形式对新能源产业实施了一系列的优惠政策。例如，德国政府于2000年颁布实施的《可再生能源法》中明确规定新能源消费需占德国能源消费总量的50%，并对新能源发电并网、新能源取暖等领域采取了政府补助、税收减免、贷款优惠等财税金融政策。

在新能源产业发展初期，政府补贴在新能源产能扩张、技术研发、市场需求培育等方面发挥了重要作用。然而随着新能源产业的发展壮大，新能源企业对政府补贴的长期过度依赖很可能成为提升竞争力的限制性因素。因为政府补贴的长期存在会使企业缺乏降低成本的主动性和积极性，还会导致行业内中小企业的盲目进入和产能扩张，最终引发整个行业的产能过剩和无序竞争。由此可见，补贴式的发展模式只适合在新能源产业发展初期发挥其指引性和扶持性作用，当产业发展到一定阶段后，政府应适时转变职能，逐渐减少直接性的资金补助，并将政策关注点转移到行业法规的完善和市场竞争环境的培育上，为各类新能源企业的自由竞争和健康发展提供优越的政策环境和市场空间。

三、两岸新能源产业的发展特征

两岸新能源产业既遵循全球新能源产业发展的一般规律，又各自拥有鲜明的特色。接下来将从资源基础、发展规模、发展阶段等角度对两岸新能源产业的发展特征进行比较分析。

1. 两岸都拥有丰富的太阳能和风能资源

为了更好地了解中国大陆和台湾在发展新能源产业方面所面临的资源基础，有必要对两岸太阳能、风能、生物质能、核能等主要新能源类型的资源储备状况、分布特征、品质等要素禀赋情况进行简要介绍，从而有利于在发展过程中趋利避害，发挥各自的比较优势。

在太阳能方面，整体而言中国大陆的太阳能资源储量十分丰富，全国大多数地区的年均辐射量在4千瓦时/平方米天，其中年均辐射量最高的西藏地区甚至高达7千瓦时/平方米·天，青海、新疆、甘肃及宁夏北部、福建东南部、海南岛东部等地区的太阳能辐射总量也很大。但在地区分布上却存在光照资源的供需矛盾：电力需求大的东部地区太阳能资源较匮乏，相反电力需求较小的西部地区其太阳能资源则最丰裕。受地形及东南季风的影响，台湾地区的太阳能资源呈现由西南至东北递减的趋势，其中西南部地区的光照资源十分丰富，东部地区则是在光照辐射最多的夏季受东南季风的影响而多云雨天气，导致光照资源较为稀缺。

在风力资源方面，中国大陆风力资源丰富，已探明的风能理论储量高达32.26亿千瓦，其中可利用开发储量为2.53亿千瓦，居世界第三位。在地区分布上，风力资源丰富的地区主要包括东南沿海及附近岛屿、内蒙古、新疆、甘肃河西走廊，以及青藏高原的部分地区。台湾风能资源也十分丰富，根据台湾“经济部能源局”的评估，台湾风电潜能理论值为13.6GW①，其中陆域4.6GW、海域9GW，若考虑限制区域、断层、地震、环保、交通及军事区域等因素，实际可开发风电容量约为2.6GW，其中陆域和海域规模分别为1.4GW和1.2GW。台湾地区风力资源最为丰富的地区当数台湾岛西部的台湾海峡，在2012年英国4C offshore网站公布的全球风况最优20处海域场址中，有16处位于台湾海峡，由此可见台湾地区拥有发展海上风电的天然优势，再加上陆上风电场的开发需要大量的土地资源，因此对于地狭人稠的台湾地区而言，海上风电是未来风电产业的主要发展方向。

2. 两岸生物质能产业与核能产业均面临原料短缺问题

在生物质资源方面，中国大陆拥有储量丰富且多样化的生物质资源，包括禽畜粪便、生活垃圾、农林废弃物、工业废弃物以及各种能源作物等。据统计，目前我国每年可开发的生物质能源约合12亿吨标准煤，超过全国每年能源总耗量的1/3。台湾地区的养猪业十分发达，因而猪排泄物是台湾沼气产业的主要原材料，而在生物质发电及生物液体燃料方面，台湾地区积极研究通过废食用油、厨余垃圾等各种生活垃圾实现废物利用，取得了丰硕的成果。但由于两岸均以废弃油脂作为主要原材料之一，并未对能源作物加以大规模利用，因而随着生物质能产业的发展壮大，近年来都出现了原料供应短缺的局面。

在核能资源方面，两岸用于核反应堆的铀矿资源都较为贫瘠。截至2012年，中国大陆已探明铀储备总量为17.14万吨，只占世界总量的3.2%，且其

① 本书中出现的KW（千瓦）、WM（兆瓦）、GW（吉瓦）都是电的功率单位，其中1KW=1000W，1MW=1000KW，1GW=1000WM。

中 60%以上是中小型矿床，所产矿石品相低、杂质含量高。2011 年大陆核电产业的原料对外依赖度高达 90%，近年来随着核电站数目的增加，这一指标继续呈上升趋势。而台湾地区截至目前仍未勘探到可供开发的铀矿资源，因而台湾核电产业发展所需的核燃料全部依赖进口。

3. 两岸新能源产业规模相差极大

大陆方面，近年来中央政府不断加强对新能源产业的扶持力度，完善新能源补贴机制，为分布式光伏发电、风电、核电等领域的发展扫除了许多障碍，新能源产业持续保持稳步发展态势。全部可再生能源年利用量从 2010 年的 2.9 亿吨标准煤增长到 2014 年的 4.4 亿吨标准煤，在全国能源消费中的比重达到约 10.3%，比 2010 年提高了 1.5 个百分点，有力地支撑了我国能源系统的低碳化转型行动。可再生能源发电总装机容量从 2010 年的 2.54 亿千瓦增加到 2014 年底的 4.36 亿千瓦，年增长率在近十年来始终保持在 10%以上（见图 1-11），在全国总发电装机中的比重从 2010 年的 26.0%增加到 2014 年的 32.1%。其中风力发电所占比重最高，增长速度也十分迅猛；太阳能发电在 2005~2014 年

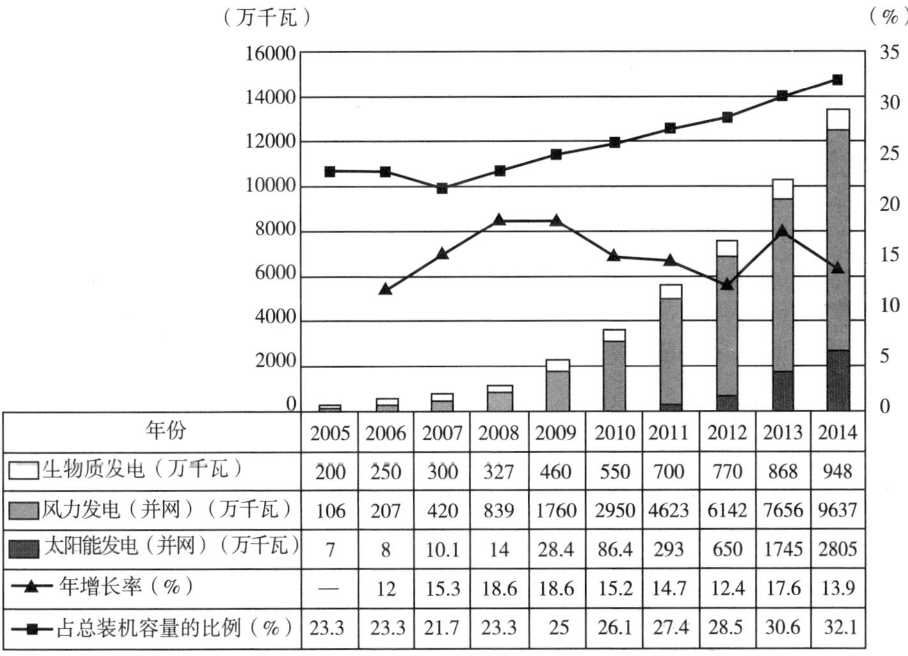

年份	2005	2006	2007	2008	2009	2010	2011	2012	2013	2014
生物质发电（万千瓦）	200	250	300	327	460	550	700	770	868	948
风力发电（并网）（万千瓦）	106	207	420	839	1760	2950	4623	6142	7656	9637
太阳能发电（并网）（万千瓦）	7	8	10.1	14	28.4	86.4	293	650	1745	2805
年增长率（%）	—	12	15.3	18.6	18.6	15.2	14.7	12.4	17.6	13.9
占总装机容量的比例（%）	23.3	23.3	21.7	23.3	25	26.1	27.4	28.5	30.6	32.1

图 1-11　2005~2014 年大陆新能源装机容量及其年增长率

资料来源：产业研究智库《2016 年新能源产业发展规模及潜在市场前景分析》。

这十年间经历了从无到有的过程，2014 年太阳发电装机容量是 2005 年的 400 倍左右；生物质发电的装机容量呈稳步上升的态势，十年间增长了将近 5 倍。2014 年可再生能源总发电量比 2010 年增长近 1 倍，在全部发电量中的比重也从 2010 年的 18%增加到 2014 年的 23.2%。风电、太阳能发电在内蒙古、甘肃、青海等地发电量中的比重均超过了 10%，已成为当地重要的新增电源。台湾地区方面，新能源产业中发展规模最大的是太阳能光伏产业，其次是风电产业，其他产业占比则极小。2015 年，台湾地区新能源产业总产值为 1920.26 亿元新台币，其中光伏产业的年产值为 1732.96 亿元新台币，占新能源产业总产值的比重为 90.25%，风电产业年产值 154.70 亿元新台币，占新能源产业总产值的 8.06%，其他产业的年产值则只占新能源产业总产值的 1.69%左右。

比较图 1-11 与图 1-12 可知，虽然近年来两岸新能源产业规模均呈扩大之势，但在增长速度方面，大陆新能源产业的增长速度更加稳定，且在太阳能光伏、风电、生物质能等领域全面开花；台湾地区则仍是光伏产业一枝独秀，风

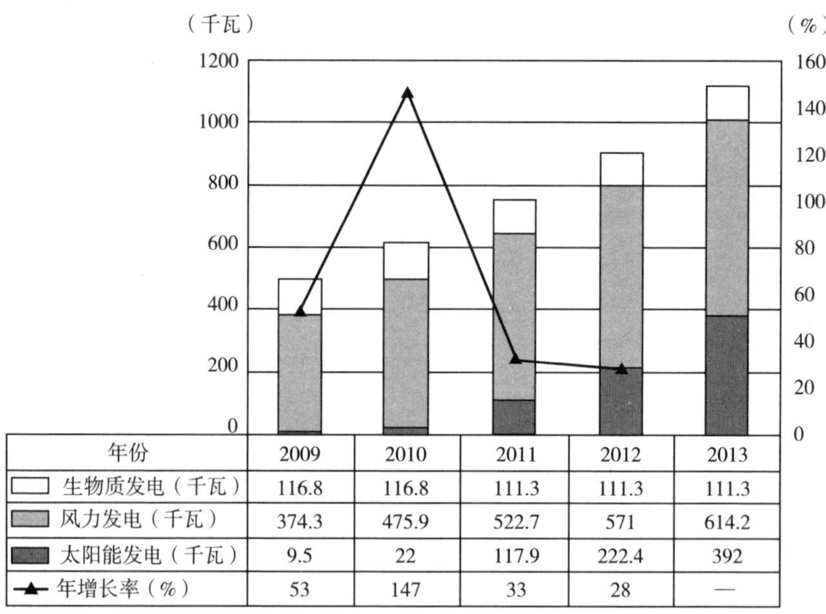

年份	2009	2010	2011	2012	2013
生物质发电（千瓦）	116.8	116.8	111.3	111.3	111.3
风力发电（千瓦）	374.3	475.9	522.7	571	614.2
太阳能发电（千瓦）	9.5	22	117.9	222.4	392
年增长率（%）	53	147	33	28	—

图 1-12　2009~2013 年台湾新能源装机容量及其年增长率

资料来源：台湾经济部技术处《2014 新兴能源产业年鉴》。

电产业发展缓慢，生物质能产业更是出现萎缩趋势。在产业规模的绝对值方面，台湾地区囿于岛内市场需求、资源基础等多方面的限制，更是不可与大陆新能源产业同日而语。

4. 两岸新能源产业整体上均处于成长期

根据国内相关领域学者及咨询机构的研究成果，现阶段大陆新能源产业整体处于成长期。在细分领域方面，如图 1-13 所示，太阳能光伏产业中的上游多晶硅原材料生产和下游光伏发电均仍处于初创期，光伏电池制造则已进入成长期；风电行业中的风电设备制造和生物质能产业的生物燃料都处于成长期。① 相比而言，台湾地区太阳能光伏产业所处的发展阶段与大陆较为相似，其产业上游的多晶硅原料供应和下游的光伏发电系统均处于起步阶段，中游的光伏电池制造则已进入快速发展期；台湾的风电产业则只有上游风电零部件制造环节具备一定规模，处于产业成长期；生物燃料产业经过不断的发展，已形成优胜劣汰的竞争环境，近年来随着行业内落后企业的退出和先进企业的发展壮大，产业资源得到整合，产业集中度有所提高，产业发展进入成熟期。整体而言，台湾地区的新能源产业目前同样处于成长期。

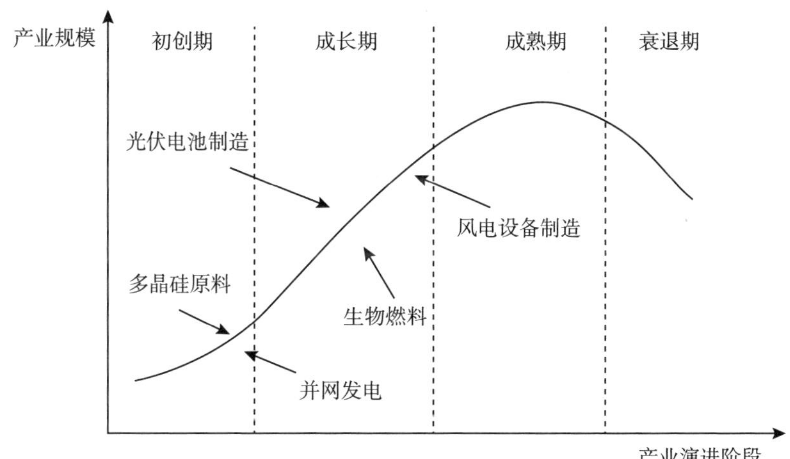

图 1-13　中国大陆新能源行业主要细分领域所处的产业演进阶段

资料来源：中投顾问产业研究中心。

① 中投顾问《2016~2020 年中国新能源产业深度分析及发展规划咨询建议报告》。

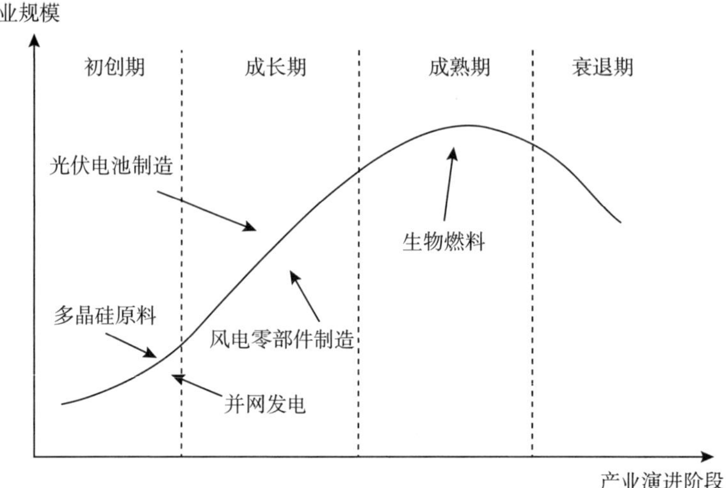

图 1-14　中国台湾地区新能源行业主要细分领域所处的产业演进阶段

资料来源：编者绘制。

参考文献：

[1] 穆献中、刘炳义：《新能源和可再生能源发展与产业化研究》，石油工业出版社 2009 年版。

[2] 辜胜阻、王晓杰：《新能源产业的特征和发展思路》，《经济管理》2006 年第 11 期。

[3] 王革华、艾德生：《新能源概论》，化学工业出版社 2006 年版。

[4] 应海涛：《基于产业演进和企业生命周期的企业成长内部因素研究》，浙江理工大学硕士学位论文，2011 年。

[5] 王斌斌：《地方政府行为对新能源产业发展的影响机制研究》，东北财经大学博士学位论文，2012 年。

[6] 苗韧、王凌霏、吴岫、胡秀莲、周伏秋：《中国能源可持续发展评价指标体系构建与初步评价》，《中国能源》2012 年第 3 期。

[7] 刘贵富：《产业链基本理论研究》，吉林大学博士学位论文，2006 年。

[8] 袁艳平：《战略性新兴产业链构建整合研究》，西南财经大学博士学位论文，2012 年。

[9] 刘胜强、毛显强、邢有凯：《中国新能源发电生命周期温室气体减排潜力比较和分析》，《气候变化研究进展》2012 年第 1 期。

[10] BP Statistical Review of World Energy 2013. June 2013. bp. com/statistical review.

[11] 高盛：《国际、国内新能源产业调查报告》，2008 年。

[12] [美] 杰里米·里夫金著，张体伟、孙豫宁译：《第三次工业革命》，中信出版社

2012 年版。

［13］王克强、左娜、刘红梅：《国际能源发展趋势分析》，《上海财经大学学报》2009 年第 6 期。

［14］杨雪：《能源安全与和平发展——中国的能源战略》，延边大学硕士学位论文，2006 年。

［15］赵中华：《中国城市清洁能源评价方法研究》，北京化工大学硕士学位论文，2007 年。

［16］郝彦菲：《国际新能源发展现状及对我国的启示》，《中国科技投资》2010 年第 8 期。

［17］江凯、鄢斗、颜蕾、杨美英：《危机背景下新能源经济发展新动向及启示》，《农业工程技术（新能源产业）》2009 年第 7 期。

［18］《新能源产业在世界各国艰难前行》，新浪地产网，2013 年 7 月 15 日。

［19］本刊记者：《世界能源供需现状与发展趋势》，《山西能源与节能》2008 年第 3 期。

［20］王璐：《新能源工业产能过剩，企业并购重组加剧》，《经济参考报》，2015 年 1 月 5 日。

［21］孙宇男：《我国新能源产业发展研究》，《经济论坛》2014 年第 11 期。

第二章 两岸太阳能产业发展比较

21 世纪以来，全球太阳能光伏产业经历了爆发式增长，产业链涵盖多晶硅材料、硅片、电池片、组件、平衡部件、系统集成、光伏应用产品和专用设备制造。目前大陆是世界上最大的多晶硅、硅片、太阳能电池及太阳能电池组件生产基地，是名副其实的太阳能光伏产业大国。台湾太阳能光伏产业太阳能电池产业在整个产业结构中占据主要地位，硅晶电池产量居全球第二。而目前两岸太阳能光热应用主要集中在太阳能热水器行业，不作为本书分析的重点。

第一节 两岸太阳能产业发展的阶段演进

根据第一章中关于产业演进与产业生命周期的相关理论分析，太阳能产业的发展演进应当遵循新能源产业演进的基本规律，即依次经历初创期、成长期、成熟期及衰退期四大阶段。目前两岸太阳能产业整体而言均处于成长期，但在具体特征方面存在较大差异。

一、大陆太阳能产业的阶段演进

我国太阳能产业自 1958 年开始研发至今六十年的发展历程，经历了由空间到地面、由军工到民用的转换，进入 21 世纪后光伏产业在大陆得到迅速发展，目前已成长为世界上最大的光伏制造国。如图 2-1 所示，大陆太阳能产业的发展大致经历了以下四个阶段：产品与技术研发阶段、产业化形成阶段、产业高速发展阶段、产业整合阶段。

1958年至20世纪80年代初 产品与技术研发阶段 → 20世纪80年代初至2002年 产业化形成阶段 → 2003~2011年 产业高速发展阶段 → 2012年至今 产业整合阶段

图 2-1 中国大陆太阳能产业发展演进路径

资料来源：编者整理。

1. 产品与技术研发阶段（1958 年至 20 世纪 80 年代初）

1958 年，大陆研制出第一块单晶硅电池，这标志着大陆开始了太阳能光伏产业的技术研发。受技术水平和需求范围的限制，在这一阶段研发力量主要集中于太阳能电池。1971 年太阳能电池首次被成功应用到东方红二号卫星，之后太阳能光伏电池又首次被应用于海港浮标灯，开启了大陆太阳能应用的历史。1975 年，先后在宁波、开封建立太阳能电池厂，电池制造工艺主要模仿早期生产空间电池的工艺，其应用逐渐由空间转向地面，但是由于当时太阳能电池造价十分昂贵，因此其主要应用为卫星的电源装置，在地面上的应用也仅限于小功率的电源系统。

2. 产业化形成阶段（20 世纪 80 年代初至 2002 年）

20 世纪 80 年代初，一些半导体器件厂通过引进先进技术缩小与国际光伏产业先进水平的差距，利用半导体器件工艺与废次单晶硅来制造单晶硅光伏电池，大陆太阳能光伏产业发展进入雏形期。80 年代中期至 90 年代中期，开封太阳能电池厂和宁波电池厂开始引进国外关键设备，许多半导体厂也开始引进成套的单晶硅电池与组件生产设备，大陆光伏电池、组件总生产能力达到 4.5MW，大陆太阳能光伏产业初步形成。在“六五”与“七五”时期，政府对太阳能光伏电池产业给予一定的资金扶持使得光伏电池产业得以巩固和发展。

1997 年京都气候变化会议后，在世界光伏产业快速发展的带动下，国内光伏应用开始规模化发展，1998 年现任天威英利能源有限公司董事长苗连生拿下了第一套 3MW 多晶硅电池及应用系统示范项目的批复，成为中国太阳能产业第一个“吃螃蟹”的人。2001 年，国家推出了“光明工程计划”用以解决边远山区的用电问题。

3. 产业高速发展阶段（2003~2011 年）

在这一阶段我国光伏产业产品 90%以上用于出口，在国际市场的推动下，产业规模迅速扩大，技术水平不断提高，产业链不断完善。在2007年大陆太阳能电池产量超过日本成为了世界上最大的太阳能电池生产国，并连续三年产量增速超过100%。2003~2005年，在欧洲市场拉动下，在无锡尚德和保定英利的带领下，多家企业纷纷建立太阳电池生产线，大陆太阳电池的生产规模迅速扩张。随着中游制造业规模的扩张，大陆光伏产业链开始向上、下游迅速延伸，2004年，洛阳单晶硅厂与中国有色设计总院共同组建的中硅高科自主研发出了12对棒节能型多晶硅还原炉。2005年，大陆第一个300吨多晶硅生产项目建成投产，从而拉开了大陆多晶硅大发展的序幕。2006年《可再生能源法》的颁布进一步促进了大陆光伏下游产业的发展。

在这一阶段光伏产业尽管出现短期波动，但总体规模呈快速攀升趋势。2008年金融危机爆发，在2009年上半年以出口为导向的大陆光伏产业出口量增速放缓，但是由于当时欧洲各国对光伏产业的扶持力度有增无减，光伏产业并未遭遇较大挫折，光伏产业扩张趋势明显。

4. 产业整合阶段（2012年至今）

2011年底，受到欧债危机的影响，德国、意大利、西班牙等欧洲光伏大国纷纷降低甚至取消对光伏产业的补贴，欧洲市场需求迅速减少。2012年底，欧美对大陆光伏产业征收高额的反倾销和反补贴税，对全球光伏产业而言无疑是雪上加霜，产品价格和出口量都出现大幅度下降。国际市场需求减少，国内需求不足，使得光伏产品供过于求，价格持续下跌，给当时投资过热的光伏产业带来了巨大打击，整个光伏产业呈现一批中小型企业纷纷倒闭，光伏产业进入整合期。2012年大陆太阳能电池组件出口额仅为127亿美元，同比下滑43.8%，著名的光伏厂商无锡尚德就是在此次整合的洪流中宣布破产重组。2013年，中国大陆和美、日对光伏发电的支持力度增加，欧洲光伏发电产业发展逐渐走向平稳，中国大陆光伏产业逐渐回暖。为扶持光伏产业，解决由于国外市场萎缩造成的中国大陆光伏产业产能过剩，中国政府开始着重扶持发展国内市场。2010~2013年中国国内光伏发电量年均增长278%，中国成为世界上光伏发电增长速度最快的国家。2013年大陆新增装机量超12GW，累计装机量超20GW。电池组件内销比例从2010年的15%增至43%。全产业销售收入3230亿元。

二、台湾太阳能产业的阶段演进

台湾98%的能源需要进口，其地处亚热带，气候四季如春，光照时间长达 8 小时，适合光伏发电的发展。目前台湾光伏产业出口量仅次于中国大陆，排名世界第二，技术水平先进，具有很强的国际竞争力，是台湾的朝阳产业。如图 2-2 所示，其发展演进大致经历了四个阶段，分别是产品研发期、产业萌芽期、产业高速发展期和产业低迷期。

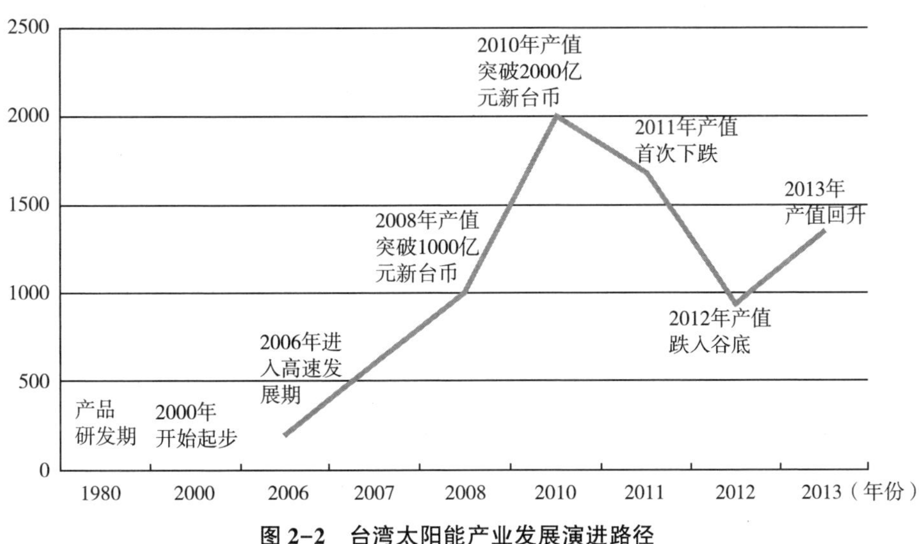

图 2-2　台湾太阳能产业发展演进路径

资料来源：台湾工研院（2013. 05）。

1. *产品研发期（1980~2000 年）*

在这一阶段台湾地区的太阳能产业技术研发力量也主要集中在太阳能电池上。1980 年，台湾当局在能源基金的支持下由工业技术研究院能源所开始研发太阳能电池，1989 年有厂商开始投入生产，受技术水平和成本的限制，台湾太阳能电池没有实现产业化，直到 2000 年台湾“经济部能源局”启动“太阳光伏推广计划书”，政府开始推动太阳能光伏产业发展。

2. *产业萌芽期（2001~2005 年）*

2000 年茂迪正式投资太阳能电池领域，标志着台湾开始了太阳能光伏产业化的进程。该阶段的主要特征就是台湾开始有半导体晶圆厂商将多余的产能转入太阳能硅片的制造，促进了太阳能光伏产业中硅片制造行业的发展，例如中美硅晶。

由于组建中下游电池和模组厂所需资金远远低于上游的硅材料环节，建设电池厂约需3亿元新台币，模组厂需5000万~6000万元新台币，系统厂则仅需1000万元新台币，并且台湾晶体硅太阳能产业与半导体产业在原材料产业链方面类似，具备先进的技术水平和降低成本的能力，新进入厂商主要集中在中游制造环节。当时光伏产品市场需求小，台湾太阳能光伏产业发展缓慢。

3. 产业高速发展期（2006~2010年）

台湾光伏产品98%以上用于出口，在这一阶段受欧洲光伏市场的需求拉动，多个半导体厂商优势产能转向太阳能电池及组件生产。由于全球太阳能光伏市场进入快速发展期，光伏产品市场需求大增，台湾光伏产品获利大幅度增长，台湾光伏产业规模高速扩张。2007年台湾相关部门推广“光伏城”等政策，岛内光伏发电兴起，内需增加。2009年受到金融危机、油价下跌、西班牙光伏补贴政策到期的影响，台湾光伏产业增长势头减缓，然而下半年由于欧洲市场的抢装潮拉高了全年总产值。2010年受惠于德国的第三季调降补助而驱动的抢装潮以及日本政府鼓励安装太阳能发电装置，台湾太阳能晶硅圆和太阳能电池出货量持续增加，台湾太阳能光伏产业产值迅速增加，突破2000亿元新台币。

4. 产业低迷期（2011年至今）

由于欧洲光伏市场需求下降以及大陆厂商的持续扩产，光伏市场严重供过于求，太阳能电池及组件价格急剧下降，台湾光伏产业大多数厂商陷入亏损。2011年上半年，由于欧洲传统光伏大国需求疲软，新兴市场增长动力不足，大陆光伏厂商大幅扩产，光伏产品供过于求，多晶硅和太阳能电池价格不断下滑，太阳能组价库存量增加，库存成本占用大量资金，出现产能过剩的问题，台湾太阳能光伏产业产值首次出现下跌，2012年产值跌至谷底，为944亿元新台币，为缓解中游制造企业的困境，台湾相关部门加快“阳光屋顶百万座”计划进程，为企业提供示范基地，积累安装经验，增强企业自身竞争力。

2013年，大陆和美、日光伏发电安装规模增大，台湾地处三大市场的中间位置，优越的地理位置使得台湾光伏厂商迅速获得订单，2013年台湾光伏产业产值回升至1356亿元新台币，但是由于光伏产品价格仍然持续下滑，台湾厂商规模较小，难以形成规模经济，厂商盈利状况堪忧，产能利用率仍然较低。2014年美国对光伏产品的“双反”政策将台湾产品包括在内，增加了未来台湾光伏产业发展的不确定性。从产业规模来看，2014年至今台湾光伏产业始终处于产值收缩期，年产值保持下降趋势，2016年台湾光伏产业产值为1592亿元新台币，比2015年下降了8.1%。

三、两岸太阳能产业发展演进特征比较

通过比较可以发现，两岸太阳能光伏产业在发展演进过程中各自表现出不同的阶段性特征，比如大陆光伏产业起步早于台湾，但台湾光伏产业的产业化步伐快于大陆；大陆光伏产业在规模和完整性等方面优于台湾。除此之外，两岸光伏产业在国际市场环境、对外依存度等方面也存在共通之处。

1. 大陆光伏产业起步早于台湾，但台湾实现产业化速度快于大陆

1958 年，半导体所研制出第一块晶硅电池，20 世纪 80 年代大陆多家半导体器件厂商引进世界先进生产线，开始了光伏产业的产业化步伐。1973 年能源危机以后，全球进入了以发展可再生能源为主的能源开发阶段，中国大陆光伏产业初现雏形。进入 21 世纪后，在无锡尚德、江西赛维等龙头企业的带领下发展壮大，产业链逐渐完善。1980 年，台湾工业研究院在能源基金的扶持下开始了太阳能电池的研发。20 世纪末，全球光伏发电开始兴起，台湾开始有半导体器件厂商转向太阳能电池生产。台湾地区良好的半导体产业基础，为光伏产业的发展提供了熟练的技术工人以及人才储备，为光伏产业的腾飞提供了人才和技术支持。例如，台湾著名的硅片生产商中美硅晶就是由半导体裸晶圆制造商转型而来的。尽管大陆半导体行业的发展为太阳能电池的发展带来了一些有利条件，但是大陆半导体产业由于起步晚、技术不发达、生产力量弱的特点，并不能像台湾半导体厂商那样利用先进技术进行转型。

大陆光伏产业受航空航天事业的需求拉动，由太阳能电池和组件的研发开始，其技术研发和产业化阶段都要早于台湾，但由于产业基础薄弱，技术水平有限，产业化以后技术和经营方面台湾地区光伏产业的发展速度快于大陆①。

2. 在政府政策的引导下，大陆光伏产业规模扩张速度快于台湾

大陆太阳能光伏产业在 2003 年以前，受到当时技术水平和成本的限制，产业规模发展十分缓慢，由于能源和环境的压力，光伏发电技术在各国如火如荼地展开，增加了太阳能电池的需求量。市场需求增加，大陆从中央到地方政府纷纷出台一系列优惠政策从审批流程、速度、信贷政策、税收、进出口贸易各个方面鼓励太阳能产业厂商投资建厂，大量资金流入光伏产业，光伏产业产能迅速扩张，仅仅四年，大陆就成为了世界上最大的光伏生产国，并且自 2007 年，连续七年稳居世界首位，并且其产能规模仍然在持续增长，是名副其实的

---

① 《中国两岸光伏产业发展报告》（2012 年）。

光伏制造大国。图 2-3 描绘了自大陆光伏产业化以来各阶段的产能扩张情况，可见自 2003 年以来大陆太阳能电池产能规模近乎直线式增长。台湾地区 2000 年开始有半导体厂商转入太阳能电池厂商的生产，2010 年台湾太阳能电池国际市场占有率超过日本，位居全球第二，其中茂迪、新日光和昱晶已经成为全球前十大制造厂商，但与大陆相比仍有很大差距。

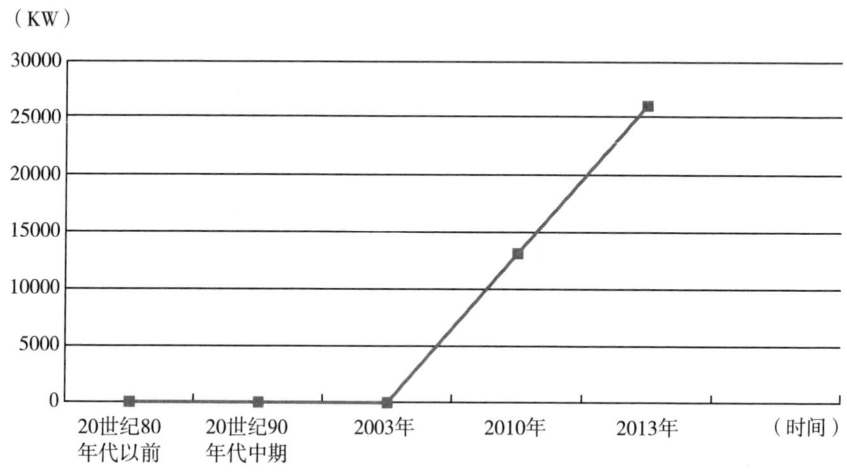

图 2-3　中国大陆太阳能电池产业产能扩张图

资料来源：编者整理。

3. 国际市场萎缩是两岸光伏产业整合浪潮的导火索，产业竞争格局正在重建

光伏产业在发展初期是一个暴利产业，并且太阳能电池和组件行业技术和成本门槛较低，大量厂商进入是必然。另外，在 2009 年受到海外订单的诱惑，大陆光伏产业规模大幅度扩张，在地方政府的支持下企业强势介入光伏产业，造成光伏产业产能严重过剩。据统计，2009 年大陆光伏企业共有 500 多家，其中 30%的中小企业产能利用率在 20%~30%，即使勉强维持的企业也往往以裁员和增加库存来博得生存机会。台湾光伏产业据统计拥有上、中、下游厂商共 92 家，产业集中度一直维持在前三家太阳能厂商市场占有率为 35%的水平。

2012 年国际市场需求大幅度减少，发展环境恶化，大量光伏企业倒闭。2012 年受光伏产品价格下跌的影响，大陆 90%的多晶硅厂商停产，电池和组件厂商全面亏损，欧美对大陆光伏企业的“双反”调查更是加重了大陆光伏生产企业的资金链断裂破产倒闭的风险，因此光伏产业整合重组已经势在必行。2013 年全球最大太阳能电池及组件生产商无锡尚德宣告破产，开启了大陆光伏产业整合的大幕。台湾太阳能光伏产品制造厂商为缓解经营压力，加强了水平合作并且向垂直整合方向发展。2013 年 5 月新日光与旺能合并，成为台湾最大的太阳能光伏制造厂商；8 月中美硅晶宣布与高效率太阳能电池厂商旭泓全球光电逐步进行整合，是台湾光伏产业垂直整合的典型。

4. 大陆光伏产业发展过程中产业链分布更加完整

大陆太阳能光伏企业发展初期主要是太阳能电池及组件行业，2005 年有太阳能多晶硅厂商开始太阳能级多晶硅生产，随后受多晶硅产业高利润的诱惑，大量中小规模厂商进入多晶硅行业，数量曾达 50 多家，大陆已成长为全球最大的多晶硅生产国。2001 年政府出台“光明工程”计划，目标主要集中在西部偏远地区的发电，标志着光伏发电走向产业化。2009 年政府出台“金太阳工程”政策，加快了发展太阳能发电发展的步伐，2012 年中央和地方政府出台多项政策鼓励和引导分布式光伏发电发展，大陆整个光伏产业链已十分完整。

台湾光伏产业在上游原材料环节难以抗衡大陆庞大的生产规模，主要集中在以中游代工为主的太阳能电池和硅片行业，两行业加起来占光伏产业的 90%以上。2010 年福聚进入多晶硅行业，并且长期维持仅有其一家具有产能的局面，可满足内需，但是在 2014 年由于多晶硅价格下降严重，福聚多晶硅生产陷入停顿，进入破产保护阶段，据统计，目前仅有瑞晶应用材料股份有限公司一家在产。另外，由于台湾自然条件的限制，光伏发电产业发展受到诸多限制，尽管在 2009 年政府推出了“阳光屋顶百万座计划”，但是由于屋顶环境等条件限制而发展缓慢。总体而言，台湾光伏制造商缺乏上游硅材料供应与下游系统整合的能力，主要以水平分工为主，整个产业链分布比较破碎，资源分配也十分分散和有限。

5. 两岸光伏产业对外依存度很高

两岸光伏产业面临严重的“两头在外”的困境，一直以来大陆 50%以上的多晶硅需要进口，90%以上的太阳能电池用于出口，尽管近年来太阳能电池出口比重稍有下降，仍然在 70%以上。2012 年中国政府出台多项政策鼓励国内光伏发电的发展，装机容量明显增多，但是国内市场仍然仅占大陆光伏组件总产能的 19%，有近 81% 的光伏组件依赖国外市场，对外依赖度过高的问题仍未得到有效解决。对于台湾光伏产业而言，目前 90%以上的多晶硅需要进口，90%以上的太阳能电池和组件用于出口。这种严重依赖国外市场需求的产业发展模式严重制约了两岸光伏产业由低端制造向高端产业迈进的步伐，使得两岸光伏产业一直处于全球价值链的底端，难以获得话语权。并且在中游加工制造环节会产生严重的环境污染，给企业带来负的外部性，在未来可能会使得企业缺乏长久经营的动力。

第二节　两岸太阳能产业重点领域的对比分析

太阳能产业在两岸新能源产业中都具有较高的战略地位和广阔的发展空间，2010 年 9 月国务院发布《关于加快培育和发展战略性新兴产业的决定》将光伏产业列为战略性新兴产业，台湾也将太阳能光电产业列为朝阳产业。然而由于自然、社会政治和经济环境的差异，两岸光伏产业在产业链的各个环节有不同侧重，本节将从产业链的角度对两岸太阳能产业重点领域的发展状况进行比较分析。

一、两岸多晶硅及硅片产业比较分析

多晶硅产业和硅片产业属于光伏产业链中的上游产业，是整个光伏产业链中准入门槛最高、同时利润也最高的环节。两岸目前均处于多晶硅产业发展的初创阶段，大陆尽管是世界上多晶硅产量最大的国家，保利协鑫也已成为世界上最大的多晶硅生产厂商，但在技术水平、产品质量上仍与先进水平有较大差距；台湾地区多晶硅产业较大陆差距较大，福聚宣布破产以后多晶硅供给90%以上需要依赖进口。

1. 大陆多晶硅生产“大而不强”，台湾地区“强而不大”

多晶硅产业具有资金密集、技术密集、高耗能、回收周期长的特点，因此多晶硅产业的发展离不开政府的扶持和实现规模化效益。大陆是多晶硅生产大国，占全球产能约 40%，2013 年大陆多晶硅全年产量达到 8.46 万吨，位居全球首位，约占据全球总产量的 34%。但中国不是多晶硅生产强国，2009 年国务院出台的“38 号文”将多晶硅列为过剩产业，多晶硅产业享受的优惠政策相继被取消，使处于幼年的多晶硅产业失去了政府扶持。另外，大陆多晶硅生产商技术参差不齐，生产企业之间的差距很大，国内先进的多晶硅企业的生产

技术水平能够达到国际先进水平，而技术落后和生产规模小的企业，难以形成规模经济效益，其生产成本与先进生产厂的差距达到一倍以上，成本较高导致大陆多晶硅产业抗风险能力差，存在严重的低端产能过剩、高端产能不足的问题。

台湾地区方面，2010 年福聚才开始生产多晶硅，并且直至 2013 年在产企业也只有福聚一家，但是其起步水平比较高，初步规划产能就达到 5000 吨，至 2012 年 6 月完成 3000 吨去瓶颈计划后，其产能已经达到 8000 吨，已具有明显的成本优势，有力地改变了台湾地区多晶硅原材料受制于人的局面。然而由于多晶硅价格下降，厂商利润水平下滑，福聚陷入经营困难，2014 年 12 月进入破产保护阶段。目前瑞晶材料应用科技股份有限公司采用先进的冶金法多晶硅提纯技术，大大降低了多晶硅产业的污染和能耗，但是产能较低，难以维持岛内多晶硅供给。

2. 两岸多晶硅生产都难以自给自足，对外依存度高

大陆尽管多晶硅产业的产能不断提高，主要用于自销，出口占比很小，但是市场需求庞大，国内产品无技术优势，质量不稳定，进口量一直居高不下，进口比例在 50%以上，主要集中在德国、美国和韩国，近年来大陆多晶硅产量及进口情况如图 2-4 所示。据统计 2012 年底大陆已具备投产能力的多晶硅企业已经达到 50 家以上，产能达到 19 万吨，但是仍然需要从国外进口 8.27 万吨的多晶硅。2013 年，大陆对美、韩多晶硅产品的“双反”终裁出台，对美国多晶硅产品征收 57%不等的关税，对韩国征收 2.4%不等的关税，一些进口商开始通过寻求大陆厂商加工贸易的方式进入大陆市场以规避市场风险，在未来可能会对大陆多晶硅进口量产生影响。截至 2015 年，大陆多晶硅净进口量已超过 12 万吨，从韩国、美国、德国三国进口的多晶硅占总进口量的半数以上。

2010 年，台湾地区唯一一家多晶硅厂商福聚投入量产，在 2012 年产能已经达到 8000 吨，基本可供应内需，但据统计数据显示，2013 年台湾进口多晶硅 6657 吨，由于岛内需求有限以及贸易摩擦，进口多晶硅主要用于转销。但是 2014 年 12 月福聚进入破产保护之后，多晶硅厂商仅有瑞晶应用材料科技股份有限公司一家投产，其产能规模较小，台湾多晶硅进口比例将会达到 90%以上。目前国际多晶硅市场价格不稳，台湾多晶硅原材料供给处于缺货状态，福聚已于 2016 年正式宣布破产，对台湾光伏产业的稳定发展具有十分不利的影响。

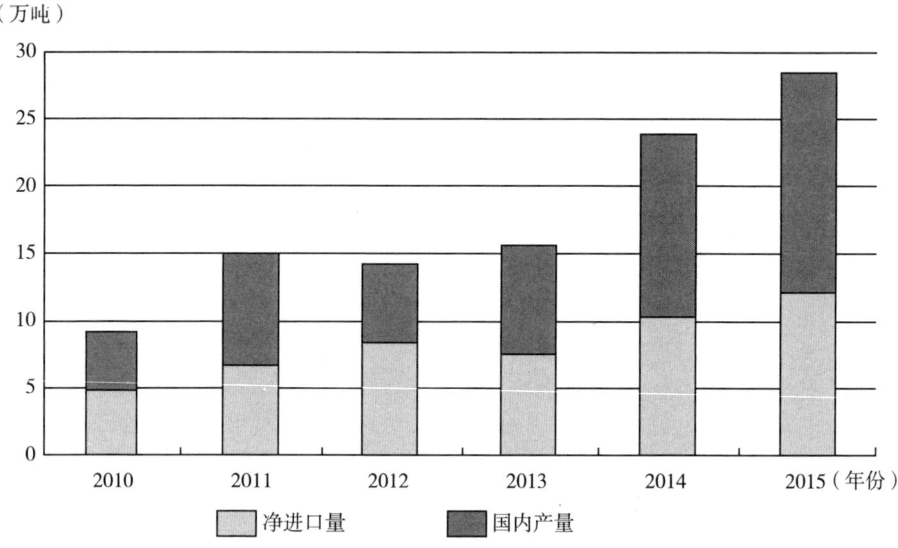

图 2-4　中国大陆多晶硅产量与进口数量分布

资料来源：前瞻网。

3. 受价格下跌、生产成本居高不下的影响，两岸多晶硅企业均面临巨大的经营压力

受 2010 年光伏产业爆发式增长的影响，多晶硅呈现投资过热，产能过剩的局面，2011~2012 年多晶硅现货市场上供过于求，加之下游光伏电站建设速度小于光伏组件产能增长速度，使得整个光伏产业链中、上游呈现供过于求的局面，导致多晶硅价格下降。此外，大陆多晶硅厂商在国际多晶硅价格制定上缺少话语权，国外大型多晶硅厂商凭借规模和技术优势向大陆倾销大量多晶硅，使得国内市场价格持续下跌。从多晶硅产业成本方面看，尽管一些先进厂商在能耗和资本投入方面已经接近世界先进水平，但是由于大陆多晶硅产业厂商规模差距较大，因此大多数厂商其成本仍居高位。

受多晶硅价格下跌、生产成本居高不下的影响，许多中小规模厂商停业。2012 年底大陆仅有 8 家多晶硅企业在产，80% 以上的企业处于停产状态，即使在 2013 年多晶硅产业回暖后也仅有 16 家企业投入生产，开工率严重不足，2014 年，台湾多晶硅生产企业福聚也进入破产保护。企业在停产后由于初始投资大，企业负债率高，以及停产以后维护设备的高额成本，企业面临巨大的财务压力，并且多晶硅产业具有明显的后发优势，后进入的企业可以利用前人的先进经验，具有明显的竞争优势，再次启动时成本也比较高，多晶硅厂商面临巨大的经营压力①。

4. 大陆多晶硅产业内部小企业居多，有待进一步兼并重组

2011 年，大陆多晶硅产能分布大致如表 2-1 所示，大陆多晶硅产业产能大多数集中在 3000 吨经济规模以下，万吨以上产能规模的企业数量仅有 2 家，即使在 2013 年大陆多晶硅厂商万吨级厂商增加至 6 家，但是相比于小规模企业数量仍然很少。

表 2-1　中国大陆多晶硅厂商产能分布

产能区间	企业数量
10000 吨以上	2 家
4500~5000 吨	5 家
3000~4000 吨	10 家
1000~2900 吨	10 余家
1000 吨以下	10 余家

资料来源：编者整理。

多晶硅产业初始投资成本高，具有很高的进入壁垒，其生产不是简单的重复，规模小的企业在降低成本方面具有较大难度，从发达国家多晶硅行业发展中可知：大企业在多晶硅产业发展中占主导地位，只有通过大企业的技术和生产规模的持续投入才能在市场竞争中占据有利地位。一般认为，多晶硅厂商最低产能要达到 3000 吨，因为只有产能规模足够大，其生产成本优势才能展现出来，其抵抗风险的能力才能增强。然而在大陆多晶硅企业 80%以上为 3000 吨以下的中小规模企业，因此大陆多晶硅企业整合不可避免。

5. 大陆和台湾成为世界硅片产业经营重心

硅片是进行太阳能电池制造的主要原料，处于太阳能光伏产业链的中部，其利润率水平也居中，由于自 2011 年以来硅片价格的持续下跌，欧洲厂商逐渐退出市场，大陆和台湾成为世界硅片产业的经营重心，2013 年大陆和台湾硅片厂商包揽了全球硅片厂商排名前五，市场占有率达 44.1%。大陆是全球最大的硅片生产基地，规模较大的硅棒、硅锭和硅片企业基本都集中在大陆。

① 《2013 年中国光伏产业发展报告》。

据统计数据显示，2013 年大陆硅片总产量约为 29.5GW，全球占比达到 75%。从产业集中度角度看，我国十大硅片企业产能达到 26.4GW，约占全国总产能的 64%，产量约为 21.52GW，约占全国总产量的 73%。其中，保利协鑫、英利、赛维 LDK、昱辉跻身世界硅片厂商前五，近年来尽管光伏产业发展受阻，但是硅片产业规模一直保持持续扩大发展趋势。台湾硅片行业是仅次于太阳能电池行业的第二大光伏产业，约占台湾太阳能光伏产值的 19.2%，占全球市场的 8%，在硅晶片方面，台湾目前量产厂商包括：中美晶、绿能、旭晶能源、达能、昱成与国硕。茂迪是台湾地区主要供给内需的大型硅片厂商。与大陆的硅片企业不同的是，台湾硅片企业主要用于出口，大陆厂商主要供给国内太阳能电池厂商生产，部分出口至欧美国家。

6. 硅片产业发展受制于多晶硅产业和太阳能电池产业，更多大陆厂商倾向于垂直一体化的方式生产

多晶硅是硅片企业的重要原料，其供给数量和价格对硅片行业具有重要影响。自 2008 年以来多晶硅价格波动明显，而大陆和台湾多晶硅对外依存度高，多晶硅的供给严重受制于国外多晶硅厂商，此外在多晶硅定价方面由于技术和规模的限制缺少话语权，这严重制约了硅片产业的原料供给。太阳能电池是硅片的主要应用，大陆和台湾是世界上前两大太阳能电池制造国，两岸太阳能电池产业产量持续增加，为硅片产业的发展提供了更多机会。因此，硅片企业垂直一体化生产方式成为厂商追捧的对象，保定英利是世界上最大的垂直一体化的光伏制造商，由硅晶圆生产起家，目前已经拥有从多晶硅到太阳能电池组件，近年来又开始向发电产业延伸。2013 年 8 月中美硅晶与太阳能电池生产商旭泓开始垂直整合，预示着台湾硅片企业向垂直一体化生产模式迈进。垂直一体化的生产模式可以将上游产品价格波动带来的外部效应内部化，可以有效地控制成本，同时也有利于企业对产品质量的监管以及品质的提升。

二、两岸太阳能电池及组件发展分析

太阳能电池及组件产业位于整个光伏产业链的中间环节，也是两岸太阳能光伏产业中发展最为亮眼的环节。两岸太阳能电池及组件产业在国际市场上均占有一席之地，市场份额位居前列，产品也日趋多元化，但同时也都存在对外市场依赖度过高的潜在风险。

1. 两岸太阳能电池及组件在国际市场上都保持较高的市场占有率

金融危机后，太阳能电池行业新建企业和扩产企业较少，但两岸太阳能电

池和组件产能及产量规模仍保持持续扩张态势。这主要是得益于技术进步所带来的电池转换效率和良品率的提高以及单线产出的增大。如图 2-5 所示，在太阳能电池片方面，近年来中国大陆太阳能电池片的产量呈持续增长趋势，2015 年我国太阳能电池产量增长至 41GW，比 2014 年增长 22.4%，占全球太阳能电池产量的比重从 2011 年的 60%上升至 2015 年的 68.3%。太阳能电池组件方面，中国大陆是全球光伏组件的主要产地及出口地，电池背膜作为晶硅太阳能电池的主要配套材料之一，国内具有很大的市场需求。2015 年中国大陆光伏组件产量为 43GW，比 2014 年增长 20.8%，占全球太阳能电池组件的比重从 2011 年的 60%增长至 2015 年的 71.7%。

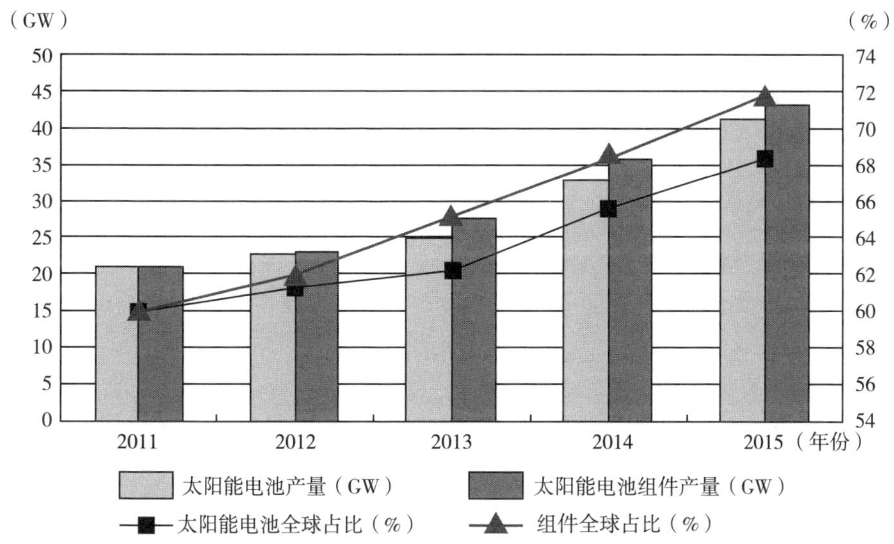

图 2-5　中国大陆太阳能电池产量和太阳能电池组件产量及其占全球产量的比例

资料来源：中国产业信息网，http：//www.chyxx.com/industry/201612/473283.html。

台湾地区太阳能电池是其光伏产业的重点领域，其竞争力在国际市场中突出，产量也一直处于增长阶段。2011 年欧洲光伏产品市场遇冷，但是台湾太阳能电池和组件厂商受益于欧美对大陆光伏产品的“双反”，其产量和销售收入明显增加，2012 年茂迪、昱晶已经突破 1GW。2013 年，台湾太阳能电池和组件环节产量呈现爆发式增长。统计数据显示，2013 年台湾太阳能电池片出货量达到 8.3GW，同比增长 50%，国际市场占有率约为 19.2%，组件销售收入达到 100 亿元新台币，同比增长 40%，国际市场占有率约为 8%。

2. 两岸太阳能电池组件厂商主要由电池厂商整合而来

在2008年上半年以前，大陆具有封装能力的企业一度达到了330家左右，由于当时国际市场景气，出口顺畅，大部分具有生产能力的企业都由自己封装组件出口，另外一些只具有封装能力的小型企业多采用代工的方式为大型电池厂商封装。而一些只具备封装能力的企业由于片源不足，经过金融危机以后难以为继，从而不断减产或者停止生产。因此，目前大多数大陆太阳能电池组件厂商是由太阳能电池厂商垂直整合而来。

在组件方面，其在整个台湾光伏产业总产值中所占比重较小，台湾地区涉足的企业，一方面是电池片企业为了打通产业链而进入该领域，另一方面是部分企业直接打入该环节，包括友达、旺能、强茂、景懋等。但从整体看，我国台湾地区组件制造环节还稍显薄弱，2013年台湾太阳能电池模组产值仅有90.9亿元新台币，占台湾光伏产业产值的6.7%①。尽管台湾太阳能电池技术水平较大陆稍高，但是与发达国家技术水平相比仍然有较大差距。

3. 两岸太阳能电池产品日趋多元化，薄膜电池市场份额逐年增加

根据太阳能电池材料划分，太阳能电池分为晶硅电池和薄膜电池。其中晶硅电池分为单晶硅电池和多晶硅电池，薄膜电池分为硅基薄膜电池、碲化镉薄膜电池、铜铟镓硒、染料敏化太阳能电池。两岸太阳能电池以晶硅电池为主，产量占比均在80%左右，但是台湾薄膜电池的技术水平领先于大陆。大陆早在“七五”期间国家科委就投入2000万元，在北京有色金属研究院建成了年产量100KW的非晶硅生产线，目前大陆已拥有20余家硅基薄膜电池生产企业，碲化镉太阳能电池尽管具有低成本、高效率的特点，但是污染严重，目前大陆生产规模仍然很小。2013年大陆薄膜电池产量约为260MW，几乎均为硅基薄膜电池。台湾薄膜电池产业2009年开始出现，其设备和技术主要来自国外先进水平国家，在2011年之后，由于多晶硅面临严重的供过于求，促使多晶硅报价大幅度下滑，造成硅晶太阳能电池模组和薄膜型电池模组的成本差距明显缩小，导致薄膜太阳能电池优势消失，使得薄膜电池与硅晶电池比重差距再度拉大。但随着光伏产业市场的回暖，薄膜电池在太阳能电池市场上的份额会再次增加。

4. 国际太阳能电池市场需求的低迷状态倒逼两岸电池厂商提升效率、降低成本

2011年欧洲光伏大国削减太阳能补贴，给以欧洲为主要市场的大陆光伏

① 《2014年台湾新能源统计年鉴》。

产业带来巨大冲击，2012 年欧美对大陆光伏产品进行“双反”调查更是给大陆光伏产业雪上加霜。恶劣的市场环境让本来就以压缩利润进行低价竞争的大陆光伏企业经营困难。尽管近年来光伏企业的规模化生产和聚集性发展以及大陆的光伏产业支持政策，为大陆光伏企业采用低价格战略提供了保障，但是供过于求、产能过剩导致价格的持续下跌使得厂商利润减少，资金链断裂，企业生存难以为继。面对光伏产品低价格，在市场倒逼机制下，大陆电池和组件厂商一直以降低成本，提高产品质量，提高自身竞争力为发展目标。在技术进步角度，从成本控制和提升产品效率两个方面入手保证利润实现和亏损减小。至 2013 年底大陆主要晶硅电池企业生产成本已经降至 0.53 美元/瓦以下，部分企业甚至达到 0.48 美元/瓦。从企业的产品质量角度看，产品质量更加稳定，多数企业产品质保达到 10 年，功率线性质质保达到 25 年，部分企业甚至可以达到 27 年。

台湾太阳能电池及组件厂商同样面临价格下调的压力。2015 年初以来，由于采购成本上升以及欧元、日元贬值，欧、日光伏组件市场需求开始萎缩，导致全球太阳能电池市场需求出现下滑迹象。受此影响，台湾一线光伏电池企业的产能利用率从 2015 年初的 80%~90%下跌至 2015 年 3 月末的 60%~70%，其他非一线企业的产能利用率甚至下跌 50%左右。为了应对价格持续下滑的趋势，台湾晶体硅电池厂商将多晶硅电池报价从 2015 年 2 月份的平均价格 0.3~0.32 美元/瓦下调至 0.28~0.32 美元/瓦，并争取在第二季度将电池转换效率提升至 17.6%~17.8%。

5. 大陆太阳能电池厂商以中小企业为主，产业整合难度大

光伏产业作为新兴行业，在高利润和政府政策的诱导下，大量企业涌入，低水平重复建设严重，大陆太阳能电池和组件厂商主要是以民营企业为主，大型国企涉足较少。近期大型电力集团为控制光伏电站建设所需产品质量和成本开始涉足电池制造业，例如国电和中电已经涉足硅料和电池组件制造环节。

在光伏产业高速发展期，多晶硅原料供给紧缩，价格较高，企业的主要竞争集中在硅材料的采购成本方面，但是 2012 年以来由于残酷的市场环境，硅料价格被压缩至极致，下降空间不大，在降低采购成本方面难以有所作为，加之光伏电池组件的价格较低导致大多数厂商处于亏损状态，因此进行产业整合实现规模化，增强议价能力，是太阳能电池和组件的未来发展趋势。然而在电池组件环节，由于 GW 量级以上的企业实力相当，并且都是民营企业，资金实力不够雄厚，且负债率较高。据统计，大陆 10 家在美国上市的光伏企业负债

额高达1500亿元，平均负债率高达80%，现金流吃紧，没有足够的资金进行兼并整合。由于资金实力的限制，在激烈的市场竞争环境下，组件厂商仅仅依靠自身实力在优胜劣汰的竞争中实现产业整合，过程会极其漫长和困难。

6. 与大陆相比，台湾地区太阳能电池标准更接近国际标准

大陆光伏产业标准主要集中在晶硅电池产品及其应用方面以及产品性能方面，辅助材料、设备制造、检测设备等相关产业的标准严重缺失，此外在产品安全测试要求以及薄膜电池和聚光光伏电池的产业标准方面相对缺乏。大陆在设备标准、材料标准、部件标准和应用标准方面有自主创新，但是与国际标准严重脱节。标准化与国际标准接轨是增强企业国际竞争力，优化产业结构的最有效手段，因此实现标准化与国际接轨是未来大陆光伏产业的主要发展方向。

台湾地区光伏产业标准制定要比大陆更加完善，2009年8月，国际半导体设备材料委员会（SEMI）台湾太阳能光伏国际标准委员会正式核准成立，让台湾正式成为全球光伏国际产业标准制定成员方之一。SEMI台湾太阳能光伏国际产业技术标准委员会在SEMI平台上从太阳能电池规格、多晶硅材料检测光伏设备界面标准等三大方向进行讨论，研究并提出相关草案。自加入标准委员会后，中国台湾积极与欧、美、日各国相互合作制定出一系列国际产业技术标准①。

三、两岸光伏电站发展比较分析

光伏电站建设主要分为分布式光伏电站建设、大型地面并网光伏电站建设两种类型，所谓分布式光伏发电主要有两种方式：一种是与建筑相结合的分布式光伏发电，另一种是离网发电应用，主要模式是“自发自用”，但是目前与建筑相结合的分布式光伏电站自用后的多余电量也可以用于并网。而离网式发电主要是用于偏远地区发电，以及用于通信、交通、照明等领域。大型地面光伏电站占地面积大，光照条件要求较高，目前是光伏发电并网的主要来源。

1. 大陆光伏发电以大型地面电站为主，台湾则以分布式发电为主

大陆光伏电站以集中式大型地面电站为主，从光伏应用细分市场来看，国内新增光伏装机容量和累计装机容量主要集中在大型地面电站方面，2013年

① 《太阳能光伏产业基本资料》（2013年）。

大陆光伏发电量 19.4GW，大陆集中式光伏电站新增 468 个，大型地面电站新增装机容量 7.91GW，占总新增装机容量的 70%，新增并网容量 12.1GW，累计并网容量 16.3GW，累计集中式大型电站数量 741 个，大型集中式光伏电站的并网数量占全国光伏发电并网数量的 85%。大陆电站分布情况如表 2-2 所示，大陆的光伏电站主要集中在人烟稀少、日照条件好的西部地区，但是西藏当地电网结构复杂，实现并网有一定困难。人口稠密的东部地区地面电站数量较少，以分布式发电为主，包括屋顶型和滩涂型，并逐步实现并网。

表 2-2　中国大陆光伏电站分布情况表

分布地区	电站类型	建设状况
青海、甘肃、宁夏	大型地面光伏电站	集中了我国 45.9%的电站装机
新疆、江苏、内蒙古自治区	大型地面光伏电站、分布式电站	新疆、内蒙古以大型地面电站为主、江苏以屋顶和滩涂电站为主
山东、浙江、西藏	大型地面光伏电站、分布式电站	山东和浙江屋顶和地面项目并重，西藏以地面电站为主
四川、重庆、贵州	大型地面电站、分布式电站	完工量较少

资料来源：OFweek 行业研究中心。

目前台湾大型发电站装置比例仅占 0.16%，由台湾电力公司统一趸购，实现并网。大型地面光伏电站建设需要占用土地面积，要求光照条件优越，而台湾光照条件优良的地区人口密度大，极大地限制了大型地面电站的建设。分布式光伏电站主要建设在工厂、学校和居民楼的屋顶，并不会占用有限的土地资源，因此台湾太阳能光伏电站建设主要领域在分布式光伏电站。为了推动太阳能资源的开发利用，并且为光伏制造商提供建设经验和增强下游系统建设能力，台湾“经济部能源局”于 2009 年 2 月推出“阳光屋顶百万座”计划，大力推动屋顶电站等分布式发电系统的设置，计划于 2015 年完成 420MW，2020 年达到 1020MW 的太阳光伏发电系统设置，2030 年台湾太阳光伏发电设置容量目标 3100MW，并且在 2012 年台湾建立“阳光屋顶百万座计划”推动办公室鼓励分布式光伏电站的建设。然而由于台湾地区屋顶违章建筑比较多，并且楼房的屋顶产权界定不清晰，光伏发电成本高，计划实施阻力很大。

2. 近年来大陆日益重视分布式光伏发电项目的开发

分布式光伏发电还不是十分成熟，在大陆光伏发电体系中所占比例只有

15.9%，需要政府的政策引导。大陆分布式光伏系统以工商业设施和公共设施上的并网系统为主，其中有不少1MW以上的屋顶系统。大陆分布式光伏电站建设大规模开始于2009年《关于加快推进太阳能光伏建筑应用的实施意见》颁布后，在文件中规定了对分布式光伏电站建设补贴形式，开始是固定补贴，2010年改为根据发电量按比例补贴。自2011年以来，由于国际市场动荡，大陆不断加大开发国内市场的力度，大陆光伏装机总量逐年增加。自2012年国务院、财政部、国家能源局以及国家电网公司等部委、机构相继出台相关政策，从建设分布式光伏发电规模化应用示范区政策，到并网相关流程的梳理规范政策方面对分布式光伏发电进行引导。到2012年底，大陆分布式光伏系统占光伏系统市场的份额已经达到36.4%，新增光伏装机容量3.5GW，其中分布式系统新增1.5GW（占比42.8%）；累计光伏装机容量7GW，其中分布式系统累计装机容量2.5GW（占比36.4%）。2013年6月25日国家能源局公布了《分布式光伏发电示范区工作方案》，进一步明确了光伏发电补贴政策，鼓励各地发展“自发自用”的运营模式，初步拟定度电补贴为0.45元/千瓦时，打破了分布式光伏发展的瓶颈。未来在政府的扶持下，分布式光伏发电的速度一定会迅速增加。

3. 大陆坚持集中式与分布式并举的光伏电站建设发展方式，而台湾坚持先屋顶后地面的策略

大陆西部地区光照条件好，日照时间长，未利用地区地域辽阔，适宜发展地面大型光伏电站，但是度电补贴需求高，且当地工业发展水平较低，用电需求小，大规模开发就地消纳困难，电力需长距离外送，受损、线损高，因此，大陆西部地区光伏电站建设成本虽然较低，但是其利用成本较高。然而，在东部地区人口和建筑物密集，屋顶型光伏发电安装环境优越，据统计，全国建筑物可安装光伏发电约3亿千瓦，并且东部地区工业发达，市场潜力巨大，更适合发展分布式光伏发电。虽然平均利用小时数稍低，但电力易于就地消纳，且网购电价高，度电补贴需求少，与西部集中式光伏电站相比，同样的补贴资金能够多支持30%~50%的光伏发电。通过切实有效的政策引导，极大地推动光伏发电技术进步，成本下降，可以逐步减少补贴，最终实现完全市场化。因此，坚持集中式与分布式共同发展，大力推进东部地区分布式光伏发电的应用，扩大国内市场，能够有效解决中、上游光伏制造企业的困境。大陆太阳能装机总量及其增长情况如图2-6所示。

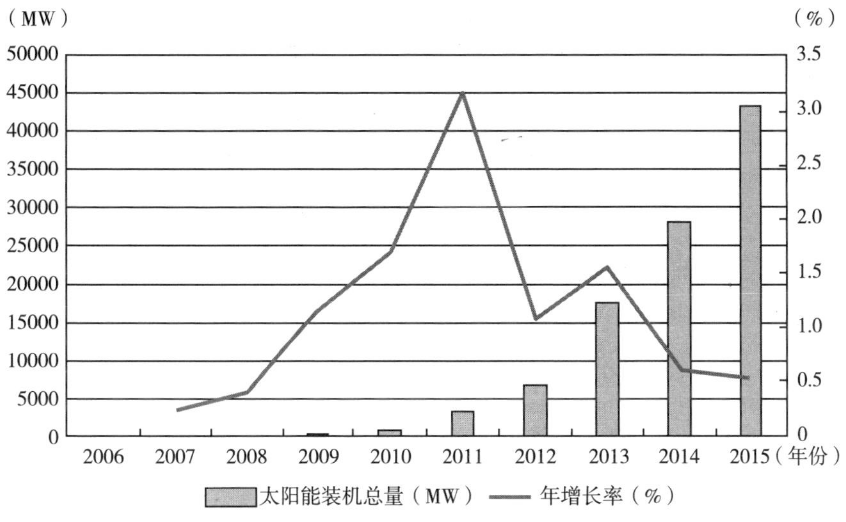

图 2-6　大陆太阳能装机总量及其年增长率

资料来源：《2014 年中国光伏产业发展报告》。

台湾地区 2011 年公布永续环境政策愿景，该愿景表示：将在未来十年打造生态家园，“阳光屋顶百万座”推广过程坚持“先缓后快、先屋顶后地面”策略，未来将随着太阳光伏发电成本逐年下降，每年推动容量逐年递增，达到家家户户普及的设置目标。由于台湾地区地狭人稠，初期以推动建筑物屋顶设置为主，预期达到家户普及应用目标，后期太阳能光伏发电成本下降后，再推行地面大容量设置。

4. 大陆国有企业在光伏电站开发中占据主导地位，台湾则以民营电站为主

在大陆光伏电站建设中，几乎是国企的天下。数据显示，2013 年新增光伏装机量排名前十的企业新增装机量的总和为 5.77GW，近全国总装机量的 50%。其中，中电投居首，2013 年新增装机 1.9GW，占到 1/3。民企只有浙江正泰一家，占比约一成。在大陆大型国企拥有更加雄厚的资金实力和更加稳定的资金流，光伏电站建设每装机 100MW 投资金额约为 10 亿元，年发电量约为 1.5 亿 KWh，按照电价 1.0 元/度，回收成本大概需要 8~9 年，由于光伏电站回收成本周期长，需要长期的经营，而大陆民营企业一般发展历史较短，抗风险能力和经营能力较差，因此大型国企更加适合光伏电站的建设，并且多为大型电力集团。2015 年大陆光伏电站累计装机排名前十的企业如表 2-3 所示：

表 2-3　2015 年中国大陆光伏电站累计装机企业排名

排名	公司名称	装机量（2014 年）
1	中国电力投资集团公司	1180MW
2	顺风国际清洁能源有限公司	644MW
3	协鑫新能源控股有限公司	615. 5MW
4	中节能太阳能科技股份有限公司	600MW
5	浙江正泰新能源开发有限公司	500MW
6	中利腾晖光伏科技有限公司	495MW
7	特变电工新疆新能源有限公司	470MW
8	江苏爱康实业集团有限公司	413. 884MW
9	振发新能源科技发展有限公司	410MW
10	中国三峡新能源公司	389. 5MW

资料来源：《2014 年中国光伏产业发展报告》。

台湾地区国营企业——台湾电力公司目前共有三所太阳能发电站，分别为金沙光伏装机容量 0. 5MW，兴达生水池光伏装机容量 1MW，永安林滩地光伏装机容量 4. 6MW，共发电 6. 1MW。而台湾地区 2013~2015 年民营太阳能发电公司共开设 5 家，8 家电厂共发电 17363. 73KW。具体规模如表 2-4 所示：

表 2-4　台湾民营太阳能发电厂规模情况

公司名称	电厂名称	装机容量（KW）
高屏硅能	兴盛一号	691. 2
	里港一号	60
	临埔一号	72
台湾硅能	汉宝二号	384
广进硅能	万金一号	688. 2
森劲电力	森劲电力一期	9229. 82
	森劲电力二期	4132. 44
昱鼎电业	高捷大僚机厂	2106. 07

资料来源：台湾“经济部能源局”。

5. 光伏发电成本较高，两岸光伏发电都需要政府规定较高的上网电价

由于光伏发电的成本与火电和水电相比要高许多，根据市场需求的原则消

费者肯定愿意使用更加便宜的发电方式，并且大陆和台湾地区电价相比于发达国家电价较低，按照市场需求定价光伏发电厂商难以维持经营，因此为扶持光伏发电产业的发展，大陆和台湾都规定了上网电价政策。

2013 年 8 月 30 日国家发展和改革委员会通知：对光伏电站实行分区域的标杆上网电价政策。对于分布式光伏发电项目，实行按照发电量进行电价补贴的政策，电价补贴标准为每千瓦时[①] 0. 42 元。对于集中式光伏发电电价如表 2-5 所示：

表 2-5　中国大陆集中式光伏发电电价

资源区类型	标准电价	地区
Ⅰ类资源区	0. 9 元/度	宁夏；青海海西；甘肃嘉峪关、酒泉、敦煌、张掖、金昌、武威；新疆哈密、塔城、阿勒泰、克拉玛依；内蒙古除赤峰、通辽、兴安盟、呼伦贝尔以外的地区
Ⅱ类资源区	0. 95 元/度	北京；天津；黑龙江；吉林；辽宁；四川；云南；内蒙古赤峰、通辽、兴安盟、呼伦贝尔；河北承德、张家口、唐山、秦皇岛；山西大同、朔州、忻州；陕西榆林、延安；青海、甘肃、新疆除Ⅰ类外其他地区
Ⅲ类资源区	1. 0 元/度	除Ⅰ类、Ⅱ类资源区以外其他地区

资料来源：编者整理。

在台湾地区的有关规定根据每年“能源局”设置不同的趸购费率，并且自申请日起 20 年有效，另外 10GW 以下的太阳能光伏系统提供 5 万元/GW 的设备补助，2013 年台湾“经济部能源局”规定太阳能光伏趸购费率如表 2-6 所示：

表 2-6　2013 年台湾太阳能光伏趸购费率

分类	装置容量级距	第一期上限费率	第二期上限费率
屋顶型	1～10KW	9. 4645	9. 2510
	10～100KW	8. 5394	8. 3259
	100～500KW	8. 1836	7. 9701
	500KW 以上	7. 3297	7. 1873
地面型	1KW	6. 9027	6. 7604

资料来源：台湾“经济部能源局”2013 年。

① 1 千瓦时＝1 度。

第三节　两岸太阳能产业的技术发展状况比较

在技术研发方面，台湾太阳能光伏产业历来重视研发体系建设和培育企业的自主研发能力，因而在多晶硅原料生产、太阳能电池制造等细分领域的技术水平曾经明显优于大陆光伏产业。然而近年来随着中国政府对新能源产业技术研发项目重视程度的加深和研发投入的加大，大陆光伏产业的技术水平在诸多环节出现快速提升。

一、两岸多晶硅生产技术比较

多晶硅材料的供给一度是大陆光伏产业发展的一大瓶颈，2005 年之前，由于国内多晶硅提纯技术的空缺以及外国对华实施技术封锁，无论是半导体级硅材料还是太阳能级硅材料都全部依赖进口①。近年来随着太阳能产业的快速发展和国家对多晶硅提纯技术研发支持力度的加大，大陆多晶硅提纯及硅片生产技术有了突破性进展；台湾地区从事多晶硅材料研发与制造的企业较少，生产技术及设备以引进为主，其产量基本能满足岛内多晶硅电池的生产需求。

1. 大陆多晶硅提纯技术研发已达到国际先进水平

制造太阳能电池须采用纯度 99.9999%以上的多晶硅材料，在过去很长的时期内，大陆 4N② 至 10N 的多晶硅生产技术一直处于空白状态。为了摆脱光伏电池原料高度依赖进口的状况，近十年来，国家一系列科技攻关计划对多晶硅提纯技术研发给予了大力支持。“十五”科技攻关计划将高纯多晶硅材料的制备技术列入其中，对西门子法、流化床法、冶金法等各条技术路线进行了探索和攻关，并对多晶硅材料生产过程中产生的废料、废气排放所引发的环保问题给予了经费支持，使大陆高纯多晶硅的制备技术和清洁生产技术取得突破性进展。2007 年 7 月，中科院上海技术物理研究所协助地方企业率先实现了 4N 准高纯度多晶硅规模化生产，并少量试产出 6N 以上纯度的硅体③，表明我国

---

① 半导体级多晶硅比太阳能级多晶硅的纯度要求更高，技术难度更大。

② 通常以“N”表示小数点之后的“9”的个数，N 越大则表明多晶硅的纯度越高。

③ “本土多晶硅提纯技术实现突破，太阳能电池成本有望下降”，EET 电子工程专辑，2007-07-17。

太阳能级多晶硅提纯技术已达到国际先进水平。

2. 两岸多晶硅生产技术都以改良西门子法为主

目前国际上生产多晶硅的技术主要包含化学提纯和物理提纯两类方法，其中化学提纯方法主要有西门子法（气相沉淀反应法）、流化床法和甲硅烷热分解法等，而物理提纯方法主要有冶金法、区域熔化提纯法（FZ）、直拉单晶法（CZ）等，表 2-7 对各种多晶硅生产技术的优缺点进行了比较。目前国际上主流的多晶硅生产厂商大多采用改良西门子法进行生产，大陆几家主要的多晶硅生产企业（如洛阳中硅、四川新光硅业、徐州中能等）采用的也都是改良西门子技术，台湾瑞晶公司生产的多晶硅材料也是以改良西门子法为主，新兴的冶金法与西门子法相比在单位生产成本上具有明显优势，但目前仍处于研发试验阶段。

表 2-7　几种主要多晶硅生产技术比较

方法名称	提炼纯度（N）	单位成本（美元）	优点	缺点	备注
西门子法	11	30~40	纯度高；制成的光伏电池转换效率高	成本高；易造成环境污染；化学元素不稳定	是目前使用最普遍的方法
流化床法	≥9	20~30	生产效率高；电耗低；成本低	安全性差；产品纯度不高	适用于生产廉价的太阳能级多晶硅
冶金法	5~6	10~20	单位生产成本最低	纯度低；技术成熟度不足	纯度能够符合太阳能级多晶硅的要求
化学物理法（CP 法）	6~7	—	能耗大大低于化学法；无污染排放	技术成熟度低（所有技术目前均由普罗公司自主研发）	目前世界上最清洁的多晶硅生产工艺

资料来源：编者整理。

3. 两岸多晶硅核心技术都依赖进口

近年来，大陆在多晶硅提纯技术研发领域虽然不断取得新突破，研制出的多晶硅提纯技术精度已能满足太阳能级多晶硅的要求，但至今尚未实现规模化生产，市场普及度极低，导致大陆多晶硅生产厂商的核心技术仍大多来自国外。比如洛阳中硅、四川新光、峨眉半导体的核心技术均进口自德国，所使用的生产设备也多半是从德国引进。台湾地区太阳能产业的多晶硅原料曾长期依赖进口，但2008年以来随着太阳能电池的产能扩张，岛内多晶硅原料供不应求的矛盾日益加剧，台湾厂商开始尝试通过进口多晶硅生产设备来实现多晶硅原料的自主供应。截至2013年底，台湾多晶硅原料的供给缺口已被填平，但多晶硅生产设备及技术严重依赖进口的状况并未得到根本改善。

4. 两岸均积极研制太阳能级多晶硅新技术

如前所述，目前国际多晶硅领域最为普遍的生产技术是改良西门子法。然而该种方法具有技术难度大、投资门槛高的特征，且其主要的产品是供电子工业使用的高纯度多晶硅，将其用于生产太阳能级多晶硅未免有些“大材小用”，缺乏经济性。目前国际上的主流多晶硅企业都十分注重太阳能级多晶硅生产新技术的研发工作，主要包括VLD法、粒状多晶硅的流化床技术、冶金法等，大陆和台湾的多晶硅行业也不甘落后。

大陆方面，上海广济硅材料有限公司自主研发的“三步法冶炼高纯金属硅提纯太阳能电池用多晶硅”技术，产品纯度达到3~4N，每吨耗电量在1.8万~3万千瓦时之间，而改良西门子法的耗电量高达20万~50万千瓦时/吨，具有明显的节能环保效益，而且其单位生产成本只有改良西门子法的一半左右(该项技术的成本可控制在15美元/千克以下，而改良西门子法的成本大于25美元/千克)[①]。台湾的瑞晶应用材料公司也积极研制冶金法来生产太阳能级硅材料，目前通过该技术生产出的多晶硅与改良西门子法相比，成本更低，生产周期更短，且其品质能够同时满足太阳能光伏产业和半导体产业的需求，预计在未来的多晶硅生产领域将扮演越来越重要的角色。

5. 大陆多晶硅生产能耗和物耗不断下降，生产成本显著降低

多晶硅生产成本主要由能耗、物耗和折旧三方面构成。在能耗方面，我国平均综合电耗已从2009年的近200千瓦时/千克下降到2013年的95~105千瓦时/千克；在物耗方面，我国多晶硅企业耗硅量已降至1.3∶1[②]的低水平，部分氢化技术运用较好的企业，耗硅量更是低至1.2∶1；在投资方面，部分先进多晶硅企业千吨产能的投资成本已从过去的7亿元降至2.5亿元，从而使折旧成本也大大降低。在以上三种因素的综合作用下，我国部分先进多晶硅企业的生产成本已达到近14美元/千克的国际先进水平[③]。但多数多晶硅企业生产成本仍在25美元/千克以上，特别是停产的多晶硅企业，并且这些企业受限

① 《多晶硅提纯技术和工艺类型》，北极星太阳能光伏网，2012年3月31日。

② 即生产1单位多晶硅需消耗1.3单位的工业硅。

③ 资料来源：《2014中国光伏发展报告》。

于生产规模、生产设备以及当地能耗价格，成本进一步下降的空间非常有限，与国外先进企业相比仍有一定距离。

二、两岸太阳能电池及组件生产技术比较

几年来随着太阳能电池产业的发展壮大，两岸在太阳能电池技术研发方面的水平也不断提高。不过从电池转换效率这一指标来看，截至目前两岸太阳能电池的技术水平与国际先进水平相比仍有上升空间。在研发主体方面，大陆太阳能电池技术研发以科研院所及高校为主，而台湾地区则以微观企业为研发主体，企业的技术创新积极性得到较好的调动。

1. 两岸太阳能电池技术研发水平不断提升

大陆对太阳能电池的技术研发工作一直比较重视，自“六五”时期开始晶硅太阳能电池一直被列为国家科技攻关的重点，国家在单晶硅太阳能电池技术、多晶硅铸锭技术、高效电池技术、晶硅太阳能电池产业化技术以及特殊太阳能电池组件技术的研究开发方面投入了大量的人力、财力和物力，使得单晶硅和多晶硅太阳能电池的实验室转换效率分别提升至 20.4%和 18%。台湾地区也十分重视太阳能电池的研发工作，近年来积极布局第三代太阳能电池技术，大力发展碲化镉（CdTe）、铜铟镓硒型（CIGS）电池等薄膜电池技术，使得非真空纳米印刷式 CIGS 太阳能电池元件效率提升至 14.2%，染料敏化电池模组（面积 11cm×11cm）效率达 9%，软性基板模组效率也已达到 7%，均属于国际顶级水平。

2. 两岸太阳能电池转换效率都有显著改善，但与世界先进水平相比仍存在差距

通过持续的技术引进和自主研发活动，两岸光伏产业的的太阳能电池转换效率都获得了普遍提高。部分先进企业如尚德、晶澳、天合、阿特斯等，其研制的 P 型电池转换效率甚至达到 20%以上的国际先进水平；英利研制的普通结构 N 型电池转化效率达到 21%，量产效率接近 20%；杭州塞昂研制的 HIT 电池量产效率达到 21%。台湾晶体硅太阳能电池制造商通过引进钝化发射区背面（PERC）技术，将 P 型单晶硅太阳能电池的转换效率从 18%~19%提升至 19%~20%。但整体而言，目前大陆单晶硅和多晶硅电池生产的平均转化效率分别为 19.3%和 17.8%，与世界先进水平的 24%和 20%仍存在一定差距。

3. 高校及科研机构在大陆太阳能电池技术研发中发挥重要作用

大陆在太阳能电池技术研发方面起步较早。早在 1971 年就成功将自主研发的太阳能电池应用于东方红二号卫星上。从 1981 年开始，我国开始将太阳能电池及其应用列入国家科技攻关计划，2000 年以后科技部又启动了“863”计划和“973”计划，分别对太阳能光伏的产业化技术和基础研究给予支持。如表 2-8 所示，在这些科技计划的支持下，国内高等院校和相关科研院所纷纷投入太阳能电池技术的基础研发工作，并取得了一个个可喜的突破。

表 2-8　大陆各类太阳能电池技术研发情况

<table>
<tr><th colspan="2">太阳能电池类型</th><th>最高效率（%）</th><th>面积（cm^2）</th><th>研究单位</th></tr>
<tr><td rowspan="3">晶体硅电池</td><td>单晶硅电池</td><td>20. 4</td><td>2×2</td><td>天津电源研究所</td></tr>
<tr><td>多晶硅电池</td><td>18</td><td>12. 5×12. 5</td><td>无锡尚德</td></tr>
<tr><td>双结非晶硅电池</td><td>9. 2</td><td>20×20</td><td>南开大学</td></tr>
<tr><td rowspan="7">薄膜电池</td><td>GaAs 电池</td><td>29. 25</td><td>1×1</td><td>天津电源研究所</td></tr>
<tr><td>CIGS</td><td>14. 3</td><td>0. 87</td><td>南开大学</td></tr>
<tr><td>CdTe</td><td>13. 38</td><td>0. 502</td><td>四川大学</td></tr>
<tr><td>染料敏化电池</td><td>7. 4</td><td>10. 2</td><td>中科院等离子所</td></tr>
<tr><td>HIT</td><td>17. 27</td><td>1. 2</td><td>中科院研究生院</td></tr>
<tr><td rowspan="2">u-Si/a-Si 叠层电池</td><td>11. 8</td><td>小面积</td><td rowspan="2">南开大学</td></tr>
<tr><td>9. 7</td><td>10×10</td></tr>
</table>

资料来源：编者整理。

以铜铟镓硒（CIGS）薄膜电池为例，在科技部“八五”“九五”攻坚计划和“863”计划重点课题的支持下，南开大学建立了 CIGS 实验平台和中试基地，在 CIGS 电池材料及相应工程技术上获得多项突破，并研制出转换效率超过 14%的玻璃衬底小面积 CIGS 电池、转换效率为 9. 2%和 10. 6%的聚酰亚胺衬底 CIGS 电池；贯通了大面积中试试验线的全套工艺流程，实现了实验室小面积太阳电池技术向大面积中试技术的跨越，为自主知识产权生产线的开发奠定了良好基础。其他研究单位如清华大学、北京大学、中电集团十八所、中科院深圳现代技术研究所、上海技术物理所等也进行了大量的基础研究工作。充分利用高校及科研院所的技术研发资源有利于提高技术创新效率、确保大型科研项目的配套研发能力，但在实际操作中容易导致研发与市场应用脱节、成果转化环节效率低下等问题，因此做好高校及科研机构与企业的对接工作十分必要。

4. 台湾太阳能电池企业的自主研发能力优于大陆

如前所述，在大陆太阳能光伏电池研发体系中，高校及相关科研院所发挥着核心作用，而台湾的太阳能光伏研发体系则是以众多企业为中坚力量。为了鼓励私人公司进行自主研发和技术创新活动，台湾于 1991 年废除了旧的相关规定，代之以新的产业升级相关规定，该规定主要通过以下措施鼓励台湾企业进行技术研发活动：对企业的技术研发、技术引进以及 R&D 人员培训等活动提供税收抵免；对高技术产业或风险投资企业的股东给予 5 年的免税期等税收优惠政策；放松留存收益的限制；等等。这些措施大大调动了中小企业的研发积极性，在美国专利商标局（USPTO）的已核准企业专利中，太阳能光伏领域的专利数共计 7134 例，其中台湾企业核准专利 291 例，位居全球第四。可见台湾的光伏电池行业真正做到了以企业为技术创新主体，充分发挥了企业在技术创新活动中的主导作用，这一点值得大陆学习。

三、两岸光伏发电系统技术比较

光伏发电系统是指利用太阳能电池直接将太阳能转换成电能的发电系统，处于太阳能产业链的下游环节。根据技术原理的不同，目前常见的光伏发电系统可分为独立光伏发电系统、并网光伏发电系统和分布式光伏发电系统三大类，各类光伏发电系统的主要组成部分如图 2-7 所示。

1. 大陆光伏发电系统技术研发工作在不同时期各有侧重

如前所述，目前常见的光伏发电系统包含独立光伏发电系统、并网光伏发电系统和分布式光伏发电系统。其中独立光伏发电系统所生产的电力不直接与电网连接，而是用蓄电池来存储能量。该类发电系统主要用于偏远农村、电讯、卫星广播电视、风光互补系统等，曾是“六五”到“九五”期间的国家科技攻关计划主要支持的领域，先后完成了太阳能户用电源、独立光伏电站及其控制器、逆变器的技术攻关和产品研发，建成了遍及独立村落电站、广播、通信、气象、光伏水泵等多个领域的太阳能光伏应用示范工程。从“十五”时期开始，国家将光伏系统研发重点转移到并网光伏发电系统的研究开发上，该类光伏发电系统采取直接与国家电网相连接的方式，无须使用蓄电池。经过十多年的研发工作，在系列并网逆变器、光伏建筑一体化、大型并网光伏电站、光伏阵列自动跟踪系统等方面都获得了丰硕成果。近年来逐渐兴起的分布

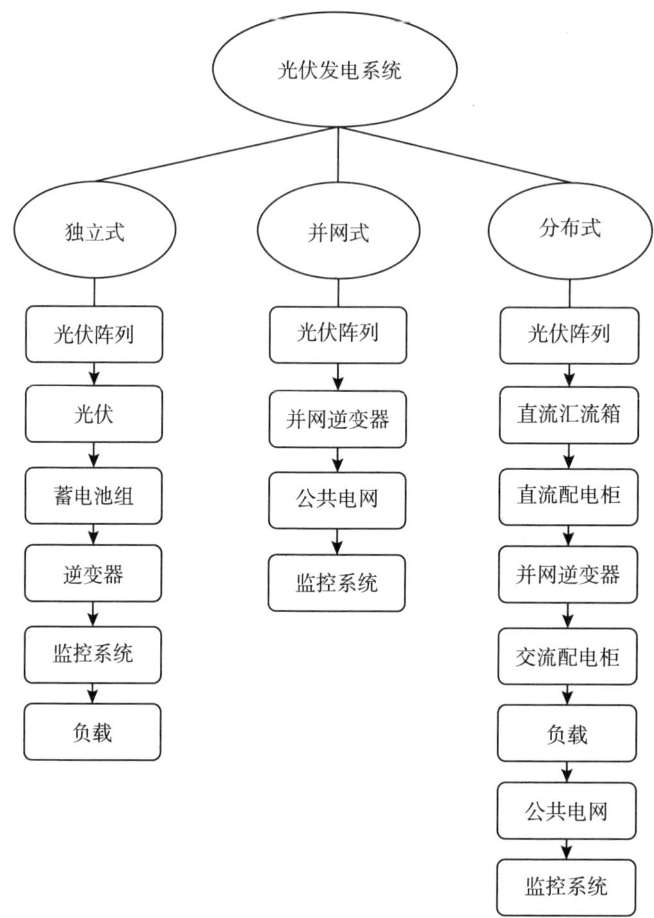

图 2-7　各类光伏发电系统的主要组成部分

资料来源：编者整理。

式发电系统是指在用户现场或靠近用电现场配置规模较小的光伏发电供电设备，在满足特定用户需求的同时支持现存配电网的运行。

2. *分布式光伏发电系统技术始终是台湾光伏系统的研发重点*

台湾经济事务主管部门于 2012 年 3 月 28 日正式成立“阳光屋顶百万座、千架海陆风力发电机”推动办公室，希望能从法规、技术、财政支持等层面来协助开发可再生能源。再加上近年来台湾地区光伏发电系统的普及化以及装置环境的日益健全，岛内光伏发电系统的装机容量得到快速提升，技术重点由早期的示范设置、回报发电量资料搜集、故障原因调查与发电量远端监测等逐渐转移到光伏系统营运管理平台、故障诊断及损失因子分析、多媒体监测系统、光伏建筑一体化（BIPV）、光伏整合储能应用等领域。另外，强化分布式光伏发电系统性能的多元化、多功能应用，以及 BIPV 与建筑节能减碳整合等方面的研究也是未来的研究趋势。

3. 两岸光伏电站技术的安全性和稳定性问题备受关注

随着产业规范化程度提高，光伏产业对质量提出了更高的要求，光伏电站的自身特点决定了其投资和收益相对固定，风险是主要的变化因素。投资者关注的焦点集中在风险量化和控制的部分，光伏电站的安全性和稳定性成为影响项目融资和后期收益的关键点。一方面，主流制造企业已经从价格竞争逐步转向产品性能、质量及服务品质竞争，并在生产过程中建立了严格的质量把控体系；另一方面，电站开发企业更加注重工程建设质量和电站运维管理，以达到理想的发电产出和持续的收益保障。然而，由于我国光伏产业的质量标准体系和评价机制尚未完善，生产和施工企业管理水平也参差不齐，导致低端产品挤占市场、电站发电能力因质量问题而受到损害的现象屡见不鲜；台湾地区近年来也十分重视光伏发电系统的安全性及可靠度问题，加快对系统检测、监测与诊断评估等技术的研究开发，以提高光伏发电系统的性能与效益。

四、两岸光伏设备制造技术比较

光伏装备制造贯穿太阳能产业链的每个环节，是整个太阳能产业链优化升级的基础，装备制造技术水平的高低直接决定太阳能产业的生产能力和盈利能力。

1. 大陆光伏设备制造水平整体处于国产化替代进口阶段

随着太阳能产业的快速扩张，大陆光伏设备制造业也实现了较快发展，但总体而言，目前大陆光伏设备制造仍处于国产化替代进口阶段，关键设备和核心技术的国产化水平有待进一步提高。多晶硅生产线设备的国产化覆盖率达到95%以上，使得多晶硅生产线投资金额从 2009 年的 7 亿元/千吨下降至 2013 年的 2. 5 亿元/千吨；传统多晶硅电池产业链中的大多数设备已经可以在国内生产，但与进口设备相比，自动化程度较低，制造工艺不够精良，缺乏自主核心技术，技术创新能力明显不足；新型电池制造设备的制造能力则与国际先进水平存在更大差距，尚未实现自主化生产。

2. 大陆多晶硅生产装备的技术水平与国际先进水平存在较大差距

多晶硅是太阳能电池的主要原材料，然而大陆多晶硅的生产基础较为薄弱，国产装备的技术性能、工艺和产能等都与国际先进水平存在较大差距，高端生产技术和设备目前仍基本依赖进口且受到一定的限制和技术封锁，导致大陆多晶硅生产装备水平薄弱，限制了太阳能产业的产品质量和成本控制能力。以多晶硅的核心生产设备——还原炉为例，用于单晶硅生产的国产单晶炉以优越的性价比占据了国内大部分市场且出口至部分亚洲邻国；而用于多晶硅生产的多晶硅铸锭炉则起步较晚，单炉产量、单位成本、单位功耗、稳定性等技术指标与国际先进水平相比尚有差距（如表 2-9 所示）；多线切割机目前已有产品面世，但大多数仍依赖进口。

表 2-9　国内外多晶硅还原炉技术水平比较

		国内	国际
代表产品		24 对棒硅芯还原炉	50 对棒硅芯还原炉
技术特点		常压、水冷	加压、油冷、沉积速度快
单炉产量（kg）		1300	5000
单位成本（美元）		>60	<40
单位功耗	每千克高纯硅耗工业硅（kg）	1.8	1.2
	每千克高纯硅耗电（度）	300	175
	每千克高纯硅耗 H_2（m^3）	1.8	1

资料来源：编者整理。

3. 大陆晶硅电池设备已具备整线装备能力，薄膜电池设备技术水平则较为落后

得益于半导体设备行业数十年的技术积累，大陆多晶硅电池制造环节在短短几年内已基本具备晶体硅太阳能电池生产的整线装备能力。在目前国产设备与进口设备混搭的主流建线方案中，国产设备在数量和价格上已占据优势，但同时也应看到，国产设备在稳定性、自动化程度、设备精细化水平和新工艺物化程度等方面与进口设备仍存在不小差距（如表 2-10 所示），其总体价值水平低于进口设备。

表 2-10 国内外太阳能电池生产设备的技术水平比较

设备名称	国际代表产品特色	国内代表产品特色	技术差距
扩散/氧化系统	装片量 500 片/管，全自动装卸片，源消耗少、偏磷酸排放少、污染小	装片量 440 片/管，手动装卸片，性价比高	装卸自动化
等离子增强型化学气相淀积设备（PECVD）	产能高，维修不便，价格高	产能接近国际水平，维修方便，性价比高	稳定性，大生产工艺效果
清洗/制绒设备	清洗效果佳，绒面质量高，体积小	维修服务快速方便，性价比高	制绒效果、可靠性
快速高温烧结炉	均匀性好，加热器寿命长，网带自动清洗，尖峰曲线控制好，排胶充分	可根据工艺要求配置温区，维修方便	高温区、传输系统、稳定性

资料来源：《中国新能源与可再生能源年鉴》（2010 年）。

与晶体硅太阳能电池生产设备相比，大陆薄膜电池等新型太阳能电池的装备制造水平都较为落后。其中薄膜电池由于起步较晚且缺乏 TFT-LCD（即 TFT 液晶显示屏）的设备制造基础，导致关键的薄膜生产技术 PECVD 长期难以攻克，目前只能生产 5MW 左右的小规模、小尺寸生产设备。而其他类型的太阳能电池生产设备则处于研发状态。

4. 台湾光伏生产设备长期依赖进口

虽然台湾地区的装备制造业已有较长发展历史，其中机床制造业、缝纫设备行业、汽车零部件产业等都在国际市场上占据一席之地，但台湾太阳能光伏领域的生产设备却长期依赖进口，无论是多晶硅生产设备还是光伏电池装备都不具备自主生产能力。不过从另一角度考虑，对于经济体量小、重工业基础较为薄弱的台湾地区而言，盲目投资光伏设备制造业也许并非明智之举，专注于太阳能电池生产环节有助于台湾保持光伏电池领域的国际竞争优势。当然，在光伏设备完全依赖进口的情况下，台湾光伏企业依旧可以通过“干中学”“用中学”等途径对设备进行细微的改进，使其更符合台湾本土光伏产业的生产标准。

第四节　两岸太阳能产业发展的热点问题分析

太阳能产业历来都是两岸新能源产业发展的热门领域，但由于两岸太阳能产业均受到国际光伏市场波动的影响，因此发展过程中的不确定性因素较多。通过梳理可以发现，近年来两岸太阳能产业备受关注的热点问题主要包括产能过剩的争议、分布式光伏项目的发展、光伏补贴政策的实际效果、光伏发电并网难题等。

一、两岸光伏制造业是否真的“产能过剩”

自 2009 年开始，我国光伏产业进入了快速增长期。伴随着光伏产业利好政策的不断出台，2011 年我国光伏制造业新增产能位居世界第一。截至 2012 年底，我国光伏多晶硅产能已经接近全球产能的 50%，硅片产能超过全球产能的 67%，电池片产能接近全球产能的 60%，但在应用市场方面，我国新增光伏装机 4. 5GW，仅为全球新增装机量的 15%。光伏产业产能过剩显而易见，因此也引发了光伏制造企业的价格大战，使整个光伏制造行业陷入低潮期。产能过剩问题同样也困扰台湾地区，由于全球光伏市场需求紧缩，产能阶段性过剩，2012 年台湾地区晶硅厂商大幅度调降产能改以选择性接单，以避免生产越多、亏损越多的窘境。

面对光伏制造业的产能过剩，我国在 2013 年实现了部分产能的收缩，最突出的为多晶硅产能由 2012 年的 19. 1 万吨下降到 14. 4 万吨，降幅达 25%。而在应用市场方面则出现了大幅增长，2013 年我国新增光伏装机 12. 92GW，接近 2012 年新增装机量的 3 倍，约占全球新增装机 1/3。而台湾地区则利好于全球光伏市场回暖和我国大陆光伏产品受欧美“双反”的影响，其规模与产量出现大幅增长，2013 年销售收入较 2012 年相比增长超过 25%，电池片产业增长尤为明显，其销量增长 50%，产能过剩问题得到缓解。

光伏制造业的产能过剩，也并非完全意义上的产能过剩。从统计数据上看，光伏制造业产能过剩为不争的事实，但其背后是大量的重复性建设导致的恶性竞争。由于政策的扶持与刺激，新兴产业迎来暴利时期，刺激产能扩张，导致重复性建设引发行业无序发展。但从市场需求角度来看，由于光伏市场尚不成熟，依赖政府补贴，当补贴政策初现不稳定时，市场需求就会出现较大波动，这种短暂性的需求萎缩是造成产能相对过剩的原因之一。从供给方看，拥有富余产能并不能算严格意义上的产能过剩，传统工业其产能富余一般在20%左右，作为新兴产业，其市场开发空间巨大，即使产能富余达到50%，也应该属于可承受范围之内。光伏产业作为边际成本递减行业，其规模效应较为明显，产能扩张可以有效降低成本，因此产能扩张也成为了未来光伏产业的发展趋势，是实现光伏平价发电的必然选择。

光伏制造业需要产能扩张，但是在扩张产能时要防止低水平重复建设，注重产业技术创新，实现产业升级，加大市场开发力度，辩证看待光伏制造业产能过剩。

二、分布式光伏是两岸光伏产业链“两头在外”的灵丹妙药吗

两岸光伏产业链“两头在外”是制约光伏产业自主发展的重要原因。两岸上游晶体硅材料短缺，电池、组件等行业受制于硅片供应，下游发电市场主要以对欧美出口为主，但欧美对两岸光伏产品的“双反”以及利用技术壁垒、贸易壁垒等手段，使得出口变得困难。虽然大陆光伏发电市场增长较快，但大规模电站建设与电网规划与输送能力的不匹配，使得弃光现象日益严重，下游市场开拓受到一定程度的限制。台湾地区则由于本身市场较小，地面电站建设不适合自身特点，下游市场开拓困难重重。

在光伏产业面对产业链“两头在外”的制约情况下，部分具备实力的企业选择全球战略布局，将制造企业、研发中心等向海外地区扩展，通过这种方式突破贸易壁垒和技术壁垒，兼并上下游产业链上的企业，优化产业结构，但这种方式并不适合大多数企业。分布式光伏的出现，使得光伏产业“两头在外”的问题得以缓解。台湾地区通过发展太阳能屋顶发电来开拓内需市场，解决外部市场不稳定问题；大陆地区通过鼓励发展分布式光伏发电来缓解弃光现象。乍看之下，分布式光伏的发展为光伏产业发展带来了新的希望，是解决产业链“两头在外”的灵丹妙药。

实际上，分布式光伏确实是光伏产业新的发展方向，但是分布式光伏却不是解决产业链“两头在外”的灵丹妙药。分布式光伏对于资源条件、发电技术、并网技术、运行模式等都有较高要求，且其不同于地面光伏电站的运营与建设。现阶段开发利用成本较高限制了分布式光伏发电的规模化发展，且微电网、电网并网改造等技术开发尚不成熟，还不具备大规模的经济可行性。在相

当时期内，分布式光伏发电也只能作为辅助能源供应，配合其他能源使用。

两岸在分布式光伏发展的过程中，都大力提倡屋顶太阳能发电，而“合同能源管理”这一商业模式可以提升分布式光伏发电的经营效率。但是，合同能源管理这一模式在我国还尚不成熟，存在交易风险，开发商在租用第三方屋顶时易产生收费不规范、利益分成纠纷等多种问题。并且，目前关于分布式光伏发电相关的政策法规还不健全，许多问题并没有界定清晰。在资源禀赋不具备的条件下，盲目规模化发展分布式光伏必然会带来诸多问题。在技术、资金、运营模式、政策法规等条件都成熟时，规模化发展分布式光伏也许真的可以成为解决产业链“两头在外”的灵丹妙药。

三、两岸对于光伏产业的补贴是否合理

光伏产业作为新兴产业，享有政府补贴与政策支持有利于其产业发展。通过对光伏产业进行合理、有效的补贴，帮助其建立良好的市场和培育产业自生能力，使其能够成为适应市场机制运作的产业是补贴政策的根本目的。目前，两岸光伏产业都享受政府补贴，可补贴方式与补贴额度是否合理，是否真正能够促进光伏产业成长为具备市场竞争力和自生能力的产业，一直是业内人士争论的焦点。

目前，我国光伏发电补贴主要集中在项目初始投资补贴和电价补贴两个方面。这两种补贴方式使并网光伏发电项目享受双重补贴，补贴机制的双轨并存将会增加光伏市场的管理难度和光伏发展目标的规划难度。我国初始投资补贴效果无法实现预期目标，这主要源于缺乏对项目运行的约束机制，很多项目在获得补贴之后并未能按照项目规划目标进行运营。而针对可再生能源电价补贴方面，由于涉及多个中央和地方政府部门，审批程序复杂，补贴发放周期较长，拖欠补贴现象较为严重，有些补贴甚至可拖欠 18 个月之久，造成发电企业运营资金压力较大。

台湾方面虽然在项目投资和上网电价两个方面也进行补贴，但是针对初始投资的补贴与开发商发电量挂钩，要求开发商在项目运营后，以发电收益回收前期补贴成本，这种方式既能保证开发商获取稳定收益，又可约束开发商只为获得初始投资补贴而产生的道德风险。在电价补贴方面，台湾虽然对收购电价也进行相应补贴，但是已经开始对太阳能系统的补助额上限下调。

两岸在对待光伏产业补贴方面的方式与额度虽然不尽相同，但都存在一定程度的不合理之处。大陆已然在初始投资补贴方面出现弊端，因此学习和借鉴

台湾这种补贴方式，对改善目前大陆初始投资补贴方式是较好的选择。同时，简化电价补贴程序，保障补贴及时发放，保证发电企业运营资金顺畅，使可再生能源补贴真正起到优化我国能源结构的作用。台湾光伏下游市场内需较小，其光伏企业严重依赖海外市场，在现阶段不宜跟随欧美国家下调补贴上限，这不仅会使得参与光伏产业的资本热情降低，还会使企业对外依存度进一步提升，增加企业风险性同时也不利于市场开拓。两岸光伏产业的补贴主要集中在中、下游产业，以期通过补贴降低成本，使光伏发电具备与其他电源竞争的能力，在现阶段也取得了一定效果。但是成本降低更多应依靠技术创新与改进，这才是降低成本的根本途径。目前，技术创新与改进更多依靠市场倒逼去实现，对于技术创新与改进的补贴机制并不健全。由于产能过剩问题，补贴从光伏制造业转向应用市场，使在技术创新与改进方面的补贴缩减幅度较大。因此，应区别对待制造企业补贴和技术改进与创新的补贴，不应因为控制产能就减少对技术的补贴力度，长久则不利于光伏产业发展。

四、大陆光伏发电并网为何如此之难

我国大陆光伏电站大多集中建设在光照资源较好的西部和中部地区，远离电力负荷中心，因此电力消纳问题就成为光伏发展亟待解决的问题。解决光伏电力消纳，并网是关键。从技术角度看，我国并网技术与远距离输送技术都较为成熟，已经不能成为阻止光伏发电并网的障碍，但无论大型光伏电站还是分布式光伏发电，为何其并网还如此之难？

首先，由于近几年光伏产业扶持政策的不断出台，使得光伏电站建设速度加快。然而，电网规划与建设速度却滞后于电站建设，许多光伏电站建成后无法将其并入电网，就地消纳能力有限，外送通道不足，弃光现象屡见不鲜。从2001年起，我国已经开始修建电力输送通道，但是到目前为止无论覆盖区域还是输送能力都无法满足光伏发电输送要求。可再生能源的快速发展，也导致风电、光伏、火电等能源电力之间争抢输电配套设施的情况，加剧了并网的困难程度。

其次，分布式光伏并网成本受多种因素影响，受制于发电机制，使并网成本较高，并网存在困难。在价格机制方面，由于分布式光伏发电项目成本要高于集中式光伏发电的25%，虽然已经改进原有的统一电价补贴，但还存在分布式光伏项目收益率偏低、操作层面政策界限不清晰等问题；而个人光伏发电使用余电上网，电源供应无法保证，使电网对收购个人电源积极性不高。在交易机制方面，电网公司为分布式电源并网提供了部分免费服务，这既不符合市场规律也不利于分布式并网的发展。在商业模式上，合同能源管理模式作为新型能源管理模式被广泛应用于分布式光伏发电项目，虽然合同能源管理模式可以提高投资收益，降低分布式光伏并网成本，分散项目风险，有利于选择合理并网方式，解决分布式并网难题，但这种商业模式在我国还尚不成熟，风险性较大且缺乏有效政策保障机制，使该商业模式在实际运行中对分布式光伏并网难题的破解没有起到应有的作用。

五、大陆光伏产业兼并与整合重组为何困难重重

由于光伏市场供过于求、光伏投资与需求大幅削减的现状，光伏产业兼并浪潮已然来到，产业格局重构正在进行。大陆光伏产业期望通过兼并重组的方式实现产业升级，消化过剩产能，恢复光伏企业的盈利能力。

虽然2013年我国光伏产业经历了大规模的兼并重组，晶科集团、江苏顺风、四川通威、汉能集团等通过兼并中小企业、盘活优质资产、产业链上下游并购和全球并购的方式，进行兼并重组并取得成功，但是一些强势企业还是放弃兼并重组选择扩张产能，通过规模化降低成本掠夺市场，致使许多中、小企业只能选择破产倒闭，造成资源浪费。

地方政府和国有银行与光伏企业的利益捆绑，是使兼并重组困难重重的另一原因。光伏产能过剩的背后也离不开粗放式的投资与低水平的重复建设，而导致这种现象的原因也离不开地方政府将光伏等新兴产业发展与地方经济增长捆绑，利用政策大力鼓励和扶持产业发展，吸引国有银行进入光伏行业。面对光伏企业债务危机，银行与政府作为债权人与利益相关者，利用其资金与政策优势，维系企业、政府、银行之间的利益链条，以非市场化行为干扰兼并重组这一市场行为。由于光伏企业在许多地区是税款的主要来源，解决地方大量劳动力就业，一旦企业破产，将会造成大量劳动力失业，地方政府收入不足，银行及供应商资金链断裂等情况，带来社会与金融环境的动荡。政府应用非市场行为阻止企业破产重组，破而不倒现象将成为产业兼并重组的又一大阻力。

六、质量与标准之间的差距究竟有多大

我国作为世界上最大的光伏产品生产国，产品受众较广，但是我国却缺乏针对光伏系统的质量评估标准，部分新建成2~3年内的光伏电站出现了运行故障和关键部件失效等问题。产品质量是企业生存的根本保障，也是产业发展

的必要基础。那我国光伏产品质量与标准之间的差距究竟在哪里呢?

首先，我国光伏技术标准修订较为缓慢，许多应用标准和认证规范都翻译自国外相关标准，基本直接采用 IEC、UL 和 EN 标准。但国外标准制定机构依托其研究机构的实验室和公共测试平台，不断更新和推出新的技术标准，更新速度远快于我国技术标准的翻译转换速度。与国外技术标准差距的扩大不仅使国内市场缺少技术壁垒保护，也使产品质量缺少保证。这对于光伏产业这样一个依赖出口市场的产业来说，无疑是致命的。

其次，我国光伏产业并未积极参与国际标准制定。我国技术标准与认证规范较为落后，在世界范围内影响力较小是其中一个原因，但更重要的是参与国际标准制定的费用较高且时间较长，企业作为参与单位因其成本原因而积极性不高，而国内尚无协会或官方机构参与制定项目。以 IEC 为例，其单个标准制定一般为期 3 年以上，每年召开 2 次工作会议，所有参与单位共同承担标准制定工作的费用，这对于以企业名义参与标准制定工作自然积极性不高。但这也会使我国产品质量与技术标准之间的差距逐渐加大。

再次，作为标准制定的基础，试验基地与公共测试平台的建设相对较弱。试验基地与公共测试平台对缩小我国产品质量与技术标准之间的差距起到了至关重要的作用。目前，我国缺少室外长期实证性试验平台和野外第三方公共测试平台，而这些试验与测试平台是为技术标准提供更新与变更标准的依据，是提升我国技术标准研发能力的基础，也是提升产品质量的重要保障。

最后，实验室高端技术测试与认证机构整体实力有待提升。我国目前实验室具备高端测试技术，但是不具备现场应用能力，无法将实验室技术应用于光伏基地与公共测试平台，导致可操作能力不足，对新技术标准研发和产品质量认证能力提升较低。在认证机构方面，我国认证机构在部分产品或服务上领先国际认证机构，可在整体实力与影响力上与国际光伏认证机构差距较大，这也使我国产品在接受国内机构认证后，仍然无法获得国际认可。

七、分布式光伏项目能否实现“光伏扶贫”

为了实现分布式光伏项目推广与扶贫目标相统一，国家能源局、国务院扶贫办于 2015 年发布光伏扶贫工程工作方案，选取安徽、宁夏、山西、河北、甘肃、青海等省份的 30 余个县开展首批分布式光伏试点，计划利用 6 年时间开展光伏发电产业扶贫工程。光伏发电产业扶贫工程通过支持片区县和国家贫困县内已建档立卡贫困户安装分布式光伏发电系统，利用贫困地区荒山荒坡、农业大棚或设施农业等建设光伏电站，从而提高贫困人口的基本生活收入。

由此可见，光伏扶贫项目的出发点是借助分布式光伏项目实现贫困县、贫困村、贫困户脱贫，但分布式光伏项目能否顺利实现“光伏脱贫”的目标，则取决于贫困地区的分布式光伏发电系统能否顺利实现其市场价值。从技术层面来看，中国大陆广大贫困地区的电网建设和线路建设相对薄弱，工业负荷较少甚至为零，电网的电压极不稳定，集中供电的配电网一般呈辐射状。在稳定运行状态下，电压沿馈线潮流方向逐渐降低。接入光伏电源后，由于馈线上的传输功率减少，使沿馈线各负荷节点处的电压被抬高，按照我国光伏行业NB/T32004—2013的标准，逆变器电压正常运行范围是85%~110%，单相220V逆变器，设定的过欠压保护值是187~242V。如果严格按照这个标准执行，很多地方在中午光照最好的时候，逆变器会由于电网电压超过242V而报警停机。如果不解决这个问题，光伏扶贫将会是一句空话。

除此之外，居民分布式光伏发电项目还面临着建设难的问题。首先，光伏系统施工单位被要求同时具有电力设施许可证、建筑施工许可证、安全生产许可证，一个企业要获得电力设施许可证通常最少要有1000万元的注册资金，能够同时拥有上述跨行业三证的企业并不多。对光伏项目施工单位的三证要求，对于大规模的光伏电站而言具有一定的合理性，对于只有几千瓦规模的居民分布式光伏项目而言就过于苛刻了。在现实的情况中，大多数居民分布式光伏项目的施工单位的资质达不到这个要求，由此也经常成为电网企业拒绝居民分布式光伏项目的一个借口。

综上所述，贫困地区分布式光伏发电系统在实现其市场价值过程中，面临着技术条件和建设成本两方面的制约因素。因此，若想顺利实现分布式光伏项目的扶贫功能，离不开政府在基础设施建设和准入门槛等方面的保障工作。

第五节　两岸太阳能产业的市场特征分析

从市场特征的角度进行分析，两岸太阳能光伏产业在市场规模、市场结构以及商业模式等方面均呈现出不同的发展特征，同时也存在一些共同点。通过这几方面的比较分析，有助于发现两岸光伏产业发展过程中的互补之处以及未来合作的潜在空间。

一、两岸太阳能产业的市场规模特征比较

1. 大陆光伏发电的国内市场规模持续攀升

如图 2-8 所示，经过十多年的发展，大陆光伏发电的市场规模持续扩张，累计装机容量从 2000 年底的 19MWp 攀升至 2013 年底的 19418MWp，尤其是 2009 年以来，增长速度一直高于 200%。虽然受到国际市场低迷的影响，增长速度在 2012 年有所下降，但随着 2013 年国际光伏产业整体回暖以及国家发展和改革委员会《关于完善光伏发电价格政策通知》中确定的光伏分区域上网电价政策的刺激，国内光伏发电的累计装机容量又出现了 198.7% 的高增长率。与大陆相比，台湾光伏发电的市场规模则十分微小，2013 年台湾新增光伏装机容量 160MW，累计装机容量达到 400MW，同比增长 67%。

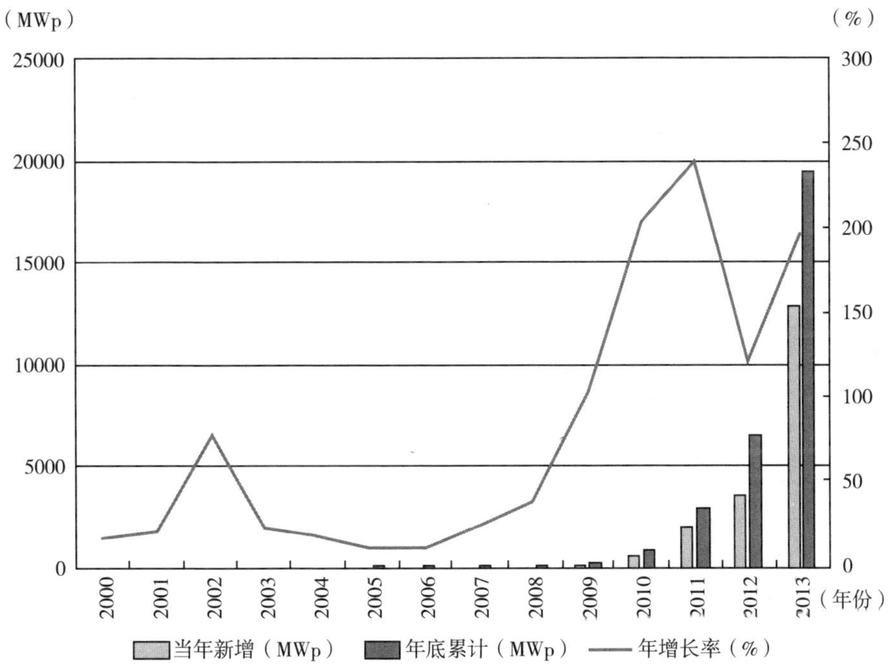

图 2-8　2000~2013 年大陆光伏发电新增及累计并网容量及其年增长率情况

资料来源：《2014 年中国光伏产业发展报告》。

2. 2011 年以来欧洲各国大幅削减补贴导致两岸太阳能电池的海外市场需求急剧萎缩

欧盟于 2005 年发起的“可再生能源运动”是欧洲各国光伏产业发展的重

要驱动力。在这场运动的号召下，德国、丹麦、意大利、英国、西班牙等国先后颁布了可再生能源法案，促进了光伏产业的快速发展，使欧洲成为全球最大的太阳能消费市场。然而2011年欧债危机以来，如表2-11所示，欧洲各国纷纷大幅下调甚至取消对光伏产品的财政补贴，导致欧洲光伏发电厂商的利润率下滑，产业规模萎缩，进而影响了以欧洲市场为主要出口对象的大陆和台湾的太阳能电池及组件制造商。2012年，大陆太阳能光伏产品对欧洲的出口额跌至111.9亿美元，同比下降45.1%；2011年台湾地区的光伏产值也首次出现下跌。

表2-11 2011年欧债危机以来欧洲主要国家光伏补贴政策变化情况

国家	政策措施
德国	2012年全年累计光伏发电补贴下调26%~35%
意大利	从2012年下半年开始，不再对任何大规模光伏项目进行审批；2013年起停止向安装在农业用地上的太阳能光伏系统发放补贴
西班牙	从2012年起暂时取消对新建可再生能源发电补贴，不影响已运营或在建的电厂补贴
英国	2012年4月生效的新的补贴政策，对3月3日后完工的项目将削减高达55%的并网电价补贴
希腊	相比2009年的政策，100KW以下和非联岛屿的项目下降了125%。而到2014年8月前，每6个月这一补贴还将下降7%
比利时	2012年比利时南部大区政府取消了对太阳能电池板的补贴

资料来源：编者整理。

3. 欧美对华“双反”在打击大陆光伏产业的同时，短期内给台湾地区光伏产业带来了发展机遇

2012年5月，美国对中国光伏产品征收高额“反倾销”“反补贴”税，随后欧盟、印度、韩国等也纷纷效仿，范围几乎囊括了光伏产业上中下游的所有产品，这对本就因欧洲市场萎缩而发展举步维艰的大陆光伏产品制造商而言无疑是雪上加霜。受产品价格下滑以及国际贸易保护措施的影响，2012年大陆太阳能电池组件出口额仅为127亿美元，同比下滑43.8%。

对于台湾地区的光伏产品制造商而言，大陆厂商是其主要的竞争对手，欧美国家对中国大陆厂商实行“双反”政策，导致大陆太阳能电池厂商的生产成本增加。相比而言，台湾地区太阳能电池在成本方面的比较优势得以凸显，

从而有助于台湾光伏产业提高国际市场占有率。在欧美对华“双反”政策的影响下，2013 年台湾地区光伏产业的规模与产量出现大幅增长，销售收入较 2012 年增长超过 25%，其中电池片销量增长尤为明显，同比增长 50%左右。不过随着印度、澳大利亚等撤销或终止对华“双反”调查以及“一带一路”沿线市场的逐步开拓，欧美“双反”对大陆光伏产业造成的冲击会逐渐消散，台湾光伏产业因此而获得的发展机遇也终将减弱。更糟糕的是，自 2014 年以来，台湾太阳能电池产业同样笼罩在美国反倾销调查的阴影之下，2015 年 1 月 21 日，美国国际贸易委员会（ITC）正式决定对台湾太阳能产品征收反倾销税，这意味着中国大陆厂商无法再使用台湾的太阳能电池来生产组件，对台电池采购量将大幅下降。

4. 两岸太阳能电池厂商在国际市场上的竞争日趋白热化

在最新的全球 20 强晶体硅电池制造商排行榜中，来自中国大陆与台湾地区的光伏电池企业占得其中 17 个席位，其中大陆厂商包括英利绿色能源、晶澳太阳能、天合光能、晶科能源、尚德电力控股、海润光伏、阿特斯等 10 家，台湾方面则有茂迪、新日光、昱晶能源、升阳光电等 7 家。尽管 2015 年全球太阳能电池市场需求很可能增至 50GWp，但预计产能将达到 55GWp 甚至 60GWp 的水平，从而出现整体供过于求的局面①。在全球光伏电池产能中，有一半以上来自大陆和台湾企业，其中大陆和台湾厂商的产能占比分别为 55%和 20%左右，这意味着大陆和台湾的光伏电池厂商在国际市场上将面临正面交锋，两岸太阳能电池领域的国际市场竞争正日趋白热化。

二、两岸太阳能产业的市场结构特征比较

在市场结构特征方面，随着国内市场竞争和行业整合步伐的推进，大陆太阳能产业各环节的市场集中度水平均有所提高，产业结构也进一步优化。台湾地区的太阳能企业历来集中于产业链中游即太阳能电池及组件制造环节，从而有助于提升其在国际市场上的整体竞争力。另外，两岸太阳能企业均呈现出较为明显的产业集群特征。

1. 大陆光伏产业兼并重组持续推进，产业链各环节的市场集中度普遍提高

在政府产业政策引导和金融机构支持下，光伏产业兼并重组正在有序推进。2013 年已经发生多起兼并重组，产业竞争格局逐步发生变化。兼并重组

① 《2015 年中国大陆与台湾地区光伏厂商间的竞争或日趋白热化》，solarzoom，2015 年 3 月 5 日。

主要体现在以下几个方面：一是优势企业兼并小企业，扩大生产规模，如晶科集团已经就近兼并了尖山集团，获得 500MW 的电池生产产能。二是通过资本运作等手段，盘活优质资产，如江苏顺风通过收购尚德，使尚德这一品牌得以继续发展壮大。三是上下游产业链延伸并购，如四川通威集团并购赛维在合肥的电池片工厂，打通多晶硅到电池组件环节。四是全球范围内的并购，如汉能同时并购美国和德国的 CIGS 工厂，在获取先进技术的同时也可实现生产布局的全球化。通过一系列的兼并重组活动，太阳能产业上中游各环节如多晶硅、太阳能电池、电池组件以及光伏发电等领域的市场集中度都有所提高。以多晶硅市场为例，2013 年全国前十家多晶硅企业的产量共计 8.2 万吨，占据全国多晶硅总产量的 97.5%，其中仅江苏中能一家就占据总产量的 59.6%，位居世界第一，更有四家企业（江苏中能、特变新能、大全新能源、亚洲硅业）跻身全球前十，产业集中度和国际竞争力进一步提高。

2. 大陆光伏发电市场以内资为主，国有、民营资本平分秋色

截至 2013 年底，大陆光伏发电市场累计并网容量 16317MWp，其中内资企业占据了 97.2%的市场份额，外商独资及中外合资的大型并网光伏发电装机容量较少，累计并网容量仅为 460MWp，占整个大陆光伏发电累计并网容量的 2.8%。在内资企业中，国有企业累计并网容量 9310MWp，占据市场份额的 57%，是全国大型并网光伏发电项目的投资主体；民营资本在光伏发电领域也扮演着重要角色，市场份额不断上升，逐渐和国有资本平分秋色。具体情况如图 2-9 所示。

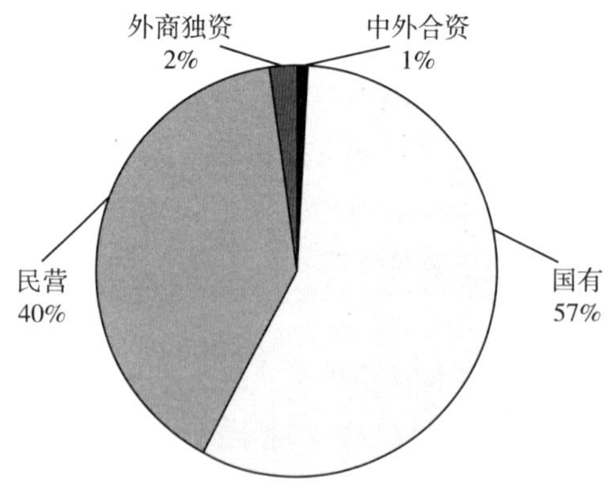

图 2-9　2013 年大陆光伏发电市场的内资、外资占比

资料来源：编者整理。

3. 大陆光伏电池厂商向下游延伸，产业结构不断优化

为适应产业发展需求，提升企业竞争力，一些光伏企业业务范围逐渐由以往的单纯电池组件制造向下游系统集成甚至向电站运营方向拓展。其出发点是：一方面希望通过电站建设拉动自身光伏组件产品的销售；另一方面寄希望于促进业务多元化，通过电站投资与运营带来更高的投资收益率，毕竟制造业薄利化将不可避免。国内如晶科、英利、阿特斯、天合、保利协鑫等重点光伏企业已纷纷涉足下游系统集成业务。

4. 台湾太阳能厂商集中于产业链中游

太阳光电产业的产品主要包括上游的太阳能硅材料、中游的太阳能电池及组件和下游的太阳能光伏发电系统。在台湾太阳光电产业中，中游太阳能电池的产业规模最大，其次是上游的太阳能硅材料，而中游太阳能电池模组及系统厂商只占很小的比重。如图 2-10 所示，近年来，台湾太阳能电池的产值占太阳光电产业总产值的比重一直保持在 60%~70%的水平，占据了台湾太阳光电产业的大半江山。这种高度集中的产业结构有利于集中台湾地区有限的资源，充分发挥台湾地区在太阳能电池领域的比较优势，促进太阳能电池产业的规模扩大和国际竞争力提升。

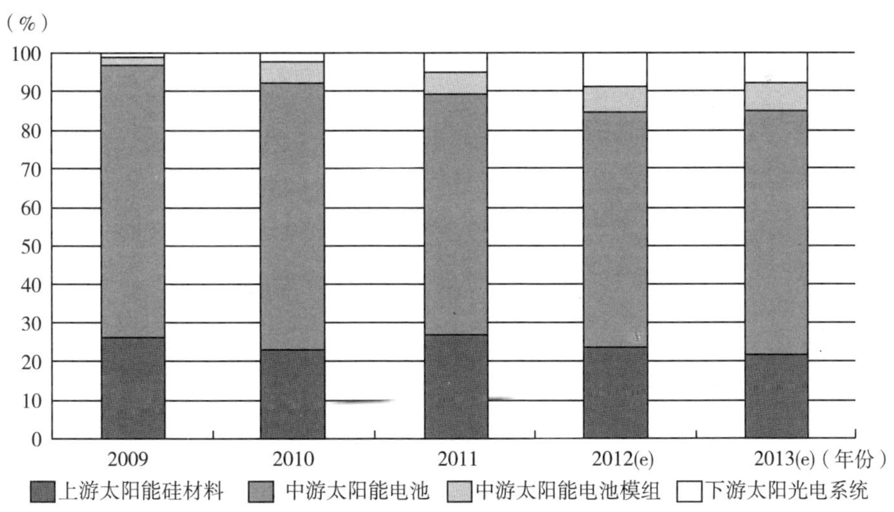

图 2-10　2009~2013 年台湾太阳光电产业产值分布比重

资料来源：根据台湾经济研究院产业经济资料库整理，2013 年 10 月。

5. 两岸太阳能厂商的产业集群特征明显

对光伏企业这样的高新技术企业而言，产业集群发展的形式为企业间的信息和技术共享、人才交流、产学研合作等提供了平台，有助于光伏企业的技术进步。近年来两岸的太阳能光伏行业都呈现出明显的产业集群发展特征。其中中国大陆在太阳能产业链各环节都形成了相应的产业集群，比如四川省依托科研院所优势而形成的多晶硅产业集群，河北省依托人才及科研优势形成的光伏组件及设备产业集群，内蒙古、青海、宁夏、陕西等地依托光照资源优势而形成的光伏电站产业集群，江苏、江西等省份依托技术、资金优势形成的光伏全产业链集群等。

产业集群现象在台湾集成电路、通信、生物科技等诸多产业中都普遍存在，太阳光电产业也不例外。台湾太阳光电产业的集群现象主要体现在中游太阳能电池领域，有 2/3 的太阳能电池厂商都集中于桃园、新竹和苗栗三地，形成了明显的产业集群。① 其中以新竹科学园区为代表的北部地区是台湾太阳光电厂商密度最高的地区，由于新竹科学园区内许多半导体及平面显示产业的厂商在 2006~2008 年太阳光电产业快速兴起时纷纷转产，使该地区迅速形成太阳能电池产业集群，再加上该地区拥有工业技术研究院、台湾“清华大学”、交通大学等诸多科研与学术单位，为产业发展提供了有力的人才保障和技术支撑。

三、两岸太阳能产业的商业模式比较

在商业模式和发展模式方面，两岸太阳能产业均面临同质化现象严重、产业链各环节发展不均衡等潜在风险。两岸光伏发电的市场开发模式存在较大不同，其中大陆光伏发电始终以大型集中式并网发电为主要开发模式，台湾地区则更加注重分布式光伏发电这一模式。

1. 大陆光伏企业的商业模式存在严重同质化现象

大陆光伏企业大多数走的是规模化、全产业链的发展道路，再加上技术创新能力不强导致产品同质化现象严重。如此一来，价格竞争便沦为大陆光伏企业开展市场竞争的主要手段，长此以往不仅不利于光伏市场自由竞争秩序的维护，也还将损害整个光伏产业的国际竞争力。大陆光伏企业的另外一个共同之处是普遍走负债发展的道路。目前大陆光伏企业的负债率普遍较高，以在海外上市的光伏公司为例，在美国上市的前十家光伏企业的平均负债率高达 80%。

① 资料来源：《2013ITIS 太阳光电产业》。

为确保企业重组的现金流量，光伏产业链上下游企业之间的应收账款周期被不断拉长，相互拖欠现象严重，甚至有逐渐恶化为“三角债”的趋势。在这种情况下，一旦产业链中的若干企业倒闭，便很容易引发多米诺骨牌效应，造成严重后果。由此可见，目前大陆光伏企业商业模式的同质化现象不仅不利于企业间的自由竞争和良性互动，还存在较大的金融风险，不利于光伏产业的长期健康发展。

2. 两岸光伏产业链的发展模式都存在潜在风险

目前，大陆光伏产业链的发展模式存在诸多风险，具体表现在以下几个方面：首先，产业链发展不平衡，上、中、下游在技术水平和生产规模等方面都未能实现齐头并进、协调发展，制约了大陆光伏产业的整体发展水平。其次，产业链上下游存在利益冲突，比如针对欧美对华“双反”政策，国内上、下游企业的态度就存在矛盾，拥有技术优势的上游企业希望政府以牙还牙，对欧美多晶硅进口也展开相应的“双反”调查，但这样做却会损害依赖进口多晶硅的下游企业的利益，因此并未得到他们的支持。最后，大陆光伏企业在发展过程中一味地贪大求全，过于追求全产业链，这容易导致资金链断裂等经营风险。其中的两个典型企业就是江西赛维和无锡尚德①。

台湾太阳能产业链“两头在外”的形态特征同样存在风险。首先，上游多晶硅原料供给严重依赖进口，导致中游太阳能电池及组件厂商的成本控制能力极低，国际市场上多晶硅价格的任何风吹草动都会直接影响到太阳能电池的生产成本和利润水平，甚至存在亏损的风险。其次，虽然台湾太阳能电池产能不断攀升，2014 年太阳能电池片发货量正式突破 10GW 大关，但限于岛内市场空间狭小，95%以上的太阳能电池都出口至海外，导致台湾的太阳能产值直接跟国际市场需求挂钩，主要进口国国内光伏政策的变化或货币升/贬值都会对台湾太阳能产业造成致命影响。总之，为了提高光伏产业发展的自主性，规避国家市场的不确定性和风险，台湾太阳能产业在未来发展过程中应更加注重原材料的稳定供应和岛内市场的培育，实现产业链各环节的协调发展。

3. 海外建厂成为规避贸易壁垒的新模式

受欧美“双反”政策等贸易壁垒的影响，大陆光伏企业开始实施“走出去”战略，展开全球产业布局计划，通过海外建厂等方式来绕开贸易壁垒，规避潜在的贸易风险。具体表现在四个方面：一是到终端市场建厂以靠近需求

① 史言信：《中国光伏企业商业模式创新研究》，《经济与管理研究》2013 年第 10 期，第 65~70 页。

方，如：中电光伏在土耳其新建电池产能为 100MW、组件为 300MW 的工厂，以进入欧洲市场；阿特斯在加拿大建设产能为 350MW 的组件工厂，以打入北美光伏市场；晶澳和保威新能源则是到南非合资建设 150MW 组件厂，以进入非洲市场。二是到成本洼地新建工厂以降低生产成本，如英利正在泰国新建产能为 600MW 的工厂，并以此为根据地瞄准全球市场。三是给国外工厂提供配套产品，如卡姆丹克到马来西亚新建产能为 300MW 的硅片工厂，为 SunPower 等企业提供硅片。四是通过签订代工协议，绕道布局全球市场，如浙江昱辉与欧洲、印度等企业签订代工协议生产组件产品。

4. 大型集中式并网发电仍是大陆光伏发电市场的主要开发模式，台湾光伏发电则以分布式发电为主

从 2012 年开始，为了缓解太阳能发电供求方面的空间矛盾，国家大力推动分布式光伏发电项目的发展。国务院、财政部、国家能源局、国家电网公司等相关部门陆续出台优惠政策，在分布式光伏发电规模化应用示范区建设、分布式光伏发电补贴政策、并网相关流程的梳理等方面对分布式光伏发电进行激励和引导。但整体而言，分布式光伏发电仍处于初创期，市场环境和商业模式尚未成熟，装机规模十分有限，大型集中式并网发电在短期内依旧是大陆新增光伏发电市场的主要开发模式。据统计，在光伏分区域标杆上网电价政策①的刺激下，2013 年集中式并网发电的新增装机容量为 12. 12GW，占新增光伏发电总装机容量的 93. 8%，而分布式光伏发电仅占 6. 4%；截至 2013 年底，地面大型光伏电站并网容量为 16. 32GW，占全国光伏发电累计并网容量的 84. 1%。由此可见，大型集中式并网发电仍然是当前大陆光伏发电市场的主要开发模式。

台湾地区由于土地资源的限制，不具备开发大型集中式并网发电系统的先天条件，因而长期以来奉行“先屋顶后地面”的开发原则，以分布式光伏发电模式为主，目前大型发电站累计装机容量仅占光伏发电总装机容量的 0. 16%。为了推动分布式光伏发电项目的普及应用，经济事务能源主管部门于 2011 年推出“阳光屋顶百万座”计划，以鼓励屋顶型太阳光电系统为主，预计 2015 年实现光伏发电装机容量 847MW，2020 年达到 2120MW，并最终于 2030 年实现台湾太阳能光伏发电总装机容量 6200MW 的远期目标。考虑到 2015 年前几个月光伏发电设备市场形势大好、产值飙升，经济事务能源主管

① 国家发展和改革委员会于 2013 年 8 月 30 日宣布，对光伏电站实行分区域标杆上网电价政策，即根据各地太阳能资源条件和建设成本，将全国分为三类资源区，分别执行每千瓦时 0. 9 元、0. 95 元、1 元电价标准。

部门于 2015 年 4 月初宣布将这一目标的实现日期提前到 2025 年①。

5. “合同能源管理”（EPC）有望成为分布式光伏发电的主流商业模式

“合同能源管理模式”（Energy Performance Contracting，EPC），是一种起源于 20 世纪 70 年代中期西方发达国家的一种新型节能减排机制和资本运作模式。目前应用最广泛的分布式光伏电站是建立在城市建筑物屋顶的光伏发电项目，按照建筑物业主的性质，可将分布式光伏电站分为工商业企业厂房屋顶电站和居民住房屋顶电站两大类。目前常见的屋顶光伏发电项目的建设模式有两种：用户自建和委托开发商建设（即 EPC），无论是工商业企业还是居民个人，自主建设光伏发电设备都存在很大难度，比如在建设前需要与能源局、电力局等政府部门以及银行、施工单位等各类机构打交道，建成后还需要组建专业的运维团队等。这对于本身并不从事光伏行业的个人及工商业企业而言，具有相当的技术难度，需要耗费大量精力和资金，并且需承担较大风险。而 EPC 模式恰好能解决这些问题。在这样的背景下，工商业企业委托光伏电站开发商以合同能源管理模式建设分布式光伏电站的模式能够充分利用光伏电站开发商的专业能力、降低项目投资环节交易成本，最大限度地提高光伏电站项目的收益水平，正逐渐成为分布式光伏电站领域的主流商业模式。表 2-12 展示了 2015 年大陆排名前十位的 EPC 开发商及其装机容量。

表 2-12　2015 年大陆排名前十位的 EPC 开发商及其装机容量

排名	公司名称	装机量（2014 年）
1	特变电工新疆新能源有限公司	760MW
2	南京协鑫新能源发展有限公司	615.5MW
3	信息产业电子第十一设计研究院科技工程公司	610MW
4	中利腾晖光伏科技有限公司	590MW
5	振发新能源科技发展有限公司	575MW
6	湖北追日电气股份有限公司	450MW
7	上海航天汽车机电股份有限公司	431MW
8	苏州爱康能源工程技术有限公司	350MW
9	中国电力建设集团有限公司	290MW
10	协合新能源集团有限公司（中国风电集团有限公司）	260MW

资料来源：www.phb123.com。

① 《产值飙升至 450 亿 台湾今年太阳能设备目标推高到 500MW》，*Energy Trend*，2015 年 4 月 3 日。

参考文献：

［1］袁见：《中国太阳能光伏产业政策效应研究》，辽宁大学博士学位论文，2013年。

［2］李俊峰等：《2014年中国光伏产业发展报告》，中国循环经济协会可再生能源专业委员会，2014年。

［3］李俊峰等：《2013年中国光伏产业发展报告》，中国资源综合利用协会可再生能源专业委员会，2013年。

［4］中国可再生能源协会：《中国新能源与可再生能源年鉴（2010，2013）》。

［5］赛迪顾问股份有限公司：《中国光伏产业发展策略分析》，《信息产业研究》2010年05月03期。

［6］李俊峰等：《中国两岸光伏产业发展报告（2008/2009普及版）》，中国可再生能源企业家俱乐部，2010年。

［7］袁小强：《中外太阳能产业融资比较研究》，中国海洋大学硕士学位论文，2012年。

［8］李婉香：《我国太阳能电池产业发展现状》，《合作经济与科技》2014年第1期。

［9］石媛媛：《基于专利数据的太阳能电池技术发展现状与对策》，北京工业大学硕士学位论文，2013年。

［10］蒋潇、周红卫、陈会明等：《国内外多晶硅产业的特点与差距》，《新材料产业》2013年第2期。

［11］IT IS：《太阳光电产业》，2013年。

［12］TIER：《太阳能光电制造业基本资料》，2011年、2012年、2013年。

［13］TIER：《太阳能光电制造业景气动能报告》，2011年、2012年、2013年。

［14］刘书琪：《绿色城市之推动——以台南发展经验为例》，《台湾经济研究月刊》，2014年第434期。

［15］欧瑞嘉：《阳光屋顶百万座——太阳能光电向前行》，《产业动能》2012年第2期。

［16］王启秀、孔祥科、左玉婷：《全球能源产业趋势研究——以台湾太阳能光电产业为例》，《中华管理评论国际学报》2008年第11卷第3期。

第三章　风电产业发展对比分析

风能作为新能源中利用较多、发展较快的能源之一，成为众多绿色能源中的重点发展对象，因此也必然成为海峡两岸共同关注的焦点。风力发电是风能利用的主要方式，我国目前已经成为全球风电装机容量最大的国家。由于地理环境、经济与技术发展水平、政治体制等多方面因素不同，海峡两岸风电产业发展也存在差异。本章主要从两岸风电产业发展的阶段演进、重点领域、技术状况和风电产业发展热点问题出发，对两岸风电产业发展进行对比分析。

第一节　两岸风电产业发展的阶段演进

风电产业作为重要的新能源产业之一是全球解决能源危机与环境污染问题的首要选择，其发展起步较早，一直是替代石化能源的重要选择。两岸对风力发电的使用都始于20世纪，台湾在实际应用中较早于大陆地区。两岸由于经济、地理等多种因素作用，其产业发展阶段特征差异较大。资源禀赋的不同，使得两岸风电产业发展选择相互合作与互补。

一、大陆地区风电产业发展阶段演进

我国于20世纪50年代末开始进行风力发电的研发与实验，其主要是为解决当时海岛和偏远农村、牧区的用电问题，在经历了近半个世纪的发展后，我国风电进入了产业化发展阶段，伴随着《可再生能源法》的实施，加快推进风电产业化发展进程。随后，风电产业规划、新能源可再生能源发展规划、电价改革等政策法规的出台，使风电产业进入了规模化的发展阶段。国家政策与

国家科技计划对推动风电产业发展起到了重要的作用。

大陆地区风电产业发展主要划分为四个阶段，即初始研究与探索阶段、产业化形成阶段、发展阶段和快速成长阶段（见图3-1）。

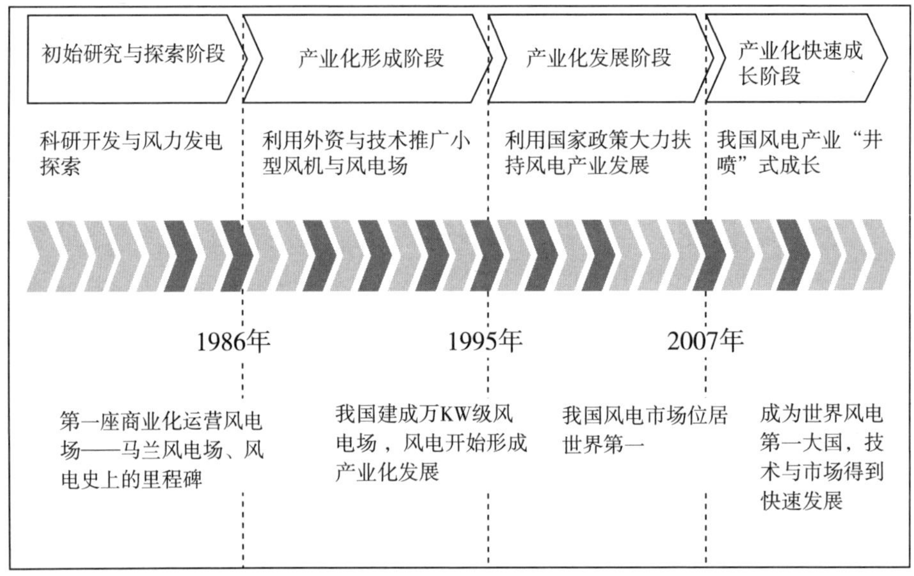

图3-1 大陆风电产业发展历程

资料来源：编者整理。

1. 初始研究与探索阶段（20世纪50年代末至1986年）

20世纪50年代，我国开始对风力发电进行初始研究，由于新中国成立初期，我国经济实力和科技水平较低，无法实现风机并网，因此，所研制的风机机组也仅限于研发实验。直到20世纪60年代，我国开始研发离网式小型风机，并将这一研究成果进行了应用与推广，给偏远农村无电地区用电提供了保障。基于离网式小型风机的开发，20世纪80年代开始了对大型风电机组的开发和利用。1977年，我国成功研制中型风力发电机，其单机容量达18KW，并成功实现并网安装，与此同时我国开始引进国外风机，建设示范风电场。1986年我国风力发电正式进入商业化运营，山东省荣成市马兰风电场是我国第一座风电场，也是我国风电史上的重要里程碑。

2. 产业化形成阶段（1987~1995年）

这一阶段是我国风电产业初步形成时期，我国利用国外资金及技术建设小型风电场。这一时期，政府对风电场建设投资和风电机组研制工作进行了大量资金投入，国家对风电机组技术发展的重视，使得“七五”“八五”国产风机攻关项目取得了一定成果。1989 年，我国开始建设 100KW 以上的风力发电场，到 1994 年，我国已经拥有万 KW 级的风电场。

3. 产业化发展阶段（1996~2007 年）

从 1996 年开始，我国各级政府推出了一系列鼓励和支持政策，在这一过程中，大大推动了风电技术与风电场建设的发展。“双加工程”“乘风计划”“国家 863 计划”等项目的开展，加速了我国风电产业化的进程。但是，我国风电产业化发展阶段并不是一帆风顺的，在这一阶段中，风电产业发展遭遇了一段低潮时期。1998 年，电力体制改革，将原有计划体制向竞争性市场机制改革，在这一过程中，政策导向不明确使风电产业发展一度停滞。2003 年，国家发展和改革委员会下放 5 万 KW 以下风电项目审批权，对风电项目采取特许经营，要求风电项目国产比例不小于 70%，鼓励国内风电制造业发展；2006 年，《中华人民共和国可再生能源法》的实施，成为了风电产业发展的重要保障，通过建立稳定的费用分摊制度，迅速提升了本土设备制造能力，扩大了风电开发规模。至此，2007 年中国风电市场增长位居世界第一，风电产业化发展进入了快速成长期。

4. 产业化快速成长阶段（2008 年至今）

2008 年以后，我国风电产业步入快速成长阶段，风电装机容量突破千万千瓦，并且开始将风电产业发展目光从陆路转向离岸。2009 年，上海东海大桥风电场 3 台机组并网发电，这也是亚洲首座海上风力发电场。2010 年，我国风电新增装机量和累计装机量均超过美国，成为世界第一风电大国。随着我国风电产业的快速发展，风电逐渐成为了电力供应的第三大能源，我国也成为了世界最大的风电机组制造国。2013 年，在经历了全球风电产业的低潮期后，我国风电产业出现了平稳回升势头。这一阶段无论是我国的风电场建设、风电技术开发还是风电制造企业发展，都离不开政府一系列的政策支持，也正是由于这样密集和大力度推出扶持和鼓励政策，使风电产业得到“井喷”式发展。

二、台湾地区风电产业发展阶段演进

台湾地区以岛屿为主，陆地面积较小，四面环海，使台湾地区风电发展以其要素禀赋为主要导向。随着其风电开发能力和技术能力的提升，风电产业不断发展的演进，产品导向的转换推动产业发展不断转型和升级。台湾地区风电产业发展阶段可以划分为产业萌芽期、产业发展期、产业快速发展期、产业转型期四个阶段。

1. 产业萌芽期（1960~1980 年）

这一时期台湾风力发电刚刚起步，局部地区进行风电机组发电试用，并没有对风电进行广泛应用。这一阶段台湾风电装机容量小，发电成本高，效益差，也阻碍了风电推广应用。20 世纪 60 年代，台湾在澎湖白沙乡装置了 50KW 风力发电机组进行风力发电试运行，这是台湾首次使用风能进行发电，但效果并不理想，之后风电推广停滞。

2. 产业发展期（1980~1999 年）

1980 年，由于全球性能源危机爆发，台湾当局委托工业技术研究院能源与资源研究所对台湾风力潜能进行评估，开启了风能利用的新一轮开发。这一阶段台湾自主开发了 4KW、40KW 和 150KW 三种风力发电机，并将其设置于新竹县湖口乡进行运行测试。至 1991 年，台湾风电场设计与建设较为成熟，零件自制率达 80%，但由于能源价格下降，之后风电研发与应用进入低潮期。

3. 产业快速发展期（2000~2008 年）

这一时期，台湾当局加大对风电产业发展的政策支持力度，使台湾电力和民间电力公司转向风电产业。2000 年，台湾当局颁布《风力发电示范系统设置补助办法》，开启了台湾风电产业快速发展的时代。2005 年开始，台湾风电设备制造与风电场建设激增，在这一过程中，台湾本土风机零件制造企业产品开始进入风电产业链，虽然风电主机依然由国外进口，但其零部件制造公司已经成为国外主要风电制造企业 GE、Enercon 等大公司的供应商之一。中小型风力发电机的研发与制造成为这一阶段风电产业发展的主要方向，国有及民营企业在这一阶段均集中致力于开拓小型风机及零配件制造的产品研发与市场开发，促使台湾风电产业在这一时期快速发展。

4. 产业转型期（2008 年至今）

2008 年，台湾转向加大对中大型风电设备的研发，工研院机械所与东元集团、台塑集团等几大风电制造企业联合成立“台湾风电系统研发联盟”，重点研发中大型风电设备。随后，台湾本土几大机电厂联合成立“风力发电设备研发联盟”，应用德国制造商技术，商转第一部 2. 5MW 风力发电机。在这一阶段中，台湾风电产业研发与制造开始转型，重点研发与制造 MW 级风电机组和离岸风电建设，随着台湾风电产业链从材料、零部件、系统到应用的逐渐完备，其市场也逐渐转向台湾以外地区。2010 年，成立“台湾离岸风电联盟”；2011 年，承接越南顺宁风场 30 支 2MW 风力机组订单；2012 年，成立“离岸海事工程发展联盟”；2013 年，三家台湾公司中标台湾海峡离岸风场示范案。（见图 3-2）

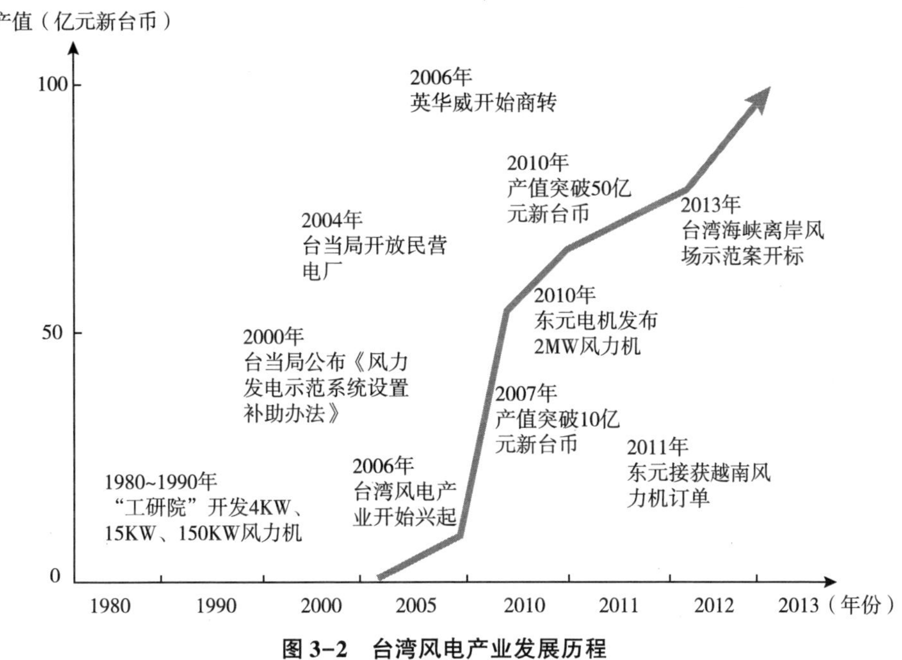

图 3-2　台湾风电产业发展历程

资料来源：台湾工研院 IEK（2014/05）。

三、两岸风电产业发展阶段演进对比分析

1. 两岸风电产业发展背景存在较大差异

大陆风电产业经历了半个多世纪的发展，取得了显著的成绩，一跃成为全球最大的风电市场，风电产业发展迅速，产业链较为完备，形成了从风电零部件、风电机组到风电场建设的全产业链结构，并且从陆上风电场扩展到离岸风电场建设。从风电产业发展历程来看，与台湾相比，大陆风电产业发展背景与推动因素截然不同。

第一，大陆风力发电从最初研发与建设到产业快速发展，政府作为主导推动产业发展的动力功不可没。风力发电研发与建设由政府主导，未解决偏远地区用电难题，随后由国家科技发展课题支撑，推动研发与制造；之后，国家逐

步出台与风电相关的政策法规，改革电价、优先使用可再生能源发电、新兴产业战略规划、风电补贴计划等政策法规的出台，使大陆风电产业快速发展。产业发展阶段演进由政府政策推动阶段化发展。台湾地区风电产业发展源于能源危机，以市场驱动为主，虽然研发最早由政府委托研究机构进行开发，但随着能源危机的解除，风电产业发展陷入停滞。2006 年，台湾风电产业真正兴起，民营企业进入风电市场，风电产业研发与制造联盟以企业为主体发起，政府政策仅仅作为辅助。

第二，在风电产业发展过程中，两岸都出现了风电发展的停滞阶段，但停滞原因却截然不同。大陆风电产业发展停滞主要源于政策导向的不明确，由于我国风电产业推动力来自政府政策法规的支持，因此当政策导向没有对风电产业进行规划时，风电产业受关注度下降，风电产业发展缓慢甚至停滞，这也与我国市场经济体制不完善有直接关系。台湾地区则由于能源危机解除，传统能源价格回落，市场对风电需求下降且风电技术并不成熟，成本—收益率较低，风电产业被市场限制。

2. 两岸在风电产业发展过程中，阶段演进速度差异较大

大陆与台湾风电发展起步时间点较为接近，但其阶段演进速度差异较大。台湾地区风电产业萌芽与发展期演进速度缓慢，但进入快速发展期，风电产业发展速度提升较快，无论从研发、技术到产品都快速融入全球市场，成为全球风电供应链的重要一环。随后，跟随全球风电产业发展快速转型，研发和建设重点转向兆瓦级风机和离岸风电建设。

大陆地区在初始研究和产业形成阶段逐步推进，依靠引进国外技术，建设风电场，并在此基础上开发国产风机，中小型风电机组制造和装机量有了较大提高。进入产业发展阶段，发展速度出现先放缓后加速的过程。风电产业逐渐形成后出现发展停滞，但由于政策保障，使风电产业开发规模与制造能力获得大幅度提升。风电产业快速发展阶段成为了风电产业发展阶段演进中发展速度最快的时期，这一时期我国风电产业不仅形成了全产业链，而且也成为了全球最大的风电市场。紧跟世界风电发展热点，建设陆上与离岸风电场，同时将风电开发的目光转向国外市场。

3. 资源禀赋差异成为两岸风电产业阶段演进差异的重要原因

大陆与台湾相比拥有更广阔的土地和风力资源，但台湾比大陆拥有更强的技术优势和经济发展势力，因此，两岸风电产业阶段演进的侧重点也不尽相同。

第一，大陆地区侧重风电场建设，台湾地区则以零部件出口为主。大陆地

区陆域风力较为丰富，陆地风力发电场建设经验丰富，且每年新增装机容量与累计装机容量快速扩充，风电市场迅速扩大；台湾地区风电依赖国际市场，内部消费能力有限。

第二，台湾地区风机国产化进程早于大陆地区，且小型风机技术与制造水平较为先进。对于大型风机机组研发与制造，台湾也早于大陆地区。台湾在风电产业阶段化演进过程中，比大陆更加注重研发与技术应用，科技转化能力较强，且企业技术联盟成为风电产业发展的重要特点。

第三，大陆地区离岸风机研发与离岸风电场建设早于台湾地区。在大陆风电产业进入快速发展阶段，很快将离岸风电作为发展目标，与世界风电产业发展趋势接轨，利用自行研发的风电机组建设亚洲第一座离岸风电场。台湾离岸风机处于开发初期。

第四，大陆地区风电市场成长较快，因此推动风电企业和风电技术快速发展。而台湾地区只能依托海外市场，根据海外需求对风电产业发展进行转型和技术升级。

4. 两岸风电产业合作与融合趋势明显

在风电产业发展过程中，由于大陆和台湾地区各自存在不同的优势与不足，因此，合作就成为互相促进发展、弥补不足的“双赢”手段。2013 年，台湾地区风力发电产值 70%来自于中国大陆地区，而到 2014 年，70%以上的台湾风电产业相关企业在中国大陆进行投资。由于台湾风电企业零部件制造技术较为先进，陆域风机技术较为成熟，但缺乏大量应用，且离大陆地区较近，物流成本相对较低，大陆风电产业发展利用台湾风力发电在零部件和系统方面的技术优势，使产业得到快速发展，迅速培育和扩大风电市场建设，以此带动风电产业技术发展和全产业链建设。

从产值角度来看，台湾地区风电产值逐年增加，主要是由于受惠于中国风电政策和风电市场的扩大。中国风电整机制造商对零部件的需求不断增加和中国风电装机容量的增加，使 2014 年台湾风电产值达 113.6 亿元新台币，这一产值比 2013 年增长 33.2%。

从企业角度来看，两岸企业间合作频繁。除去台湾企业为大陆风电企业提供供应链上游的零部件支持，两岸企业在风机机场建设和风机技术研发方面也有诸多合作。如台湾东元集团与湘电、大唐合作建立风机厂，每年定期举办两岸可再生能源产业合作交流会等，这些方面的合作加速了两岸风电产业的合作与融合。

第二节　两岸风电产业重点领域的对比分析

风电产业主要分为风电上游产业和风电下游产业。风电上游产业主要是指风电装备制造业，其包括风电零部件制造业和风电整机制造业；风电下游产业主要是指风电场建设与运营业，可细分为陆域风电场与离岸风电场。本节以风电产业上、下游细分产业为切入点，对比分析两岸风电产业重点领域。

一、风电零部件装备制造业

零部件装备制造是风电产业供应链的起始端，是风电产业的基础。目前，中国大陆与台湾风电零部件装备制造企业数量众多且增长较快，但零部件制造业两岸在产能、产业结构、技术水平等方面差异较大。

1. 大陆风机零部件制造业与台湾相比生产能力较弱

进入20世纪90年代以来，随着风电产业进入了产业化发展阶段，风电零部件制造企业迅速成长。风电零部件企业数量迅速增加，由于我国之前风机单机容量较低，因此对于生产技术也较易掌握，塔筒、叶片等生产企业出现产能过剩现象，而轴承、齿轮箱、发动机、控制系统等生产企业却面临产能缺口。如2009年，叶片制造企业已经多达60余家，根据CWEA统计，前5家企业所生产的产品已占市场80%的份额，大部分企业生产能力较弱，企业规模小、技术落后，处于亏损状态。直至2009年，我国政府取消了关于风电机组70%国产化率的要求，许多外资企业纷纷以合资或独资形式进入中国市场，使我国风机零部件制造企业受到巨大挑战。我国风电整机制造商及风电场建设企业大多选择国外及中国台湾地区企业产品，整机企业配套叶片自产率不足30%。伴随风电单机机组的容量不断扩大成为市场主流需求，我国零部件制造企业的产品质量、技术标准等受到严重考验，大陆风机零部件制造企业面临着产业的整合与重组。

与大陆风机零部件制造业的产能较弱相比，台湾制造业生产能力较强，因此其利用传统制造业生产优势，将其转向风机零部件制造业。台湾风力发电产值以风机零部件为主，其客户多为风电整机制造厂商，零部件产值70%源于出口，而出口市场则主要集中在中国大陆。中国大陆的风电产业快速发展和零部件制造业的生产能力低下为台湾风电零部件产业发展提供了良好契机。

2. 大陆零部件制造企业产能集中于中低端，台湾零部件产业链环节比较完整

从风电制造产业链来看，风机零部件包括叶片、塔筒、轴承、发动机、齿轮箱、控制系统等多组件。但是中国大陆零部件制造企业由于技术、资金、创新能力、人才培养等多种因素，生产企业大多集中在叶片、塔筒的生产领域，产能过于集中。而在发动机、齿轮箱、控制系统等生产企业存在较大需求缺口，2011 年国内 26 家风电装备企业共花费 7.5 亿美元采购国外的风电装备关键部件，其中主轴轴承等部件几乎都要进口。

台湾风电产业主要产值来源于零部件制造业，其产业链环节较为完整。其中，台湾零部件制造商在齿轮箱、发电机、控制系统、电力转换与轮毂铸件等风机零组件生产领域都具备为整机制造商提供零部件的能力，出口能力较强。

3. 大陆零部件企业与台湾相比缺乏关键零部件核心技术

目前，我国大陆零部件生产制造企业可以为整机制造商提供全产业链服务，在齿轮箱、发动机、变流器、叶片等关键零部件核心技术方面也有所突破，如大连重工、天津天恒传动等企业，在引进吸收国外先进技术的基础上，进行自主开发，以填补核心技术空白，但是大部分零部件制造企业核心技术依靠直接引进国外技术进行生产制造。尽管大陆企业生产可以自给，出于零部件质量保证、核心技术欠缺的考虑，风机整机制造商仍旧选择进口为其零部件主要来源。在风电零部件方面，我国自主创新能力较弱，制造过程中的智能化加工和质量控制技术比较落后。如齿轮箱、发电机的可靠性有待提高；叶片处于自主设计的初级阶段；为兆瓦级以上风电机组配套的轴承、变流器刚开始小批量生产，控制系统尚处于示范应用阶段。

与大陆相比，台湾零部件制造企业核心技术优势明显。台湾风电零部件制造业不仅拥有自主创新技术，而且相对于大陆企业更易获得更为先进的国外技术，在引进、吸收和消化技术中具备更多优势，因此也成为大陆关键零部件的重要来源。

二、风电整机装备制造业

1. 大陆整机制造业出现产能过剩现象，台湾整机制造业向大型风机制造产能方向扩张

2009 年，我国风电设备产能达到 10GW 左右，风机整机制造企业超过 80 家，产能过剩已经显现，国务院出台文件防止风电设备重复建设；2011 年，我国风电整机产能更是高达 30GW 以上，但新增装机容量仅为 18GW，而 2013

年，我国风电整机制造业产能过剩更为明显，风电设备产能闲置率超过 50%（见图 3-3）。2015 年，风电产业被工信部从产能过剩行业名单中移除，产能过剩问题稍有缓解。

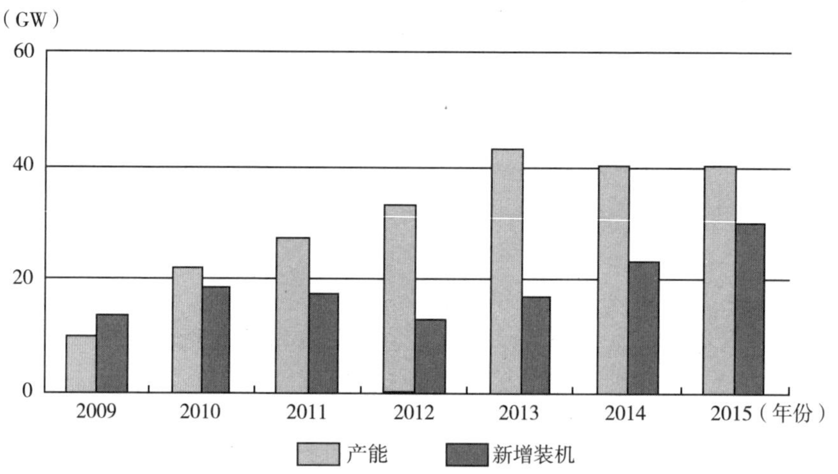

图 3-3　2009~2013 年风电设备产能及新增装机量对比

资料来源：编者整理。

与此同时，全球风电市场由于受到美国风能生产税抵减政策的中断，使全球风电装机量大幅度下降，台湾地区整机制造业受惠于中小型风力发电机出口的稳步增长和 2013 年底全球风电产业的逐步回暖，台湾整机制造业产能呈现扩张趋势。受惠于中国大陆风电政策对风电产业发展的刺激，台湾风电产品的需求进一步增长，加之日本、韩国市场的有效开拓，使台湾风电产业产能增加。由于台湾地区更多受到岛外市场影响，尤其是中国大陆风电市场影响，伴随着风电整机对于单机容量要求的不断增大，和中国发展大型风力发电基地的政策需求，大型风力发电设备也必然成为台湾制造企业发展的重点。2010 年，东元电机推出 2MW 风机，正式进入大型风力机制造领域，标志着台湾风电产业链的完整。随着东元电机将研发转向更高兆瓦级风机，台湾整机制造业进入了布局大型风电整机制造、提升技术、扩张产能的阶段。

2. 大型风机整机制造方面，大陆整机制造与台湾相比，在研发与应用方面更为先进

随着风机尺寸的不断增加，风电技术与海上风电的发展使大型风电机组的

发展趋势逐步加快，3MW 以下机型成为 2011~2015 年风机市场的主流机型。目前大陆整机制造商生产的 1.5MW 机组是其提供的风机主流机型。大陆在多兆瓦级风电机组方面，除 1.5MW 机型外，以 2MW 机型居多。2013 年，大陆在新产品研发方面较为突出的是超低风速型风电机组的推出。2014 年，超低风速直驱永磁机组的并网，使大陆在超低风速区域并网发电风速可以降至 5.2 米/秒。同时，得益于国家“863”科技计划的支持，拥有了自主知识产权的直驱永磁技术，使中国逐渐靠近世界先进水平。

台湾风电整机在研发方面主要是由台湾工研院主持，由于大型风机起步较晚，所以大多数只停留在研发阶段，缺乏应用。2008 年工研院机械所与东元集团、台塑集团、中钢集团及先进复材科技等联合成立“台湾风电系统研发联盟”，正式开启了中大型风电整机研发。近两年，由于中国大陆风电市场的不断扩大，台湾对于大型风电整机的研发力度也不断加大，可是相对于大陆整机制造商来说存在一定差距。

3. 与大陆相比，台湾小型风力发电机制造业较为成熟

得益于台湾在轻机械、小型发电机以及不断电系统（UPS）的基础良好，台湾小型风力发电机厂商已具备 100%的自制能力，且现有小型风机制造商以自有品牌为主，产品出口率达 94%。出口地区主要为中国大陆、非洲和中南美洲地区。截至 2012 年，台湾 1KW 以下小型风力发电机制造商 15 家以上，共研发 24 款产品，1~10KW 风力机企业 18 家以上，共研发 44 款机型，10KW 以上则由核能研究所投入开发 400W、25KW 及 150KW 小型风力机。从机型方面看，台湾在垂直轴小型风电机技术上拥有全球领先的技术，但还面临规模化生产以降低生产成本的压力。

我国大陆地区是小型风力发电设备的主要市场之一，因此小型风机产量居于全球首位，但是我国产品质量却差异较大，且小型风机市场相对于大型风机市场进入较为容易，更易形成市场上的价格竞争，使企业生存环境恶化。2013 年 6 月，两岸共同完成“两岸垂直轴小型风力机共同标准”的制定，并予以实施。大陆希望通过标准技术的发展提升产业竞争力，而台湾则希望通过参与标准制定而开拓市场，扩大产业规模，降低产品成本，进而提升产品竞争力。

4. 大陆与台湾相比，风电整机制造业市场集中度较高

无论是小型风机还是大型风机制造企业，大陆市场集中度都偏高，尤其是大型风电整机制造企业，虽然从 2009 年开始国家就出台相关政策控制风电设备制造的重复建设，可是直到 2015 年，大陆风电整机制造前十位的企业依然

占据了75%以上的市场份额。小型风机市场也存在市场集中度高的现象，2013年28家小型风机主要生产企业的前6家企业所生产的风机数量就超过了全年销售总量的70%以上（见图3-4）。

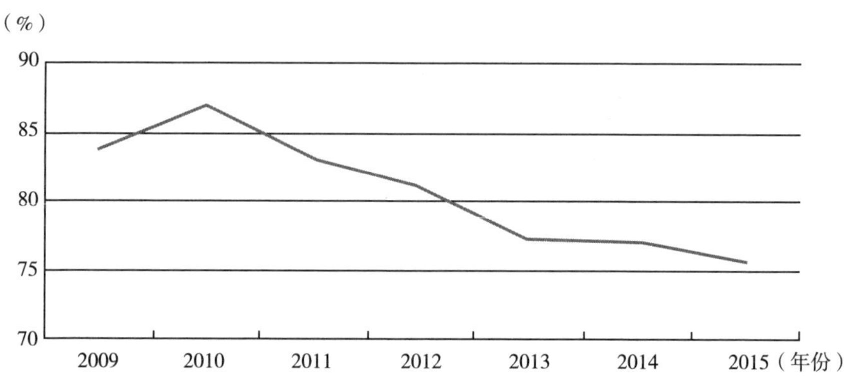

图3-4　2009~2013年全国新增装机前十位企业市场份额变化

资料来源：编者整理。

台湾在大型风机整机制造业上起步较晚，大型风机市场集中度并不高，虽本土品牌仅东元一家，但国外品牌众多，对于市场的争夺也较为激烈。小型风机制造厂商的市场集中度也并不算高，小型风机市场竞争主要集中在扩大市场和规模化生产降低成本方面。

5. 两岸共同关注海上风机制造，大陆较台湾起步较早，技术较为先进

在全球范围内，海上风电逐渐成为开发热潮，代表着风电领域的前沿和制高点，是世界上主要风电市场重点关注的发展方向，作为全球最大的风电市场，我国自然也将海上风机制造作为未来风机制造的发展方向之一。

海上风电的技术含量高，除了风机本身的设计制造技术，还包括海上平台建设、吊装、运输、运营等。大陆依托在大型风机制造的整体优势，从2009年起开始着手大型海上风电场规划，而针对海上风电机组的研发则于2007年就开始进行了。金风科技、华锐风电、联合动力等中国风电龙头企业积极参与国家“十一五”能源科技计划和风力发电科技发展“十二五”专项规划，推动海上风电机的研发与应用。2010年6月，我国第一座大型海上风电场——上海东海大桥项目成功并网，3MW机组全部由华锐风电生产。2011年我国风电行业受国内外市场影响，业绩出现回调，各大整机制造企业主动关注海上风

电市场。截至2013年底，全国海上风电已建成累计规模为390MW，在建项目1830MW，海上风机市场前景广阔。

台湾作为海岛地区，台湾海峡风力充沛，适宜发展海上风电，但是台湾海上风电发展较大陆地区发展较晚，进展相对缓慢。2013年，福海（永传）、海洋（上纬）、台电三家公司联合生产海上风电机以及离岸风场示范项目，两年后完成第一支离岸风力机并实现并网运行。

三、陆域风电场建设与运营

1. 大陆陆域风电场建设较为成熟，但风电场设计与运行系统等关键技术需要提升

目前，我国大陆进行陆域风电场建设已经较为成熟，截至2012年底，我国共建设大小风电场1445个，安装风电机组52827台。随着我国风电产业的快速发展，我国在陆域风电场的建设方面已经具备相当的经验，风力发电机的制造技术也得到了大幅度的提高，在安装、建设和施工方面也较为成熟，成本下降较为明显。2011年中国陆地风电场建设静态平均投资成本已下降到7000~8000元/千瓦，2013年陆上风电投资成本是1100美元/千瓦，约合6800元人民币，是全球陆域风电投资最低成本。

风电场建设不仅仅包括风电设备制造、安装、并网、运输等，更为重要的是提升风电场的规划、设计、运行系统等关键性技术水平。目前，我国风电场设计工具依赖国外软件产品，缺乏具有自主知识产权、符合我国环境和地形条件的风资源评估及风电场设计及优化软件系统；同时，尚未形成自主研发的先进运行控制和风电功率预测等风电场运行及优化系统①。未来风电场建设技术的主要方向为风电基地规划布局、风电机组排布，提出具有针对性的场内系统设计和优化方案，争取到2020年基本全面实现复杂地形条件下的风电场的优化规划设计和运行方案。

2. 大陆风电场建设主要依靠国有大型企业，台湾陆域风电场建设起步较晚，但拥有民营风力发电场

由于风电场开发资金较大，建设成本较高，回收期长，风电核准难度大等因素，我国风电开发企业主要是国有大型发电集团和其他国有能源企业，民营

---

① “十二五”风电科技专项规划。

资本仍很少进入风电场投资领域。截止到2013年底，全国近1300家项目公司参与了我国的风电投资和建设，其中国有企业约960家，累计并网容量62440MW，占全国总并网容量的81%。五大发电集团仍然是风电装机的主力企业，累计并网容量42560MW，占全国总并网容量的55%（见图3-5）。在风电开发企业中，约144家民营企业，其2013年底累计风电并网容量2880MW，占全国总并网容量的3.8%；中外合资企业约有131家，累计并网容量9820MW，占全国总并网容量的12.7%。

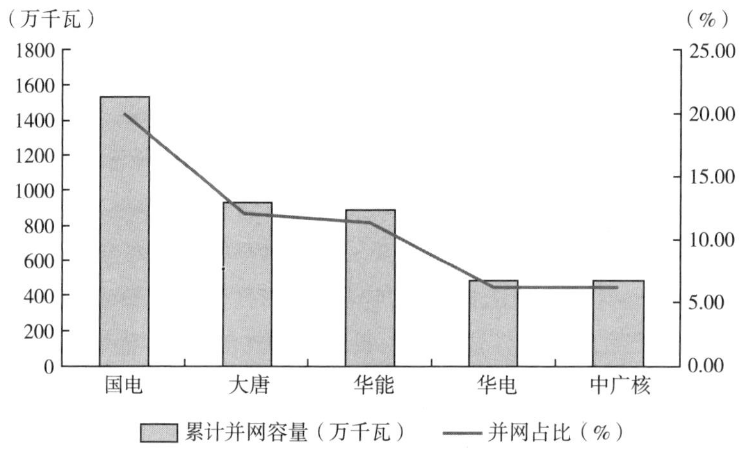

图3-5　2013年风电投资企业累计并网前五名及其占比

资料来源：国家可再生能源信息管理中心。

台湾由于地域原因，陆域风电场建设起步较晚，规模较小，但是民营资本在风电建设领域却多有涉足。2006年，台湾第一家民营风电厂建设于苗栗，其容量为50MW。加之台湾风电政策也鼓励风电建设公私合伙模式，使台湾的民营企业在风电领域有所发展。由于民营发电场起步较晚，因此风电发电仍以国有为主。但由于台电主要以火力发电为主，因此从2012年起，台电风力发电容量维持不变，相反，民营风力发电企业建设持续，发电规模持续提升。2014年民营风力发电场发电容量达343.5MW，反超国有企业风电发电量（见表3-1）。

表 3-1　2010~2014 年台湾国有与民营风电企业发电量比重

单位：%

时间	2010 年	2011 年	2012 年	2013 年	2014 年 4 月
台电	52.36	54.87	50.23	46.69	45.50
民营	47.64	45.13	49.77	53.31	54.50

资料来源：台湾“能源局”、台湾经济研究院产经资料库整理，2014 年 7 月。

3. 大陆风力发电场主要为大型并网风电基地为主，离网风电及分布式风电发展相对较为缓慢

自 2008 年起，我国政府鼓励发展千万千瓦级大型风电基地，开始对我国大型并网风电基地进行规划，2009 年正式公布了七大千万千瓦级风电基地规划，其中六大基地为陆上风电场，分别为河北风电基地、内蒙古东部风电基地、内蒙古西部风电基地、吉林风电基地、甘肃酒泉风电基地、新疆哈密风电基地。2011 年，山东省被扩充为国家千万千瓦级风电基地，纳入国家风电发展规划。2014 年国务院发布《能源发展战略行动计划（2014~2020 年）》，重点规划建设酒泉、内蒙古西部、内蒙古东部、冀北、吉林、黑龙江、山东、哈密、江苏 9 个大型现代风电基地以及配套送出工程（见表 3-2）。我国形成了“建设大基地、融入大电网”的风电发展思路。但伴随着大基地并网和电网建设对于风电发展的制约和低风速风机的研发，分布式风电场逐渐成为高负荷区域风电企业的首选。但是，由于起步较晚，离网风电、分布式风电等目前发展相对缓慢。

表 3-2　中国主要风电基地风电发展目标及布局

单位：万千瓦

年份 地区	2010	2020	2030	2050
蒙西基地（及周边）	650	4000	10000	30000
蒙东基地（及周边）	362	2000	4000	9000
东北基地	731	3000	3800	6000
河北基地（及周边）	378	1500	2700	6000
甘肃基地（及周边）	144	2000	4000	12000
新疆基地（及周边）	113	2000	4000	10000
东中部及其他地区分布式陆地风电	743	2500	5000	7000

资料来源：《中国风电发展路线图 2050》，2011，http：//www.fenglifadian.com/news/china/33489BB97.html。

4. 大陆风电场基地建设所需风机主要由国内厂商和合资厂商提供，而台湾风电场大型风力发电机较为依赖进口

中国作为全球最大的风电市场，风电装机量、风电场数量在世界首屈一指，吸引了世界知名风电厂商在大陆建厂，也推动了本土风电企业的快速成长。华锐风电、金风科技等通过与国外厂商的合作和自主创新，逐渐成长为全球知名风电制造商，而在我国取消风机国产化率的限制之后，我国风电场建设的风机也逐渐增加了对合资甚至外资厂商的风机需求。台湾地区由于大型风力发电机的研发与制造起步较晚，虽然东元集团和台湾工研院在研发和制造大型风机上有所突破，但是受限于技术和成本问题，大型风机主要以进口为主。

5. 大陆风电场建设及运营大多依赖政府补贴和对上游制造商的资金占用，台湾风电场发展主要依赖政策扶持

风能作为新能源中应用较为广泛的能源之一，风电产业发展也成为各国政府关注的焦点。全球风电产业的发展都离不开政策的扶持，因此两岸在风电场的建设与运营方面都依赖政府的政策补贴与扶持。大陆风电场在建设阶段，地方政府对于风电场建设用地进行大量补贴，几乎无成本转让；在上网电价方面，国家给予电价补贴，同时鼓励优先使用新能源发电，部分地方政府还会对电价进行额外补贴，风电场利润几乎三成来自政府补贴。同时，由于中、上游企业竞争激烈，风电场开发商迫使风机制造商压低价格、延长质保、扩大无偿服务范围等行为，占用巨额质保金，挤压上游制造商利润，获取更多生存空间。

台湾对风电产业的政策扶持主要依靠可再生能源趸购制度，其趸购费用是包含了电场的建设费用、设备采购、运营维护、资本收益在内的所有因素而制定的收购电价，在趸购期内持续以该价格收购风电，对其进行补贴。台湾采取了终端持续补贴方式，与大陆分环节对风电场进行补贴的方式差别较大，缓解了政府补贴费用支出压力。

6. 大陆风电场开发商主要以本土市场为主，建设、运营主体一致，台湾风电场建设企业项目多数在本土以外地区，且建设企业与运营企业分离

目前，我国大陆的风电场开发商主要为大型国有企业和能源企业，其开发主要以本土市场为主，出口项目较少。自 2011 年起，我国新增装机容量有所下降，但是依然是我国风电开发商投资的主要市场，海外市场份额较小。2013 年，海外风电场投资较为突出的为埃塞俄比亚、南非和罗马尼亚的风电场项目。虽然我国风电场在建成后也存在建设与运营主体分离现象，但主要是以电场流转为主且流转案例较少，主要以风电资产整体转让、单体风电场转让、电

场股权转让为主。

台湾受限于地域原因，因此陆域风电场建设较少，装机容量也较小。2013年，台湾累计装机容量仅为630MW，海上风电项目也处于建设阶段，预计于2015年建成。基于此，中国台湾风电企业积极开拓海外市场，参与越南、中国大陆等风电场建设，增加企业风电场建设项目经验，这也造成中国台湾风电场的建设企业与运营企业相分离的现象。

四、海上风电场建设与运营

1. 大陆海上风电场已经进入建设阶段，已完工项目进入试运营阶段；台湾海上风电场建设刚刚进入起步阶段，尚未正式建成

我国海上风力发电场建设紧随世界风电产业发展步伐，起步较早。但是海上风力发电对技术要求较高，我国海上风电发展较为缓慢。2010年，我国第一个海上风电场——上海东海大桥项目正式并网发电，进入试运营阶段；2012年9月22日，江苏如东150MW海上风电场示范工程全部机组并网发电，这也是目前亚洲最大的已建成海上风电场。

台湾于2013年开始对海上风电项目进行招标，将于2015年建成台湾第一批海上风电项目，目前正处于建设阶段。

2. 在全球海上风电建设热潮下，两岸积极参与海上风电场建设项目

随着陆上风电市场的逐渐饱和，两岸都把目光转向开发海上风电项目。根据《中国风电发展路线图2050》，中国海上风电发展目标为：到2050年近海风电达15000万千瓦，远海风电5000万千瓦。截至2014年底，海上风电项目累计核准规模达到3080MW，累计并网440MW，以江苏省和上海市为主。

2013年，我国加大推进开发海上风电项目的力度，我国海上风电项目核准工作取得了突破性进展。国家首批4个海上风电特许权招标项目中，江苏大丰200MW海上风电特许权项目、江苏东台200MW海上风电特许权项目和江苏滨海300MW海上风电特许权项目已获得江苏省能源主管部门核准。此外，上海东海大桥海上风电二期、江苏响水近海风电场200MW示范项目、中广核如东海上风电场项目、华能大丰300MW海上风电示范项目，以及国电舟山普陀6号海上风电场2区工程项目等海上风电项目也已获得国家或省级能源主管部门核准（见表3-3）。[①] 2014年，国家能源局更是出台了《全国海上风电开

① 《2014中国风电发展报告》。

发建设方案（2014~2016）》，并要求在两年内核准海上风电项目达 44 个，涉及总容量达 10527.7MW。

表 3-3　截至 2013 年底中国海上风电装机明细

年份	地点	项目名称	开发商	装机容量（MW）
2007	辽宁渤海	中海油海上风电	中海油	1.5
2009	江苏南通	龙源江苏如东潮间带试验 32.5 兆瓦风电场	龙源	8
	江苏盐城	中电投大丰样机	中电投	2
	山东威海	荣成华能潮间带	华能	6
2010	江苏南通	龙源江苏如东潮间带试验 32.5 兆瓦风电场	龙源	24.5
		江苏达道潮间带样机	达道重工	2.5
	江苏盐城	响水潮间带样机	长江新能源	2.0
		响水潮间带 4.5 兆瓦试验项目	长江新能源	4.5
2011	江苏南通	龙源如东 15 万千瓦海上（潮间带）示范风场	龙源	101
	上海	申能上海东海大桥（海上）二期工程样机	申能	8.6
2012	江苏南通	龙源如东 15 万千瓦海上（潮间带）示范风场	龙源	50
		龙源如东 15 万千瓦海上（潮间带）示范风场增容	龙源	50
		龙源如东潮间带项目	龙源	10
		江苏响水潮间带 2×3 兆瓦试压机组项目	长江新能源	3
	山东潍坊	滨海海上一期项目	国电	3
		潍坊实验风场	国电	6
	福建福清	福建投资集团福清海上项目样机	福建投资	5
2013	江苏南通	国电龙源 5MW 样机	龙源	5
		如东潮间带试验风场	龙源	4
	江苏盐城	江苏响水潮间带 T5 项目	三峡	3
	天津滨海	龙源天津滨海项目	龙源	27

资料来源：中国可再生能源学会风能专业委员会。

3. 两岸在海上风电场的建设与运营方面的政策导向明确，但具体政策有待推进

目前，两岸都加快推进海上风电场的建设，同时推进研究海上风电场运营方案。大陆方面，无论从规划报告审批到海上风电特许招标政策的出台实施以

及各种产业规划，都体现出发展海上风电的政策导向的明确性。除中央政府外，各级地方政府也在相应规划中将海上风电建设提上日程，编制海上风电项目规划报告。但是对于海上风电场建设与运营的具体补贴、政策支持等方案都还在研究与编制过程当中，由于各地区具体情况不一致，总规性文件并不适用于具体地区，因此各地区也在研究和编制具体补贴与扶持政策。

台湾方面推出示范奖励及补助方案，用以推动海上风电项目的实施。虽然台湾地区暂时无海上风电项目运行，但其离岸风电的趸购费率也已经出台。随着“千架海陆风力机”产业推动计划的实施，大力推动海上风电发展的目标性十分明确，未来为应对再生能源产业发展的需求，台湾也将逐渐完善和细化产业政策。

第三节　两岸风电产业技术创新对比分析

技术创新是推动产业发展的根本动力，对于风电这一高度依赖科技水平的产业来说，技术创新是其发展的原动力。从创新角度看，风电技术的发展更能体现风电产业发展的水平与质量。因此，本节对两岸风电产业技术的发展分别从技术创新模式、技术创新路径、技术创新手段进行对比分析，全面看待两岸风电产业技术水平。

一、两岸风电产业技术创新模式对比分析

1. 大陆风电技术创新模式由模仿创新向合作创新与自主创新方式演变

由于我国风电产业发展较国外晚，首先经历了设备仿制和购买许可证的模仿阶段，通过对国外先进设备的研究与仿制以及直接引进国外技术进行生产制造，使我国风电制造技术快速提高。随着我国对风电开发政策不断加大扶持力度，我国风电产业的发展促使许多国外优秀风电企业进入中国市场。伴随着风电设备国产化率限制的取消，更多的风电技术研发采用了联合研发的形式，这使我国风电企业迅速掌握了更为先进的技术。慢慢积累的技术基础也为我国风电技术创新向自主创新转变奠定了坚实的基础。

目前，我国风电技术专利申请数量逐年递增，甚至在申请总量上超越部分发达国家，且风电技术专利领域也主要以发明为主，这使我国自主创新的风电

技术发展模式逐渐形成（见图 3-6 和图 3-7）。

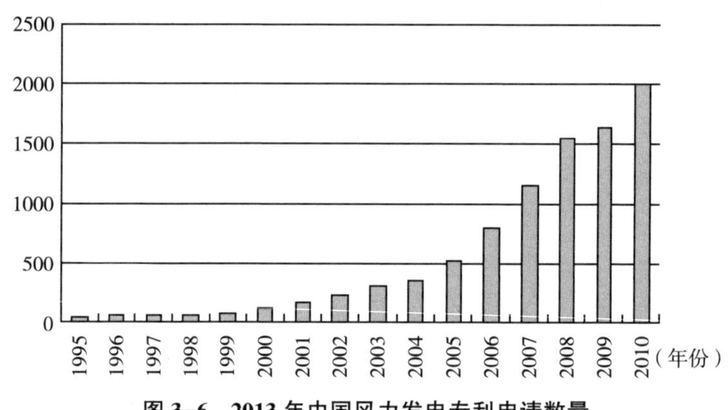

图 3-6 2013 年中国风力发电专利申请数量

资料来源：中国专利数据库；毛金生：《风力发电行业专利分析》，知识产权出版社 2012 年版。

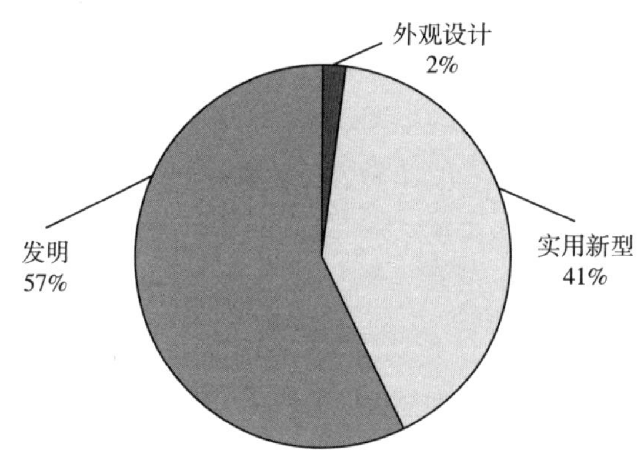

图 3-7 中国风电技术专利类型

资料来源：中国专利数据库；毛金生：《风力发电行业专利分析》，知识产权出版社 2012 年版。

2. 两岸在风力发电机制造技术上，主要以引进国外技术消化吸收为主，但水平存在差异

目前，我国风机技术从专利申请上看，主要还是以风机制造技术为主，对于风电场设计、运行系统、电网技术等方面涉及较少。这主要源于风力发电机制造技术是风力发电领域的重要环节，对于推动风电产业发展至关重要，且我国在这一领域内具备一定自主创新能力。同时，对于风电场设计、电网技术、运行系统、储能技术等的研究与开发需要更高的理论研发与技术支持。因此，

风力发电机制造技术的引进、吸收和研发就成为目前我国技术突破的重点，也成为风电技术发展的重要技术支持。

虽然我国的风电技术发展逐渐转向自主创新，摆脱了对先进设备的仿制创新，但自主创新能力依然较弱，许多专利及研发成果为国外技术的改进或为国外申请人研发成果。在国内风电技术专利申请中，前十名企业虽有一半为国内企业，但是从申请数量来看，与风电行业国际巨头相比相差很远，前三位企业申请量均超 300 件，GE 的专利申请量更是高达 800 件，就连在中国没有进行市场销售的 Enercon 和三菱重工也在中国进行了专利申请（见图 3-8）。与此相比，中国本土的风电企业在拥有发明授权专利数量上明显不足，国内企业在技术创新和技术话语权上仍处于弱势地位。

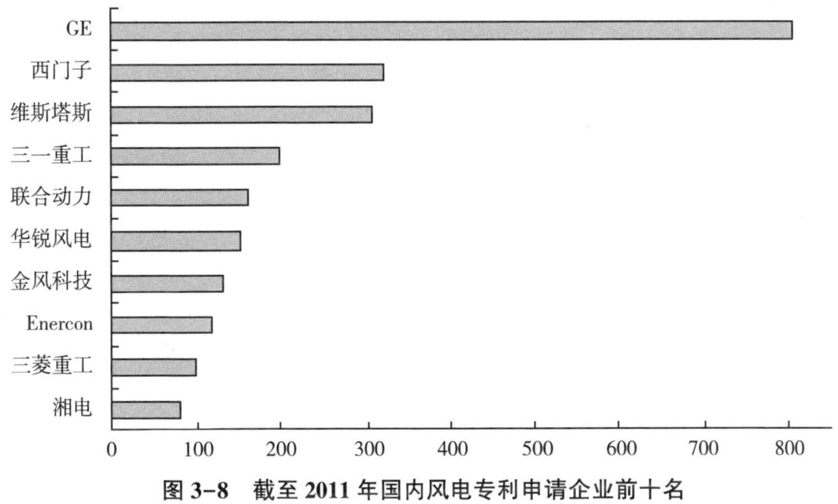

图 3-8 截至 2011 年国内风电专利申请企业前十名

资料来源：中国专利数据库。

台湾制造商与研究院对于中小型风机在研发、生产、制造及运行系统方面，借助其电机制造和控制技术的优势，已经从单纯地引进国外技术消化再吸收阶段进入了全自主创新阶段，并且得到美国、加拿大、日本、德国等国家的技术认可。由于在大型风机制造上，台湾地区起步较晚，100%依赖进口或者国外风机制造品牌。东元集团等整机制造商已进入多兆瓦级机组的研发与制造工作，主要以国外技术的消化吸收方式为主。

3. 两岸在技术创新模式上，政府都是其主要推动因素

风电作为新能源产业中较为成熟，能源替代前景较好的产业，不仅受到市场追捧，更是各国政府作为战略发展的重要产业之一。因此，在风电技术创新上，两岸政府无疑都起到了至关重要的作用。

由于风电技术发展不仅需要大量资金和研究人才，还要承担较大的技术研发风险，因此政府通过国家性的科技计划、关税优惠、鼓励进口先进技术和设备、鼓励风电场建设等政策，从直接鼓励研发到开拓市场需求刺激企业研发一直推动技术创新模式的发展与转变。

中国政府通过国家科技计划、“975”“863”等重大课题为风电技术创新进行研发支持，通过课题引导研发方向；通过对财税优惠政策调整引导企业先进技术与设备的引进方向；通过上网电价和补贴的制定，继续扩大市场需求；通过打造公共服务平台、建立行业标准和检测、认证体系、参与国际标准制定等，为风电产业发展创造良性生存空间。台湾地区政府通过能源科技计划、科技政策计划、科技服务计划、产业升级条例、风力示范场补助、公司购置节约能源等行为的减（免）税政策，从技术研发、人才培养、市场开拓、企业扶持等支持技术创新，完善现有技术创新模式。两岸政府鼓励两岸积极合作，开拓官方与非官方合作渠道，努力实现风电技术创新与产业发展共赢的局面。

二、两岸风电产业技术创新路径对比分析

1. 现阶段两岸重点发展海上风电和大型风机，虽然大陆与世界先进技术水平存在差距，但优于台湾地区

随着大陆风电产业的不断发展，陆域风电场数量不断增加，对于大型风力发电机的需求也随之增加，单机容量的提升成为风电产业发展的趋势，陆域市场的逐渐饱和也使更多的风机制造商转向海上风电市场。大陆与台湾目前都将海上风电作为未来风电市场发展的新动向，在风机制造和研发上也倾向于研发海上风电市场和大型风机。

随着大陆风电产业的发展，大陆部分风机制造商逐渐成为世界一流风机制造商，金风科技、华锐风电等企业不但在全球风机市场占据较高份额，也逐渐掌握了自主研发的风力发电机。但是，与世界先进水平相比，还是存在一定差距，尤其是很多关键零部件还依赖进口，且风机质量还存在不一致性和波动性。

台湾风电产业主要技术优势在风机零部件生产和中小型风机制造方面，大

型风机的研发与制造起步较晚，但由于全球风电市场产品的方向转变，台湾也开始加快大型风机的制造步伐。在研制大型风机基础上，台湾开始涉及海上风电，不仅由工研院、核研院等研究机构参与技术研发，也通过对海上风电场进行示范招标，进行海上风电场的建设与开发。

2. 大陆与台湾均在科技成果转化方面存在问题，但两岸科技转化动力不足原因不同

高校与企业、政府之间共建试验平台，合作开发技术是加快科技成果转化、推动技术创新发展的重要路径。目前，我国高校通过申请国家“863”计划等重大科技项目、建立产学研联合研发平台取得了一些成果，使部分科研成果得以产业化，但是这样成功的案例较少，且并没有形成规模。虽然科研院所相对于高校更多参与风电技术应用层面的研究，但是从专利成果角度看，对于产业化的推进远不如企业和高校的成果转化。

根据中国专利数据库统计，截止到 2010 年 3 月，风电技术领域专利申请人 TOP10 中，仅有南京航空航天大学一所高校，且仅有 34 件专利申请数量，位居第十，其余均为中国企业、外国企业和外国人（外国申请人占据 7 位），这一申请量也远远低于风电技术专利申请数量。

台湾风电技术研发的主导力量一直是研究院与高校，其科研成果产业化过程也困难重重。但是其可转化的成果一直沿用于研发机构与企业进行联盟和本土企业间联盟的形式进行技术研发与技术扩散，效果良好。如“台湾风电系统研发联盟”“风力发电设备研发联盟”“台湾离岸风电联盟”等风电技术联盟，在加快推进台湾风电技术产业化方面成果显著，这使台湾从 2008 年起在大型风机制造及海上风电项目上迅速取得成果。而且台湾对企业技术联盟和产学研联盟的支持力度较大，研究机构经常应政府要求对企业进行辅导，企业也将自身的成熟技术通过技术联盟扩散到产业中去，以这种方式得到政府对技术创新的资金补偿，以弥补研发投入。当然，这种方式也会造成道德风险问题，企业通过出售自己成熟但并不先进的技术来获得政府资金补偿，这使科研经费并没有真正用于科技创新活动。

3. 两岸技术研发方面，选择以靠近市场的方式

由于风电产业竞争日趋激烈，随着陆域风电场市场的逐渐饱和以及各国政府对待风电产业发展政策的支持力度不同，尤其是风机制造行业面临的竞争压力更大。研发水平、专利申请数量等成为了衡量风机制造企业的重要标准。竞争的激烈也促使各国提高了对技术标准的要求，因此更多企业选择将技术研发

部门设置在靠近主要市场的地方，进行独立研发或者通过与市场地的研究机构或企业进行合作研发的形式来进行技术创新。

除中国大陆市场外，美国与欧洲是风电产业的主要市场，但我国在技术水平上往往受限于美国和欧洲对于技术标准的限制，出口量有限。随着我国风电企业选择靠近市场进行技术创新，跨国专利申请数量也明显得到提升，出口量也有较大幅度提升（见图 3-9 和图 3-10）。

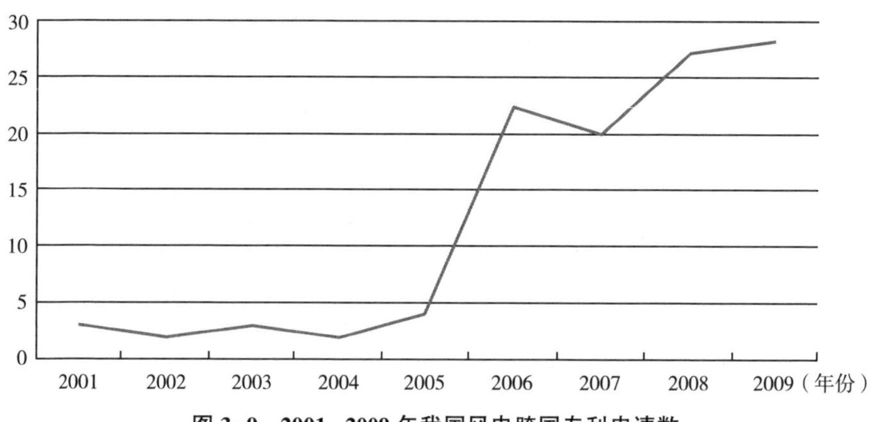

图 3-9　2001~2009 年我国风电跨国专利申请数

资料来源：欧洲专利局、美国专利局和日本专利局。

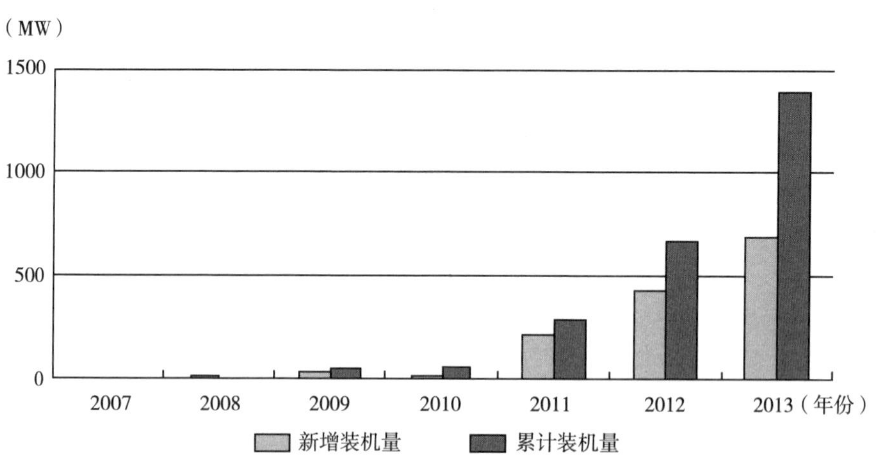

图 3-10　2007~2013 年我国风机出口情况

资料来源：中国可再生能源学会风能专业委员会。

台湾风电产业的主要市场为中国大陆市场，因此，其利用技术优势，与大陆进行技术交流与合作，共建两岸风机制造技术标准框架，合作程度逐渐加深。同时，许多台湾风电企业在大陆开设工厂，并与大陆风电企业进行合作，将部分技术研发转移至大陆地区，根据市场需求进行产品研发。

三、两岸风电产业技术创新手段对比分析

1. 大陆通过参与技术标准制定获取先进技术，台湾以期通过技术换取市场

伴随着风电产业发展对技术要求的不断提高，大陆科研机构和风能协会等行业协会，积极参与国际合作和推进国际技术认证，参与国际风电技术标准制定，通过与拥有国际先进技术水平的机构进行交流合作，提升大陆风电产业的技术创新。通过不懈的努力，中国电力科学研究院于 2008 年成为第一个获得国际互认资质的风电检测机构，通过与丹麦可再生能源实验室、EMD 公司等合作，大幅度提升了风能资源评估水平。随后于 2010 年，中国风能协会（CWEA）加入了 IEA Wind，积极参加 IEA Wind 每年举行的执行委员会会议和相关课题组研讨会议。截至 2012 年底，IEA Wind 的 11 个课题中，CWEA 参与数量高达 11 个，活动积极度与丹麦、德国、荷兰、美国等风电技术先进国家一致。

台湾在关键零部件与中小型风机制造技术创新能力较强，优于大陆地区，其通过参与 IEA TASK 27 等项目，提升其风电技术水平，推广技术创新成果，加强与美国、德国等风电大国的技术交流，以期通过技术换取市场。两岸在现阶段也逐渐深化技术交流与合作，不仅共同制定“两岸中小型风力机共通技术标准”，两岸企业合作项目也逐渐增多，合作程度也逐渐深入。大陆更发布了风电新国标，这 18 项新技术标准涵盖了包括大型风电场并网、海上风电建设、风电关键设备制造等方面，提高风电企业的技术准入标准，这为台资风电技术优势的发挥提供了平台，也为两岸在新能源方面的交流合作提供了空间。

2. 大陆科技创新主要依靠国家科技计划支持，企业研发投入占产值比重较低

我国从“六五”“七五”科技计划开始，以政府投入为主导，推动风电科技创新。风电产业进入快速发展阶段以后，我国中央政府以及各级地方政府也都加大对风电等新能源产业的科研投入力度。星火计划、火炬计划、“863”计划、“975”计划、科技支撑计划等项目中的风电技术开发项目每年得到了国家大量科研资金支持，科技部明确提出在“十二五”期间将继续加大对风电技术研发的投入力度，鼓励和扶持技术创新（见表 3-4）。

表 3-4　2012~2014 年国家重点风电技术课题情况

计划类别	项目名称	类别	国拨经费（万元）	启动时间
“863”计划	先进风力机翼型族设计与应用技术	主题	2718	2012 年
	海上风电场建设关键技术研究	主题	3876	2012 年
	超大型海上风电机组设计技术研究	主题	1630	2012 年
	前端调速式风电机组设计制造关键技术研究	主题	892	2012 年
	适合低风速、高原、耐低温风电机组设计制造关键技术研究	主题	953	2012 年
	海上风电电力输送、施工和浮动式基础关键技术研究与示范	主题	2540	2013 年
	风电直接制氢及燃料电池发电系统技术研究与示范	主题	950	2014 年
支撑计划	7MW 级风电机组及关键部件设计和产业化技术	重大	8359	2012 年
	分布式中小型风电机组设计制造关键技术	重点	1475	2012 年
合计			23393	

资料来源：《风能产业》2014 年第 6 期。

我国风电企业也每年为风电技术研发投入大量资金，但是与风电技术先进国家相比，差距仍旧较大。欧洲各风电公司每年投入科研、技术开发的资金达到公司产值的 10%~20%，而我国风电企业每年产值 6%的科研投入就已经使很多企业负担不起。由于风电企业技术开发投入大，资金回收周期长，技术创新风险性较高，也使很多企业无法投入大量科研经费，成为技术创新与产品升级的重大障碍。

3. 大陆风电相关产业人才培养机制有待进一步完善

从 2006 年起，华北电力大学新增了国内唯一的风能与动力工程本科专业，开始了风电专业人才的培养。到“十一五”期间，我国已初步建立了风能与动力工程专业，并开始培养专门化人才。

大陆对于风电产业人才培养起步较晚，风电人才结构也不合理。现阶段，我国风电人才严重匮乏，尤其是风电机组研发专业人员、高级管理人才、制造专业人员、高级技工以及风电场运行和维护人员①，这也与我国人才培养机制不健全、风电人才结构不合理具有密切关系。当前大多数风电企业对人才的要

① 《风力发电科技发展“十二五”专项规划》。

求也不高，71%的风电企业要求本科学历，11%的企业要求专科学历，对于硕士及博士学历的需求较少，这也制约了我国风电企业的技术创新。

4. 两岸都在努力健全风电产业标准、监测、认证等技术服务体系

目前，科技公共服务体系不完善是两岸风电科技创新中所存在的共性问题，因此健全风电科技服务体系，完善风电产业技术标准、质量监督认证、风电检测、电网数据服务等内容成为了两岸提升科技服务水平，推进风电技术创新的重要手段。两岸风电行业协会、主管部门等也都出台众多科技服务计划，健全服务体系。如我国政府提出在“十二五”期间建设国家级风力发电公共数据库及信息服务中心，建设国家级公共研发与试验测试中心、建设风力发电国家重点实验室、国家工程技术研究中心、产业联盟及产业化基地等。台湾当局推出技术服务业发展计划、机械产业发展推动计划、中小企业群聚创新整合型服务计划、奖助大专院校区域产学联结绩效计划、国家能源计量标准技术发展计划等。

四、加强风电技术创新的建议

1. 完善风电技术创新机制

我国政府在十七大报告中就提出要建设以市场为导向、企业为主体、国家为基础、产学研结合的多层次技术体系，为完善风电技术的创新机制，政府在风电技术基础理论、风能资源评估、风电设备关键技术等方面应继续加大资金支持力度和政策倾斜程度。

提升与风电产业发展相关机构的技术力量和服务意识，为风电技术发展提供科技服务平台，为打造良好的风电产业发展市场环境设立公平的第三方认证与检测平台；建立稳定、合理、具有制度性保障的研发机制；建立与高等教育、职业教育、在职教育相辅相成的人才培养机制；部署一批风电设备制造领域的重大、重点项目，全面掌握整机设计关键技术，提高风电整机开发设计能力。

2. 政府与企业都应继续加大对风电技术创新的引导与支持

政府作为风电技术创新的主要推动力，应利用自身政策优势，继续引导技术创新方向，提升大型先进风机的研制能力，鼓励风电设备关键零部件与关键技术的自主创新，确保风电设备的质量与可靠性，减少低端产品同质化竞争。通过对风电设备整机制造商和关键零部件制造企业提供政策支持和财政补贴，鼓励企业加大研发投入，提升技术创新能力，减轻企业创新风险；建设国家级技术研发实验室、产业联盟、产学研基地等技术创新平台，加快推进研发向应

用的转换速度。

风电设备制造企业是技术创新的另一主体，企业应加大技术研发力度，增加研发经费在企业利润中的比重，提升企业自主创新能力，根据政府对技术动态及前沿科技的政策调整，调整企业自身研究方向，以科技推动产业进步、以科技带动风电产业化发展。

3. 注重风电理论基础学科的研究与人才培养

风电技术的创新自然不可能离开风电理论基础学科的发展，因此必须注重对理论学科的研究。对于理论学科的重视与发展，更多要求政府整合优势资源，利用大学教育，开展风电系统工程、风能资源测量、电力信息系统、电网技术、储能技术等学科建设，提升我国风电基础科学领域的研究能力。在物理学、海洋学、气候学、空气动力学、数学、机械制造等基础学科基础上，开展与风电相关的学科研究，建立技术专利、技术标准、风电场运行状况、故障、消费与生产结构等各方面公共数据库，为我国风电机组设计及优化提供基础数据依据。

在注重理论研究的同时，也要积极培养风电理论人才，完善人才培养机制。不仅培养理论研究人才，也要注重应用型人才和操作性人才的培养，建立多层次人才结构，保证风电产业链上各环节的人才需求。

4. 进一步完善质量监督体系和质量过程控制系统

由于我国风电机组在运营过程中面临由于技术原因所引发的事故，因此对于质量监管体系的完善刻不容缓，这也关系到我国风电企业的生产和产业的健康发展。风电产业质量管理主要包括对研发设计、生产制造、工程建设和运营四个方面的管理，而这四个方面也是目前风电场事故频发的主要原因。

政府应根据风电产业实际情况，制定和完善符合我国特点的质量监督体系和质量过程控制系统。首先，提高风电设备制造行业的进入门槛，确保风机制造企业具备一定的质量保证和技术水平，降低因降价争夺市场导致产品质量缺乏稳定性的可能性。其次，提供质量信息公共服务平台，使风电产业链各环节质量信息与规范均可查询，并且针对风电产品质量问题能够及时向公众进行公布，确保信息公开化、透明化。最后，建立国家级或第三方风机质量测试平台，健全国家级、地区级风电质量监督机构，提供质量认证服务，保证产品质量满足上市条件。

5. 充分发挥市场机制作用，以市场需求引导技术创新

健康的产业发展应以市场为导向，风电产业要想健康发展必须充分发挥市

场机制，只有一个稳定的规模逐渐扩大的市场才能真正推动风电产业的发展，推动风电技术的创新。无论企业与政府，都应根据市场需求进行或引导技术创新。市场对于产品的性能、质量和功能性需求才是技术最终的发展方向。因此，政府在制定政策时，应根据市场需求引导技术方向，企业则应紧跟市场变化对产品进行研发与制造。

6. 强化两岸风电技术的交流合作

大陆是全球最大的风电市场，而台湾在技术、经济、政治方面的背景使其更易于获得先进技术和面临较低的市场障碍。两岸在风电技术创新方面，应该利用相互优势，加强合作，互取所需，将竞争转化为合作，形成双赢局面。

大陆应充分利用台湾易于获得发达国家较为先进的风电技术优势和欧美地区对于台湾产品的技术标准认可，通过台湾使大陆风电产业更好地“走出去”，提高我国在风电标准制定方面的影响力；而台湾也应该利用大陆的巨大的风电市场，推动台湾风电产业的快速发展。两岸应加快风电机组的标准、检测、认证与国际接轨工作，积极参与国际风电技术标准的制定。

第四节　两岸风电产业发展的热点问题分析

我国的风电产业发展进入了产业化快速发展阶段，随着我国风电产业规模的不断扩大，提升产业发展质量成为风电产业关注的焦点。风电产业在发展过程中，面对产品质量、技术创新、产业链协同、政策导向、环境安全等也遇到了发展困境和遭受了诸多质疑。本节主要讨论现阶段两岸风电产业发展过程中所产生的热点问题，并对其进行分析。

一、大陆风电产业发展热点问题

1. “弃风限电”成为风电产业发展的主要瓶颈

我国风电累计装机量逐年提升，风电装机速度与电网发展速度的差异逐渐显现，“弃风限电”问题日益凸显。虽然风电消纳问题一直是全球风电产业发展的主要瓶颈，但这一问题在我国表现得尤为严重。我国风力资源较为集中且与电力负荷中心分离，主要集中在蒙东、蒙西、甘肃、冀北等地，因此无法就地消纳。随着风电并网问题的解决，电网外送能力有限成为制约风电消纳的另一原因。

2010年开始我国风电限电现象开始显现，这时已经出现明显的“弃风限电”，虽然弃风率并没有很高，但是“弃风限电”已经逐渐成为风电发展的重要阻碍。2011~2013年，我国弃风限电量已经高达100亿千瓦时以上，弃风率高达10%以上，远高于美国、德国、丹麦等发达国家。2012年，我国弃风量达到200亿千瓦时，2013年部分地区弃风率甚至高达30%。“弃风”现象之严重，明显制约产业发展，治理工作刻不容缓。从2014年开始，我国政府加大对风电消纳的治理工作，在“弃风”严重地区限制风电装机，加快电网规划与建设，加强监管和鼓励消费风电。这一系列措施使2014年“弃风限电”有所改善，全年弃风率平均达8%，但我国风电设备平均利用小时数同比减少120小时，吉林和甘肃风电平均利用小时数仅有1501小时和1596小时。全国平均利用小时数为1905小时，而风电盈亏平衡点为1900~2000小时，这也就意味着我国风电刚刚达到盈亏平衡，部分地区甚至严重亏损。

提高调峰能力、拓宽外送渠道、优化电网布局、加强大区电网间联系、提升跨区域输电能力，充分发挥风电市场潜力，改善“弃风限电”问题。

2. 风电消纳是否仅仅为技术问题

由于“弃风限电”已经严重制约了风电产业的发展，成为风电发展的顽症，解决“弃风限电”问题刻不容缓，因此风电消纳成为风电产业解决弃风问题的主要方向。

自2011年起，针对风电消纳我国开始加强技术研发与应用，从风电反调峰特性出发，加强使用技术手段解决风电调峰问题，应用特高压技术扩大风电外送规模，优化电网建设与规划、增加风电外送通道。这一系列的技术应用，使我国风电消纳情况出现好转，但仅仅依靠技术解决风电消纳并不能真正解决这一难题。政策配套、市场开发与技术应用三者相互配合才是真正解决风电消纳的根本方法。风电消纳最根本的还是让风电更多地被用户消费，从政策角度来说，对于使用风电的企业或个人进行鼓励、政策性的优先使用风电等可再生能源、规范风电上网电价、按时发放补贴、加快外送通道审批等政策法规手段，可以从供需两方对风电消纳起到促进作用；从市场开发角度来说，风电不应单单仅应用于发电，“三北”地区风电往往呈现季节性消纳问题，在冬天风力充沛时往往因为供热问题而导致“弃风限电”，将电能转化为热能进行清洁热能，不仅能够减少燃煤供热造成的环境污染，还可发挥“削峰填谷”的作用，在夜间增加电网负荷低谷时段的用电量，促进风电与电网的友好性。

3. 风电产业补贴究竟何去何从成为争论焦点

现阶段全球风电产业基本都依赖补贴生存，现阶段讨论是否应取消对风电产业补贴是不合时宜的。对风电产业的补贴能够帮助风电产业发展，支持风电技术开发，培育风电市场。伴随着风电产业的不断发展，风电产业链上部分行业发展迅速，较为成熟，因此，不少专家学者对于是否应继续补贴风电产业产生了较大争议与分歧。就现阶段来说，风电产业补贴应继续存在，只是应调整风电补贴的方向与额度。随着产业的发展，不同时期的产业结构现状与产业发展特征不断变化，一成不变的补贴政策必然不能有效推动产业优化与升级，也不利于产业发展。补贴必然也不可能一直伴随着产业发展，最终风电产业会摆脱补贴，以市场为导向，但这并不是现阶段我国风电产业应该去做的事情。

自 2008 年开始，财政部出台《风力发电设备产业化专项资金管理暂行办法》，对风电设备制造企业进行补贴。我国风电设备制造企业受惠于补贴政策，发展迅速，金风科技、华锐风电等逐渐成长为全球最大的风电设备制造商之一。2011 年，我国逐步取消了对风电设备制造企业的补贴，让风电设备制造产业面向市场。通过对关键零部件和核心技术等进行关税补贴，引导风电设备制造企业重视关键零部件生产和多兆瓦级机组的生产与制造。

2009 年 7 月，国家发改委公布风电上网标杆电价，按风能资源状况和工程建设条件不同，确定四类资源区的陆地风电标杆电价水平分别为 0. 51 元/千瓦时、0. 54 元/千瓦时、0. 58 元/千瓦时和 0. 61 元/千瓦时。补贴金额主要根据风电与煤电差价所决定，因此，西部、北部地区的补贴要高于中部、东部地区。由于目前补贴较高的地区存在较大程度的风电消纳困难，而补贴较少的地区是电力消纳能力较强的区域。虽然 2014 年底国家发改委修改陆上风电上网电价，将第一、二、三类资源区上网电价下调到 0. 49 元/千瓦时、0. 52 元/千瓦时和 0. 56 元/千瓦时，缩小了区域间风电发电企业的补贴差距，但是对于抑制部分地区风电发展过快，促进中、东部地区加快风电建设来说，作用有限。

现阶段，我国风电产业补贴应该首先保证及时到位，不要拖欠补贴；其次，补贴政策要引导产业健康发展，推动产业转型与升级，减少成熟产业链环节上的补贴，加大对研发、核心技术、主流机型、电力生产、消费终端等的补贴；最后，注重根据产业发展特征与需求，调整、优化补贴结构，打造良性循环的产业生存环境，培育消费市场。

4. 风电产业链缺乏协调与合作

风电上中下游产业链间缺乏协调与合作，风电产业整体生态环境较为恶劣，这也是影响风电产业健康发展的主要瓶颈之一。风电零部件上游制造产业中核心零部件面临国外高质量产品的竞争，中低端产品国内竞争压力较大，零部件制造企业盈利能力较弱。风电整机制造企业产能逐渐扩大，产品同质化竞争较为严重，导致整机制造也出现产能过剩现象，致使价格战不可避免。2008 年，风机造价为 6500 元/千瓦，到 2009 年风机造价已经降至 5400 元/千瓦，跌幅达 16.9%，2010 年更是跌破 4000 元/千瓦，2011 年风机最低中标价低于 3500 元/千瓦，从 2008 年到 2011 年，风机价格下降将近一半①。由于大多数风机制造企业选择进口零部件等原材料，使成本上升，进一步压缩了利润。加之逐年上升的人工成本，整机制造业生存面临严峻考验。位于风电产业下游的风电开发企业虽然连续实现盈利，但其盈利模式存在诸多变动因素。风机价格的逐年下降、风电电价补贴和对设备供应商的资金占用，都构成了其盈利的主要来源，但是由于人工成本、建设成本和土地成本的上升，其利润也仅仅与电力行业平均效益相当。一旦市场规范运作，风电开发企业的盈利也就不复存在了。

风机制造业产业环境恶劣，失血过于严重。风机质保期一般为 2～5 年，由于风机质量和资金回收问题，部分开发商甚至要求风机质保期延长为 8 年。截止到 2013 年底前，理论上我国应有 45GW 风机出质保，此规模在 2014 年底前应达到 62GW。而根据彭博新能源的统计，2013 年中国实际出质保的风机容量仅为 15GW，占应出质保期的 1/3。中国可再生能源学会风能专业委员会统计指出，截至 2013 年 12 月 31 日，中国并网运行的风电机组已达 6.2 万台，其中 2012 年以前安装的机组约有 4.6 万台。依照正常风机供应合同，应有 74%左右的机组已出或接近出质保期，但实际却仍有将近 3.4 万台机组没有出质保，超过 200 亿元质保金被押，这造成了风机制造商和零部件商的应收账款无法按期收回，使风电场运营风险、成本从开发商转向风机制造商，造成制造商巨大资金压力。

5. 风电监管体系和风电产业标准的不健全，制约风电产业发展

风电作为我国新兴产业，起步较晚，虽然发展速度较快，但产业监管体系和产业标准并不健全，随着产业的逐步发展，这些问题逐渐凸显，成为了制约风电产业发展的瓶颈。

从风电监管体系来看，风电补贴发放的监管将成为重点，目前我国风电补贴拖欠情况较为严重，补贴拖欠问题已经影响了风电产业的正常运营，造成风

① 中国电力新闻网，http：//www.cpnn.com.cn/2012-03-10/201203091058238760.html，2012 年 3 月 9 日。

电产业链上资金循环拖欠。同时，我国补贴机制也不够完善，补贴规模、电价体制、补贴资金来源等需要健全的监管体系配合，进行补贴机制的完善工作。监管部门还需监控各地风电的消纳情况，完善市场监管和数据统计，检测并网运行情况，避免“弃风限电”，并且为风电项目审批提供决策建议。

从风电产业标准来看，健全的产业标准是打造高品质产品的保证。我国风电零部件及整机都存在着产品质量问题，致使整机倒塌、主轴断裂、电机着火、大规模脱网等情况发生。经过国家与企业的共通努力，产品质量虽然有所提高，但是仍旧需要政府部门、第三方认证机构等监管机构进一步加强监管，使我国风电产品成为真正受到市场认可的高质量产品，使整个风电产业摆脱资金占用的恶性循环，加快风机质保金周转速度，规范风机质保期限，改善风电产业生态环境。

二、台湾风电产业发展热点问题

1. 产品结构转型升级

台湾风电产品主要以风电零部件制造和中小型风机为主，而大型风力发电机研发与制造都起步较晚。面对当今全球风电市场单机容量逐渐增大的趋势，台湾风电产品结构转型升级刻不容缓。研发与制造大型风力发电机成为未来台湾风电产业转型升级的主要方向。

台湾风电产业产值的主要来源一直为零部件制造业，占其全部产值的一半以上。从风机进出口来看，2013 年台湾风力发电机主要进口产品为大型风力机，出口品为小型风力机，出口逆差达 15.4 亿元。面对市场需求的变化，台湾风电企业力求转型突破，加紧开发大型风力发电机，利用零部件制造业作为切入点，进入多兆瓦级风机产业链，发展台湾自有品牌产品。台湾当局也利用其科技计划，鼓励科研机构与风电企业对产业升级及技术改进进行引导。

2. 离岸风力发电技术成为台湾风电技术转移和自主创新的重点

由于台湾岛海岸线较长，其海上风力较大且较为稳定，静风期少，开发离岸风电场具有自然资源禀赋优势。离岸风力发电场不仅能够带来能源供应的经济效益，同时还可兼顾工业旅游和养殖业，促进两业互动，创造更多就业机会以及带动绿色经济增长。作为绿色能源，风能发电的节能减排和环保效益可以使台湾减少对外能源依存度，减少石油、煤炭等传统能源的进口量。

2013 年全球离岸风力发电新增容量 1630.9MW，与 2012 年相比增长 25.9%，虽然九成增长量集中在欧洲，但是中国大陆与日本等新兴市场增长较为迅猛。2014 年，大陆地区公布离岸风电场并网电价，全面开启离岸风电市场。面对全球风电市场从陆地转向海上和台湾自身地理结构特点，离岸风力发电成为台湾风电产业的重点发展方向。台湾工研院提出台湾风能产业在技术转移和自主研发方面将优先考虑离岸风力发电。台湾现已经启动离岸风电场建设项目，目标在 2015 年底建成 4 座着床式离岸风电示范风力机，使台湾离岸风电机在亚洲地区具备指标意义。作为台湾风电整机制造的龙头企业，东元机电将开展技术引进，利用自身的优势，将协助建立台湾自主离岸风机产业。

3. 台湾政策补贴限制国营企业，区别对待公、私企业

台湾在风电产业补贴政策上与大陆地区差别较大，其对国营企业的补贴限制较多，鼓励民营企业进入风电产业发展各个环节，降低进入门槛。如台湾经济事务主管部门发布的《风力发电离岸系统示范奖励办法》中明确规定，国营企业依本办法提出申请者，不得请领示范机组设置奖励。

风电产业发展需要大量资金，单纯依靠政府补贴无法真正促进产业发展，民营资本的进入成为风电产业发展的必然趋势。公私合营是目前台湾海上风电发展的主要方向，根据台湾的相关规定，台湾相关部门对海上风电项目提供50%的建造成本先期融资机制，这部分资金通过项目建成发电收益中扣回，并且从非可再生能源发电厂收取一定资金作为再生能源发展基金，用以补贴再生能源发电厂，这种方式大大降低了国营公司的风险，同时私有资本可以激发企业活力，在让个人享有海上风电所带来的经济利益的同时还承担社会公共责任与义务。为更好地推动台湾风电产业的发展，促使国营企业承担更多义务与责任，《风力发电离岸系统示范奖励办法》中提出，国营企业有义务推动台湾风电产业发展，其申请示范机组设置奖励应满足一定国产化设备比例，否则不予以奖励，但其对私营企业并无此要求。

4. 台湾风电产业在争议中发展

台湾作为海岛地区，风力资源丰富，传统能源较为缺乏，且出于民众对于核能安全顾虑，台湾通过无核议案，将逐渐实现无核化。为解决能源供应不足问题，风电作为发展较为成熟的可再生能源，发展风电产业将成为台湾解决能源危机的主要途径之一。

台湾风电产业的发展并不是一帆风顺的。在提出“千架海陆风力机”计划以后，台湾风电项目多次受到台湾民众抗议，甚至发生冲突，出现袭击能源事务主管部门、占领经济事务主管部门的事件。陆上开发项目一度受阻，但实际上，美国和加拿大风能协会对风机声音进行过检测，风力电场是否会对人体

造成危害并无定论。而台湾地域狭小，陆域风电场在台湾可发展空间较小，小微风电系统需要民众认可与接受，这需要行政当局与当地居民长期沟通，并非短期可解决之问题。台湾在陆上风电频频受阻的情况下，台湾行政当局开始转向离岸风电场开发，因为其远离陆地，可以使居民不受噪声与光影影响，并减少土地的占用与开发。但海上风电发展时间较短，没有陆域风电发展技术成熟，受限于风场测定、设备制造、系统安装等各项技术问题，加之环保团体对海洋生物生存状况的担忧，这些问题也并非短期可以解决。为发展台湾风电产业，解决台湾能源供应紧缺，需要行政当局花费更多时间对风电开发进行宣传与教育，说服反对的当地居民，提高改进风电技术。

5. 台湾风电企业频现资产剥离与出逃，产业发展环境是否亟须改进

近几年，台湾风电企业发展较为困难，本土市场无法拓展，产业计划推广较慢，许多企业对于台湾行政当局的产业培育政策、行政当局电力购买价格等不满，纷纷选择出逃或资产剥离。2010 年，占台湾风力发电机总数 41%的台湾最大的民营外资风力发电企业英华威决定撤出台湾市场。与此同时，台湾红叶集团、东元集团等本土企业选择转向大陆地区，不仅参与酒泉风电基地等电场建设，受到大陆产业发展利好政策和产业环境改进的影响，还将自身业务转向大陆地区，在营口、漳州等地投资建厂，进行设备制造。

由于企业的目的是自身利益最大化，由于产业发展环境制约风电企业发展，其盈利空间下降，部分企业则选择了资产剥离的方式，即整体出售风电场。如台达电就将其名下的风电场整体转让，以剥离不良资产的形式退出风力发电环节，专注于储能研发。由于能源服务领域好于能源开发领域的产业环境，能源服务目前成为了台达电的主要发展方向。

但台湾产业发展环境真的是否如此亟须改进吗？从行政层面来看，台湾当局认为其所公告的风力发电趸购价格并不低，且从全球来看，在台湾设置风力发电场其运营和维护费用都偏低，而作为台湾电力的龙头企业台电表示，行政当局公告电价足以使企业获得相当利润，单纯考虑趸购价格有失公允。

台湾行政当局、国营企业和私营企业对于台湾风电产业发展环境是否应该改进各自持有不同意见。各方利益目标不同，对产业发展环境的好坏定义也必然不同，但是为达到真正支持产业发展这一目标，需要各方共同努力。现行产业环境不可能完美无缺，改进是必然的，但是该怎样改善产业发展环境，并不是听从行政当局或者企业的一家之言，沟通是找寻真正改善方向的唯一途径，产业发展环境的改进任重而道远。

第五节　两岸风电产业的市场特征与企业发展模式比较

一、两岸风电产业市场特征比较

1. 大陆风电市场成为全球最大风电市场，风电成为第三大能源

随着风电生产与消费的快速增长，大陆风电市场发展成为了全球最大的风电市场。从 2010 年底开始，中国风电累计装机容量首次超越美国，跃居世界第一，2011~2016 年，中国风电累计装机容量和新增装机容量均为世界第一。由图 3-11 和图 3-12 可以看出，我国大陆风电市场新增装机量远远高于其他国家，市场潜力巨大。在经历了 2012 年全球风电产业低迷期后，2013~2015 年连续三年市场回暖较为明显，新增装机容量大幅回升并持续扩大，2014 年新增装机容量甚至超过市场低迷前的 2011 年水平。2016 年，风电新增装机容量与 2015 年相比有所下降。

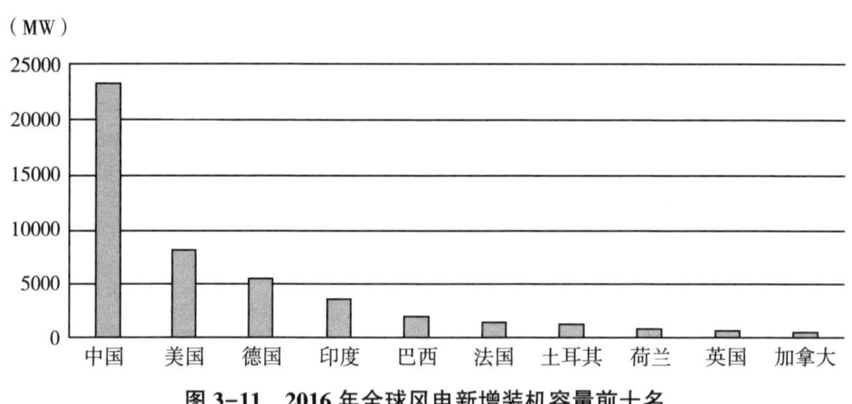

图 3-11　2016 年全球风电新增装机容量前十名

资料来源：CWEA。

自 2010 年起，我国风电发电量稳步攀升，超越核电成为我国电力供应的第三大电源，风电市场增长迅猛，依然存在巨大的发展空间。从发电总量看，2014 年我国风力发电量已经占到全国总发电量的 2.78%，但这一水平还是远

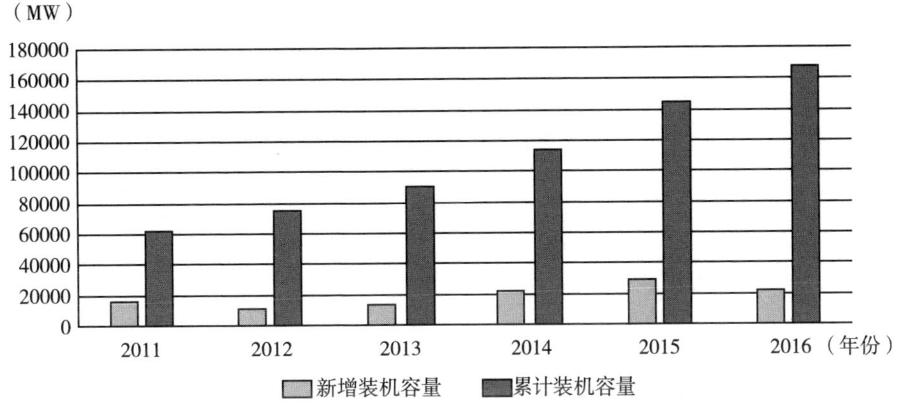

图 3-12　2011~2016 年我国大陆风电新增及累计装机容量

资料来源：CEWA 和国家能源局。

远低于欧盟平均 8%的风电发电水平。从风电新增装机容量和累计装机容量占发电装机容量比例看，虽然 2014 年新增装机容量占比接近 20%（见图 3-13），可欧盟风电新增装机占总发电装机比例在 2013 年就已经达到 32%。从累计装机容量看，我国风电累计装机量突破 1 亿千瓦，但累计装机占比仅为 7.08%，而欧盟在 2013 年就已经达到 13%的平均水平。

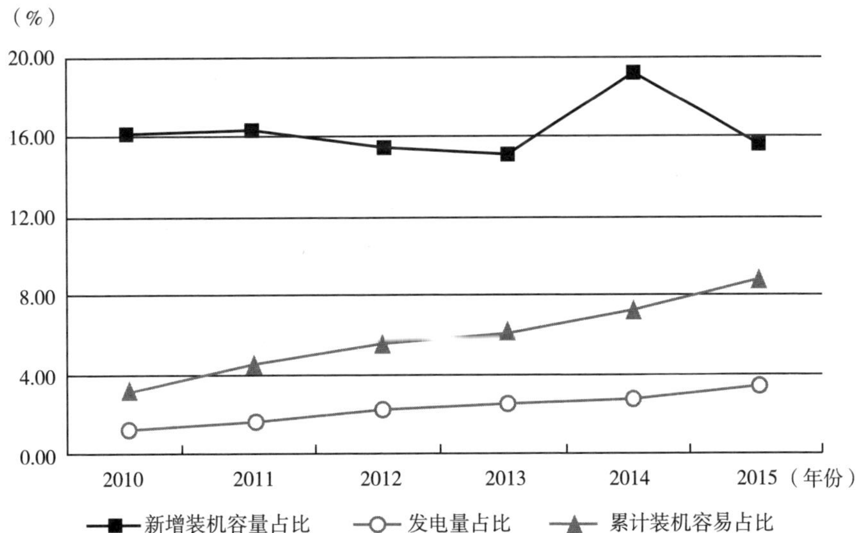

图 3-13　2010~2015 年我国大陆风电发电量、新增及累计装机量占总体比例

资料来源：中电联网站和国家能源局网站。

台湾由于其国土面积较为狭小，陆上风电市场主要依赖海外市场。台湾紧邻大陆市场，具备地缘优势，大陆风电市场的快速增长也给台湾风电企业发展带来空间。台湾风电产品大多以出口为主，陆域市场较小且已基本饱和，但其海上风电市场却存在较大的开发空间。台湾岛海岸线较长，具备发展海上风电场的条件，未来海上风电市场的开发将成为台湾风电的主要方向，其产业发展计划的重点方向也重点关注离岸领域。

2. 分布式风电发展成为风电市场发展新方向

由于风电发展受制于风电消纳，因此解决风电消纳问题才能真正打开风电市场。大陆地区风电供应主要以大规模的风电场为主，这对风电调峰资源、电网规划与建设和电力技术与检测等都有较高的要求。我国风电资源大多集中在远离负荷中心的西北、东北地区，因此调峰资源短缺、电网规划与建设滞后和电力配套欠缺一直是制约风电发展、限制风电市场的主要原因。

由于分布式风电可以使风电更为接近用户，就地消纳风电，解决远距离传输造成的输电损失，缓解目前电网规划与建设滞后问题；同时，分布式风电可以在电网发生大规模故障时，保障附近用电。分布式发电由于其建设周期较短，占地少，灵活性较强，其比大型风电场的调峰性好，更为适合沿海地区和中部等土地资源较为紧张的低风速地区。

对于分布式风电，我国从技术、应用、政策、市场等方面都较为欠缺，并不成熟，但从发达国家风电发展经验来看，分布式风电可以较好地解决“弃风限电”问题，为风电产业发展开拓更为广阔的市场，必然会成为未来风电发展的新方向。

3. 大陆风电市场扩张缓慢，风电产业出现产能收缩趋势

“十一五”期间我国风电产业快速发展，虽然可再生能源“十二五”规划中要求风电装机总量在 2015 年达到 1 亿千瓦，但进入“十二五”后，由于经济整体下行、国际市场萎靡、弃风限电、质量事故、价格大战等诸多因素影响，风电企业面临诸多挑战。淘汰落后产能，优化产业和产品结构，成为风电产业的必然选择。

从 2012 年起，风电设备制造企业开始了全面的战略收缩。国内风电审核放缓和全球风电市场的低迷，使国内过剩产能无法向外转移，许多企业被迫进行裁员、缩减产能甚至剥离风电业务。中海油新能源公司将风电资产整体转让给中核汇能，剥离风电业务；华锐风电由于连续亏损，为避免退市风险，采取裁员与停产手段，大力实施战略收缩；三一电气为自救，不仅大幅裁员还关闭

分公司。优化产能、调整结构、提升行业集中度成为了风电产业未来唯一的出路，也是扩大风电市场、维稳消费者信心的唯一选择。

4. 风电市场外部环境较为动荡，相关配套有待完善

目前，风电市场需求环境较为不稳定。国际方面，由于风电补贴政策缺乏连续性，尤其是美国、欧盟等发达国家对于新能源的补贴幅度变动较大，这使风电市场需求随风电补贴而变动。在整个欧盟经济不景气的背景之下，德国、西班牙等传统风电大国都无法负担风电补贴巨额债务，意大利、保加利亚等欧盟国家也都大幅削减可再生能源的补贴额度。2013 年 10 月，欧洲 10 家能源巨头呼吁政府结束对风能、太阳能等可再生能源的补贴，如取消补贴将使欧洲消费者用电价格上涨 17%左右。大陆方面，由于我国风电产业的快速发展和风电并网消纳与装机矛盾的日益凸显，短期内风电消纳问题无法完全解决，大陆在风电审批建设上呼吁回归理性，限制大规模兴建风电场，风电补贴政策不完善，风电上网电价并没有真正起到鼓励使用风电和培育风电需求市场的作用，加之煤炭价格的持续下跌也促使了市场对风电的需求减少。台湾方面，由于台湾部分民众抵制风电场建设，拒绝使用风力发电，不仅使台湾风电在供给方面无法增加供给量，也造成部分市场需求损失。全球任何一个国家，其发展风电等新能源产业就不可能离开政府的支持与补贴，因此，两岸风电市场发展不能离开稳定、持续的政策扶持，稳定风电市场外部环境，培育主动市场，防止风电补贴成为经济发展的过重负担，重蹈欧盟覆辙。

风电市场外部环境不稳定的另一表现为大陆风电行业标准、监测体系等公共服务尚不完备，相关配套服务有待完善。近几年，为提高我国风电产品质量，加快了对风电行业标准的制定，积极融入国际技术体系，在风电设备、风电场建设与设计、风电并网、海上风电等多方面建设风电标准体系，取得了初步成果。2013 年，中国电科院成功加入国际风电检测机构组织 MEASNET，该机构是全球最具影响力的风电检测机构联盟，而中国成为除欧美国家外第一个获得认可的风电检测机构。国家能源局在参考国际惯例的基础上，逐步出台了与风电标准、检测和认证体系相关的政策法规。但是在公共测试平台、公共数据检测平台等方面，我国发展还较为落后，无法为风电企业和消费者提供有效服务，缺乏风电供需匹配能力和市场监测能力。实验测试平台与公共测试平台技术存在差距，无法大规模应用实验室技术，有待进一步完善。

二、两岸风电企业发展模式比较

1. 大陆风电上、中、下游企业发展呈现两极化趋势，产业生态脆弱

大陆风电产业在中、上游和下游企业两极化发展较为明显。我国风电产业上游进入门槛相对较低，企业大多数为私营企业，数量众多，竞争较为激烈，且风电零部件等生产企业主要集中在生产技术水平相对不高的产品上，关键零部件生产企业生产能力较弱。由于国内零部件生产商的产能大多集中在中低端产品，使中低端产品竞争激烈，产能相对过剩，企业生存压力巨大。同时，面对我国关键零部件产品产能不足，产品质量和技术水平不稳定，大多数整机制造企业宁愿选择进口关键零部件，而对国内企业生产产品使用较少。

我国风电整机制造竞争也同样激烈。虽然我国风电整机制造企业销售份额已经进入世界风电整机制造企业的全球前十名，但是我国风电设备的部分核心技术依然来自国外。由于风电整机制造企业数量较多，且面对国际竞争，促使风机价格不断下降，这大幅压缩了风电整机制造企业的利润空间，对其技术创新和资金积累极其不利。风电场运营企业出于对国内风机制造商产品质量的不信任和资金短缺等多种因素考虑，大量占用中、上游企业资金，延迟设备出质保期限。伴随近几年风电市场的增长缓慢，部分风电设备制造企业为获得更多市场份额，不惜进行价格大战，采取低价中标策略，扩大服务范围，助长下游企业利用这一心理压榨上游企业利润空间，降低了其在风险承担方面的能力。

风电场运营商是目前风电产业链中盈利状况较好的环节。风电场依托政府补贴、占用质保金、上网电价补贴等手段，是具备盈利能力的，随着我国风电相关扶持政策的不断出台，尤其是针对鼓励使用可再生能源，这使下游企业的盈利空间更为广阔。

风电企业上、中、下游发展差距如此之大，将使我国风电产业处于崩溃的边缘。因此，改善上游企业生存环境，提升上游产业利润空间，杜绝低价竞争，推动企业研发能力和技术水平进步，成为推动风电产业健康发展的唯一选择。

2. 台湾风电鼓励公私合伙发展模式

公私合伙发展模式在许多发达国家都被采用，根据欧盟对公司合伙制的分类，其可以分为传统采购、BOT 和私人出资三种模式。传统模式主要用于转

移公部门的设计兴建风险，BOT 可以转移公部门的营运、设计、兴建风险，私人出资是由私人最终拥有运营权及所有权。

台湾风电企业以私人企业居多，尤其在零部件制造、整机制造和风电场建设领域，私人企业比公有企业要多，在电力运营方面还主要以公有企业为主体。目前，台湾在陆上风电发展受阻的情况下，转而大力发展海上风电。但由于海上风电投资较大，风电产业还需要行政当局持续补贴，且台湾处于海上风电的起步阶段，风电场评估与建设经验都相对不足，因此，海上风电开发需要公私合伙的方式来分担公部门的风险，缓解资金压力。澎湖能源科技公司作为台湾风电公私合伙案例的代表，通过由澎湖县行政部门发起成立公司，让地方居民分享海上风电所带来的经济效益。

台湾风电公私合伙模式也处于探索阶段，存在一定的不足，但是这种创新却是值得鼓励和学习的。公私合伙制需要在方案执行前、执行中、执行后进行充分沟通、共识凝聚，这是确保公私合伙模式运作成功的重点。因此，选择适合的合伙模式，明确各自风险，防止风险规避，将公共利益、社会责任和经济效益有机结合，确保公私合伙制成功运作。

3. 两岸整机制造商向上游产业链扩展

风电产业本身具备产业链长、技术密集的特征，风电整机制造商向上游产业链扩展可以进一步保证产品质量，充分利用整机制造技术优势，打造风机制造全产业链。

风电作为高新技术产业，其对技术要求较高，整机制造商向上游产业链扩展较为容易。由于零部件企业的数量众多，质量参差不齐，大陆地区的许多风电整机制造企业都建立了零部件制造分公司，为自己的整机制造提供零部件，以保证风电整机质量的稳定性，减少次品率，以期准时出保回收质保金。台湾地区的风电零部件制造企业数量较多，制造水平较高，是全球风电产业生产链的重要环节，而风电整机制造商数量相对零部件制造企业数量较少，且在全球产业链环节中地位弱于零部件制造产业，风电整机制造商通过向上游零部件产业延伸，提升其在全球风电产业链中的地位。

参考文献：

[1] 苏绍禹：《风力发电机设计与运行维护》，中国电力出版社 2003 年版。

[2] 蔡丰波、路远、蒋荣利：《中国风电叶片制造业现状与未来》，《风能》2010 年第 6 期。

［3］《风力发电科技发展“十二五”专项规划》，中国科技部，2012，http：//www.gov.cn/zwgk/2012-04/24/content_ 2121636.htm。

［4］李俊峰等：《2014 中国风电发展报告》，中国循环经济协会可再生能源专业委员会，2014 年。

［5］钱文进：《风电行业专利情报概述分析》，《风能》2013 年第 3 期。

［6］杨利锋：《产业创新系统与我国风电产业发展：理论、方法和政策》，中国科学技术大学博士学位论文，2013 年。

［7］苏晓：《IEA Wind 期待更多中国研究机构的加入》，《风能》2013 年第 11 期。

［8］《风电装备技术进步与创新之策》，2013-05-02，http：//www.fenglifadian.com/news/china/5644KFA05.html。

［9］国家发展改革委员会：《关于完善风力发电上网电价政策的通知》（发改价格〔2009〕1906 号），2009-07-24。

［10］彭博新能源财经：《中国风电运维市场报告》，2014 年 10 月。

［11］陈芙静：《产业观测——台湾风电产业链陷开放 VS 保护两难》，http：//www.chinatimes.com/cn/newspapers/20141028000373-260207。

［12］徐涛：《风电技术发展趋势及我国研发方向思考——根据 2013 全国大型风能设备行业年会上的发言整理》，《风能产业》2014 年第 6 期。

［13］国家发展和改革委员会能源研究所：《中国风电发展路线图 2050》，国家可再生能源中心，2011 年。

［14］毛金生：《风力发电行业专利分析》，知识产权出版社 2011 年版。

［15］邱洪华：《中国风电技术专利信息分析》，《技术经济》2013 年第 32 卷第 1 期。

［16］谢祥、汝鹏、苏竣等：《中国风电装备制造技术创新模式演进及政策动因》，《煤炭经济研究》2011 年第 31 卷第 4 期。

［17］李俊峰等：《2012 中国风电发展报告》，中国环境科学出版社 2012 年版。

［18］赵靓：《低风速型风电机组发展调查》，《风能》2012 年第 12 期。

［19］谢志强等：《2013 新能源产业年鉴（台湾）》，台湾“经济部”技术处，2013 年。

［20］台湾经济研究院：《2013 年小型风力机景气趋势调查报告》，2012 年 11 月。

［21］杨家豪：《风力发电机设备制造业基本资料》，台湾经济研究院，2013 年 12 月。

［22］杨家豪：《风力发电基本资料》，台湾经济研究院，2014 年 7 月。

［23］台湾经济研究院：《风力发电机设备制造业之现状与展望》，2014 年 5 月。

［24］陈铁华、燕振原：《风电行业人才需求分析及培养模式探讨》，《长春工程学院学报》（社会科学版）2013 年第 14 卷第 3 期。

［25］朱卫东：《国家科技计划与风电发展》，《可再生能源》2009 年第 27 卷第 2 期。

［26］张晗：《台湾风能产业发展现状分析》，《海峡科技与产业》2014 年第 3 期。

［27］谭忠富、鞠立伟：《中国风电发展综述：历史、现状、趋势及政策》，《华北电力

大学学报》（社会科学版）2013 年第 2 期。

［28］中国可再生能源学会：《中国新能源与可再生能源年鉴 2010》，2010 年。

［29］王孟杰等：《2014 新兴能源产业年鉴》，台湾“经济部”技术处，2015 年。

［30］吕威贤、胡斯远：《国内外风力发电发展现况与未来展望》，《电机月刊》2014 年第 24 卷第 10 期。

第四章　两岸核电产业发展比较

核能是通过原子核裂变或者聚变改变原子核质量从而释放的能量，目前利用领域非常广，人类已经将核能运用于军事、能源、工业、航天等领域。作为第三次工业革命的代表物质之一，核能的开发与应用日益成为现代先进科技的主要标志，美国、俄罗斯、法国、日本、中国等国均在核能的最新应用研发上投入了大量资源。虽然现在核能的应用领域广阔，但是作为一种新型能源形式，其主要还是用于发电。由于自然禀赋、工业基础、经济技术发展水平的差异造成了两岸在核电发展上也存在很大不同。在海峡两岸步入交流、合作和发展的新时期，及时把握国际环境和趋势、分析两岸核电产业发展的动态和热点问题，对于促进两岸新能源合作，推动两岸经济共体发展具有重要的现实意义。所以本章从国际核电产业发展的背景出发，集中对两岸核电产业发展现状、发展趋势和热点问题进行分析比较。

第一节　国际核电利用现状与未来发展趋势

人类从 20 世纪 50 年代首次试验性制造成功核电站到现在已经走过了 60 多年，与化石能源（石油、煤、天然气等）相比，核能在经济、安全、清洁、储量等方面有着相对优势。虽然在核电发展史上经历过苏联切尔诺贝利、美国三里岛与日本福岛核电事故，但是在世界化石能源日益枯竭的背景和趋势下，世界各国对以核能为代表的新能源重视程度越来越高，如图 4-1 所示，目前在电力能源贡献中核电占比为 14%左右。本节首先从国际核电利用现状和未来发展趋势透视核电产业的基本内涵，为两岸核电产业的发展态势、主要热点问题剖析以及政策对比提供细致的国际背景。

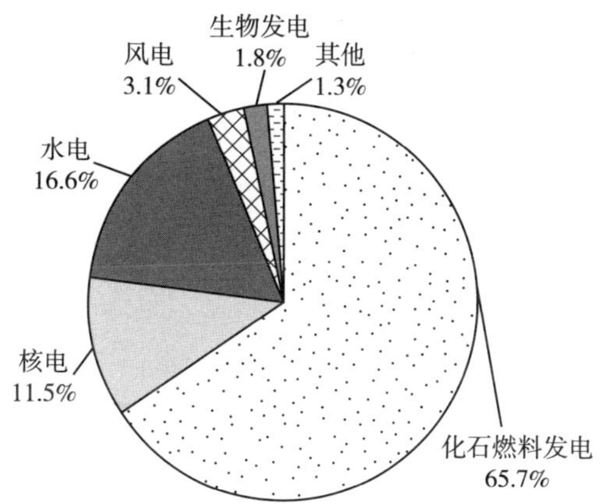

图 4–1　2014 年核电发电量占总发电量情况

资料来源：编者整理。

一、国际核电利用现状

人类开始核电的利用是始于 1954 年苏联在莫斯科西南奥布宁斯克建成的世界上第一个核电站。世界核电的商业化运营始于发达国家，并且大多数兴建于 20 世纪 60 年代和 70 年代，而在 20 世纪 80 年代前后发生的两次重大核电事故后，全球核电的发展经历了相当长的一段缓慢发展期。进入 21 世纪，为了应对气候变化和环境污染，以及化石能源储量日益减少而人类需求不断增加的矛盾，核电的发展得到了世界众多国家的重视，特别是近年来发展中国家大力推进核电发展，掀起了核电复兴的浪潮。

1. 核电技术正由第二代向第三代过渡

核电技术经过不断实验验证，在 20 世纪 70 年代逐渐走向标准化的商业应用阶段，也就是所谓的第二代核电技术，目前全球 90% 以上的核电站采用的都是此代技术。但是第二代核电技术的安全和经济性并不能让人满意，到 20 世纪 90 年代，国际核电发达国家开始研发更安全、更经济的先进轻水堆核电技术，直到 20 世纪初，第三代核电技术逐渐走向应用，并且率先在美国和日本得到示范，此后世界其他国家开始陆续应用此代技术。目前第三代核电技术已经得到应用的国家有美国、日本、法国、中国等，而其他国家也开始舍弃第二代核电技术，逐渐应用最新一代核电技术。截至 2013 年，世界有近 80%的在建核电站计划采用第三代核电技术。

2. 核电是主要发达国家电力供应的重要角色

目前核能发电量占全球电力总供应的 10%以上，而主要能源消费大国对核电的依赖程度则更高，尤其在发达国家有将近 18%的电力供应源自于核电，截至 2016 年 4 月，全球在运核电机组共计 444 台，总装机容量 38627.6 万千瓦。如表 4-1 所示，美国和法国目前是世界上拥有最多核电机组的国家。图 4-2 所示的是 2015 年世界主要国家核电站电力总供给的比重，根据世界核协会统计数据，2015 年全世界核能发电总计 24413 亿千瓦时，其中核能发电比例超过 10%；法国核能发电比例最高，核电发电占法国全部发电量的 76.3%；拥有核电站数量最多的是美国，核电发电量占美国总发电量的 19.5%；我国大陆核电发电量占大陆总发电量的 3.01%。虽然在不同的国家，核电发展阶段不同，但从整体来看，核电已经成为世界主要发达国家电力供应中的一个不可或缺的角色。

表 4-1　2016 年运营中核电机组数量国家排名

排名	国家	核电机组数量
1	美国	99
2	法国	58
3	日本	43
4	俄罗斯联邦	36
6	中国	30
6	韩国	24
7	印度	21
8	加拿大	19
9	英国	15
10	乌克兰	15
11	瑞典	9
12	德国	8

资料来源：世界核学会 2016 年数据。

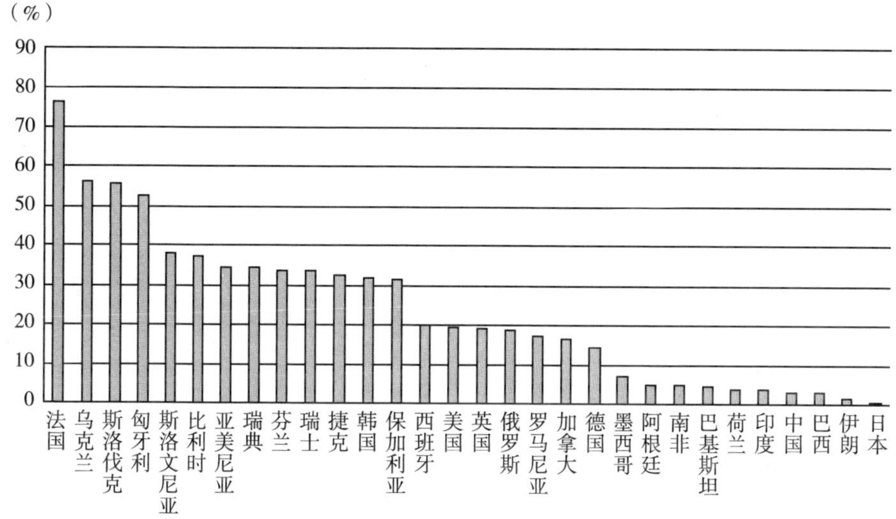

图 4-2　2015 年核电在各国电力总供给比重

资料来源：国际原子能机构巴黎核反应堆信息系统数据库。

3. 发展中国家目前正在积极推进核电建设

目前以亚洲和拉丁美洲为代表的发展中国家正在大力推进核电建设，其发展势头强劲，以满足不断增长的经济水平。其中中国、印度、阿拉伯地区政府都做了核电中长期规划，如图 4-3 所示，以中国为代表的发展中国家在建核电

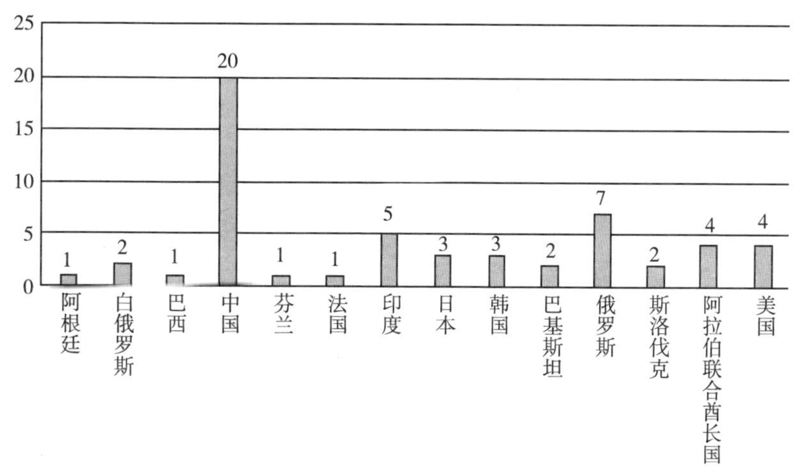

图 4-3　2015 年世界各国在建核电站数量

资料来源：世界核学会 2016 年数据。

站数量已超过总建设数量的60%。中国计划到2020年将核电装机容量扩充至5800万千瓦，使核电占发电总装机量的5%左右，印度则计划到2022年将核电装机容量扩充到现有容量的10倍以上，以满足“印度制造”计划。印度尼西亚政府也计划在2025年前建设4座共6000兆瓦的核电站，同时巴西、阿根廷以及部分中东国家都有发展核电的计划。

4. 日本福岛核电事故对近年来核电发展造成暂时性的打击

2011年日本福岛由于地震引发的核泄漏事故对核电近年来的发展造成了暂时性的打击，它造成很多国家在核电发展问题上呈现出放弃核能与继续核能两种对立态度。其中受冲击最强的可谓是日本核电，其核电占比由事故前的30%左右锐减至2013年的2%，而德国明确表示不再新建核电站，并且逐步退役现有的核电站，美国则通过综合评估后表示稳定核电在其国家能源结构中的位置。从世界范围来看，如图4-4所示，在经历了福岛核电事故的2011~2013年关闭的核电站数量明显增多，而正常兴建的核电站数量快速下降。尽管各国对发展核电的态度不同，部分国家“弃核”的声音逐渐增大，但积极发展核能利用的国家仍致力于进一步深化核能的研究与利用①，在保障安全的基础上继续发展核电。

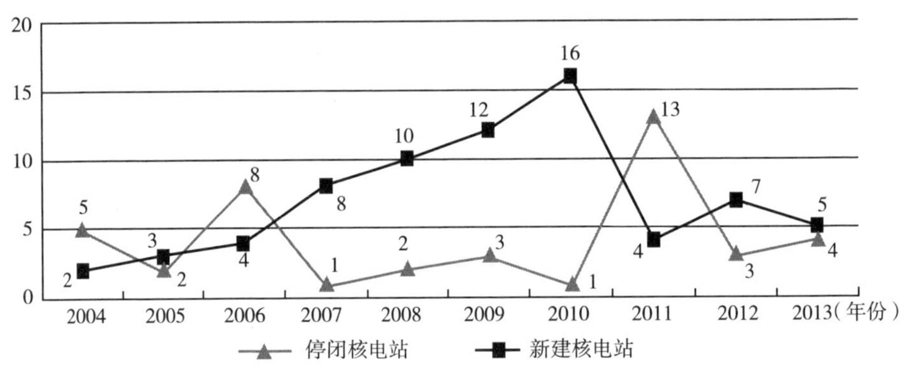

图4-4　2004~2013年世界兴建与停闭核电站记录图

资料来源：编者整理。

二、国际核电的未来发展趋势

从总体上看，世界核电利用将会逐渐向前发展。更先进、更安全的技术会

① 武宏波、王智冬、项冰：《国内外核电发展形势分析》，《能源技术经济》2012年第3期，第5~9页。

不断推出，人们对核安全的忧虑也会随着科技的发展逐渐消除，由此发达国家与发展中国家都将重视核能在能源结构中的地位，本部分将简要分析核电的未来发展趋势。

1. 核电的安全性和经济性会不断提高

在核电市场竞争中，一项技术是否会得到普遍的应用，关键是看它能否确保核电站在安全和经济运营上具有相对竞争力。在近十年来建设的第三代核电站以及最新提出的第四代核电站的性能要求上都贯穿了一条主线，那就是要提高安全性、改善经济性。① 目前核电技术发达国家提出的设计是在原有主动安全系统的设计基础上增加了智能安全系统设计，不断提高运行的安全系数。同时核电由于前期投入成本巨大，所以在减少建设成本上核电发达国家也在不断探索研究，相继提出模块化建设、智能运行的理念，不断改善核电建设运营的经济可行性。

2. 核电在世界能源结构中的重要性会越来越高

世界核电利用的未来趋势将会在发达国家与发展中国家有不同程度的增长，主要表现在发达国家将重新确认核电的重要地位，而发展中国家则会继续大力推进核电在本国电力供应的比重。近年来的经济危机和核电事故，分别从需求和供给端对核电在发达国家的发展造成不利影响，但是随着 2008 年金融危机的影响不断消退，发达国家经济复苏速度加快，以及人类对能源危机、环境恶化的忧虑，使核电作为新型能源的代表，其优势又重新显现。同时经过发达国家更安全、更经济的核电技术研究，其可行性和可靠性正在逐渐提高，而第四代核电技术的研究也在稳步推进，计划在 2030 年投入商业运营。由此可见，发达国家正在不断优化核电在整个能源结构中的位置。而以金砖四国为代表的发展中国家，核电发展还处于较低水平，印度、巴西、中国、南非等中等发展中国家，核电占比均不超过 5%，能源供应严重依赖不可再生资源，所以为了倡导节能减排和推进本国能源结构合理化，近年来，以中国、印度、阿根廷为代表的发展中国家都公布了雄伟的核电发展规划，发展中国家的核电发展潜力逐渐被开发，未来将进入快速发展阶段。

3. 核电将成为世界新能源发展的主力

目前世界新能源的主要构成为太阳能、生物质能、风能及核能，与其他形式的能源相比，核能发电具有一定的天然优势。首先，核电站可以建设在人口

① 周振兴、王俊玲：《浅谈核电技术的发展趋势》，《科技创新与应用》2013 年第 19 期，第 289 页。

密集的城市圈附近，从而满足人口密集区电力的集中需求。其次，与其他形式的新能源相比，核能的聚能高，储存、运输便捷，其发电成本最低，经济效益最好。最后，核电是真正的永续能源，据世界核能协会（IAEA）2010年统计，世界核燃料储备可以供应经济发展100年以上。在核电发展的早期，由于核电技术的不够成熟以及核辐射危害的严重性导致世界核电发展一直处于被抑制状态，随着更先进、更安全的核电技术不断被研发应用，核电的相对优势会不断显现。相比于其他新能源，核电的利用将会越来越普及，从而核电将逐渐成为新能源的发展主力。

第二节　两岸核电产业发展演进与现状比较

20世纪70年代台湾就开始对核电进行开发和利用，经过早期的快速发展，目前其核能发电量稳定在一个较高水平，仅次于火力发电量，而大陆对核电的开发和利用比台湾要晚十多年，在进入21世纪后，中国政府才开始大力推动核电的发展。由于两岸在经济发展和社会环境等方面存在差异，使两岸核电产业发展演进也存在着各自的特点。

一、大陆核电产业的发展演进

大陆核能作为电力供应的来源真正用于民用事业发展始于20世纪80年代，基于当时的国情，重点是为了满足经济发展对电力的需求的激增，同时为了引进国外成熟的第二代核电技术，大陆积极建设了一批核电站。进入21世纪，大陆对能源安全形势和环境保护逐渐重视，在2005年提出了核电中长期规划，以积极的态度发展核电产业，在这段时间里核电得到了迅猛的发展。2011年，日本发生的福岛核电事故引起了国际社会对核电安全的高度重视，在此背景下，中国政府重新审视自身核电发展速度和规模，并且将“安全、高效”加入了新的核电发展中长期规划，同时力争实现核电设备与技术的自主创新和生产。所以在大陆核电产业发展阶段，演进是综合考虑了政策规划走向和核电产业自身成长阶段来进行划分。

经过30多年的发展，通过自主创新与引进消化相结合，大陆核电技术已经具备了接近世界先进水平的研发能力，在核电站建设、运行、管理、设备制造等方面形成了相对完整的工业体系，核设备自主化水平不断增强，核安全运行记录良好。综合考虑了政策规划走向和核电产业自身成长特征，大陆核电产业的发展总体上可以分成四个阶段：探索发展阶段、起步发展阶段、加快发展阶段和高效发展阶段。

1. 探索发展阶段（20 世纪 80 年代至 1994 年）

20 世纪 80 年代，大陆开始对核能发电进行探索研究。当时我国在核电产业发展上处于空白状态，为了积累发展基础和经验，国家大力推动核能发电技术的研发，所以很快在 1984 年就自主设计和建造了我国的第一座核电站——秦山核电站。但是秦山核电站的技术水平相对于国际先进水平比较落后，为了学习国外先进核电技术，1987 年中国大陆开始与法国合作，引进先进压水堆核电技术建设大亚湾核电站。到 1994 年秦山核电站与大亚湾核电站相继建设完毕，并且开始进入商业运营，这正式标志着我国已经探索研究拥有了一定的核电技术基础和发展经验，整个核电产业发展逐渐起步。

2. 起步发展阶段（1995~2004 年）

1995 年，随着秦山（一期）与大亚湾核电站正式投入商业运营，我国对法国先进核电技术开始吸收和消化，从而带动了核电产业起步发展。2000 年，为了适应可持续发展战略的需求，国家逐步重视核电产业的未来发展规划，并通过多种激励措施来促进核电的开发利用，在中共十五届五中全会正式提出了“适度发展核电”的方针。此后，核电产业发展计划逐渐出现在国家振兴装备制造业的大规划中，同时我国通过国家“863”计划、“973”计划等项目攻克技术难关实现研发创新。在此期间我国核电产业平稳发展，到 2004 年，我国已先后建设了秦山（二期、三期）、岭澳（一期）以及田湾核电站，新增装机容量 685.6 万千瓦，如表 4-2 所示。

表 4-2　1995~2004 年大陆建设的核电站

核电厂名称		装机容量（万千瓦）	开工日期	商业运行日期
秦山二期	1 号机组	2×65	1996/06	2002/04
	2 号机组		1996/04	2004/05
秦山三期	1 号机组	2×72.8	1998/06	2002/12
	2 号机组		1998/09	2003/07
岭澳一期	1 号机组	2×99	1997/05	2002/05
	2 号机组		1997/11	2003/01

续表

核电厂名称		装机容量（万千瓦）	开工日期	商业运行日期
田湾核电站	1号机组	2×106	1999/10	2006/05
	2号机组		2000/10	2007/05

资料来源：中国核工业协会，http：//www. china-nea. cn/。

3. 加快发展阶段（2005~2010年）

"十一五"发展规划开始后，国家逐步确定核电在未来能源发展规划中的重要位置，国务院领导在多次谈话中强调需要大力发展核电以满足经济发展的需要，受到政府战略性方针的鼓舞，我国核电产业开始步入加快发展的道路。到2007年伴随着《能源发展"十一五"规划》的制定，国务院正式颁布《核电发展中长期规划》，提出"积极发展核电"的方针。《核电发展中长期规划》不仅提出了我国到2020年核电装机容量的目标，而且对核电装备自主化生产也提出了新的要求。如表4-3所示，从2005年至2010年底，共批准建设12个核电工程，建设装机容量达到3270万千瓦，这一阶段无论是我国的核电项目建设能力，还是我国的核电技术水平都有了大幅的提升。

表4-3　2005~2010年大陆开工新建核电站情况表

核电站名称		装机容量（万千瓦）	开工日期	商业运行日期
岭澳二期	3号机组	2×108	2005/12	2010/09
	4号机组		2006/06	2011/08
秦山二期扩建	1号机组	2×65	2006/07	2010/10
	2号机组		2007/01	2012/04
宁德核电站	1号机组	4×108	2008/02	2013/04
	2号机组		2008/11	2014/01
	3号机组		2010/01	—
	4号机组		2010/09	—
红沿河核电站	1号机组	4×108	2007/08	2013/06
	2号机组		2008/03	2013/11
	3号机组		2009/03	—
	4号机组		2009/08	—

续表

核电站名称		装机容量（万千瓦）	开工日期	商业运行日期
福清核电站	1号机组	3×108	2008/11	—
	2号机组		2009/06	—
	3号机组		2010/12	—
阳江核电站	1号机组	3×108	2008/12	2013/12
	2号机组		2009/06	—
	3号机组		2010/11	—
方家山核电站	1号机组	2×108	2008/12	—
	2号机组		2009/07	
三门核电站	1号机组	2×125	2009/03	—
	2号机组		2009/12	
海阳核电站	1号机组	2×125	2009/09	—
	2号机组		2010/06	
台山核电站	1号机组	2×175	2009/11	—
	2号机组		2010/04	
海南昌江核电站	1号机组	2×65	2010/04	—
	2号机组		2010/11	
防城港红沙核电站	1号机组	2×108	2010/07	—
	2号机组		2010/12	
合计	30	3270		

资料来源：编者整理。

4. 高效发展阶段（2011年至今）

2011年发生在日本福岛的核电站事故引起了国际社会关于核电安全性的强烈反思，这也引起了我国能源安全领导层的高度重视。面对国内外舆论质疑，国家发改委重新审视我们当时的在建核电站，从审批流程制度到安全监督检查机制都执行更加严格的标准，这次事故使我国从体制上更加重视以安全和高效为前提的核电建设，大陆核电产业也由此进入了安全高效、稳步发展的新阶段。到2012年，国务院公布了新的核电发展规划和核电安全规划，更加系统地规定了核电产业“安全、高效”的未来发展方向。整体而言，经历了2011~2013年发展低谷和2015年核电重启，大陆核电产业进入高效发展阶段。截至目前，中国大陆运行的核电机组30台，总装机容量2831万千瓦，在建的核电机组 24 台，总装机容量 2672 万千瓦。其中，在建核电机组数位居世界第一，在建、在运机组总数位居世界第三。预计 2013~2030 年，我国核电发电量平均增长速度将为 12.8%，明显快于同期电力需求增长速度（4.2%）和能源需求增长速度（2.1%），其加速发展期将出现在 2020~2030 年。

二、台湾核电产业发展的阶段演进

20 世纪 60 年代台湾经济起飞，为了满足经济发展对能源的需求，台湾当局在 20 世纪 70 年代开始兴建核电站，虽然已经经历了 40 多年，但是由于工业基础、自然禀赋、人才制约等各种因素的影响，台湾一直没有形成一个完整的核电产业链。在台湾核电产业发展经历的 40 多年里，其演进阶段大致可以分为快速起步阶段和艰难推进阶段。

1. 快速起步时期（20 世纪 70 年代至 1985 年）

台湾核电产业起始于 20 世纪 70 年代，以核电一厂的审批兴建为标志，在随后的十来年里台湾核电经历一段快速起步时期。包括核电一厂、二厂、三厂都是在这段时间内批准建设和投入商业运转，如表 4-4 所示。1985 年，随着核电三厂二号机正式进入商业运转，核电发电量达到 318 亿度，占到台湾总发电量的 50%以上，虽然在此期间台湾核电厂的价值与地位受到部分少数民众的质疑，但总的来说，台湾核电在这段时期内发展顺利，并没有受到过分阻挠。

表 4-4　台湾核电站兴建时间表

	核电一厂		核电二厂		核电三厂	
	一号机	二号机	一号机	二号机	一号机	二号机
核准兴建日期	1970/05	1970/05	1974/09	1975/09	1978/08	1978/08
商转日期	1978/12	1979/07	1981/12	1983/03	1984/07	1985/05
装机容量（万千瓦）	63.6	63.6	98.5	98.5	95.1	95.1

资料来源：台湾电力公司网站，www.taipower.com.tw。

2. 艰难推进时期（1986 年至今）

自 1986 年以来，台湾核电发展经历了一段艰难推进的时期。虽然当时台湾经济平稳快速发展，但是自从核电三厂二号机组投入商业运营后，一直没有大型机组加入营运，备用容量只有电力总供应量的 2.11%，经常会发生大型机组跳闸，造成停电的困扰。1984 年，核电四厂（龙门核电站）的建设自然而然地被提上日程，但是 20 世纪 80 年代国际上的两次核电事故造成岛内居民对核电安全性的忧虑，1986 年，台湾当局迫于舆论压力对核电的发展选择限制性的政策。此后，核电四厂一直处于延期或者暂停建设阶段，在这种走走停停式的推进中发展了近 30 年。表 4-5 所示的是台湾“核四”推进时间表。

表 4-5　台湾“核四”推进时间表

时间	事件	详　情
1984	“核四”审批	1984 年，台湾当局以满足 5 年后的电力需求为由，决议在新北市贡寮兴建核四厂
1986	建设暂停	鉴于各界质疑声浪不断，加上用电成长趋缓，指示暂缓兴建，同年 7 月，未执行的 79 亿元新台币预算遭冻结
1993	动工兴建	1992 年李登辉指示批准，直到 1999 年 3 月 17 日始动工兴建
2000	停建	政党轮替后，行政事务主管部门宣布停建，随即遭立法事务主管部门弹劾
2001	复建	2001 年复建，计划完成日期延至 2011 年
2011	延后商转日期	发生日本福岛第一核电厂后，台湾当局决定对核四进行检视和补强，原预计商转日期延至 2015 年
2014	暂停施工	马英九与大陆国民党党团于 2014 年 4 月 27 日作出“核四一号机不施工、只安检，安检后封存，核四二号机全部停工”决议

资料来源：台湾“国会无双”网，http：//musou. tw/topics/13。

三、两岸核电发展现状比较

两岸地理环境、自然禀赋、经济技术水平以及核电产业发展演进的差异，造成了两岸核电产业的发展现状各不相同。本部分将分别从核电的市场地位、市场结构、发展速度及总体技术水平比较大陆和台湾核电发展的现状。

1. *在台湾核电占电力总供应的比重高于大陆*

台湾的核电虽然近年来发展一直处于相对停滞状态，但是从 20 世纪 70 年代开始核电就已经逐渐成为电力供应的主角。如表 4-6 所示，近年来核电占总电力供应的比率一直维持在 18%以上，对于台湾的整个电力供应系统，台湾核电的作用是举足轻重的。

表 4-6　2002~2015 年两岸核电占电力总供应比重

单位：%

	年度	台湾	大陆
核电占发电量比重	2002	22.9	1.5
	2003	21.5	2.2
	2004	—	2.2
	2005	—	2.1
	2006	19.5	1.9
	2007	19.3	1.9
	2008	17.1	2.0
	2009	20.7	1.88
	2010	19.3	1.75
	2011	19.0	1.8
	2012	17.2	1.97
	2013	18.7	2.11
	2014	16.3	2.4
	2015	16.04	3.01

资料来源：产业信息网和历年《国家统计年鉴》，http：//www.chyxx.com/data/201311/223907.html。

大陆核电在起步阶段依照循序渐进式的发展，由于大陆地广人多，特别是沿海地区对电力需求巨大，核电一直是全国电力总供应的配角，虽然在近十年来国家大力出台相关政策，极大地推动了发展，但是近年来核电占总电力供应的 2%左右，并且根据大陆最新出台的《核电中长期发展规划》，到 2020 年大陆核发电量达 5800 千瓦时，其核电占电力总供给的比率也只有 5%的水平，这一水平相对于台湾的数据而言算是很小。所以总体而言，核电在大陆电力供应中的地位并没有在台湾的地位重要。

2. 大陆的核电市场规模和增长速度都超过台湾

大陆在核电产业发展起步阶段，其市场规模一直稳步增长，但是由于众多因素的限制，整个核电市场规模并不大，直到进入 21 世纪，秦山（二期、三期）以及岭澳核电站相继并网发电，大陆核电市场规模才开始快速扩张，在 2003 年大陆核电发电量达到 433 亿度，正式超过同年台湾核电发电量。从图 4-5 中我们可以看出 2005~2014 年两岸核电市场规模变化的差异，大陆近十年核电市场规模快速扩张，而台湾核电市场规模相对稳定，这造成两岸核电市场规模差距逐渐扩大。从市场增长率上看，大陆市场规模年均增长率达到10%以上，而台湾市场规模增长率几近于零。

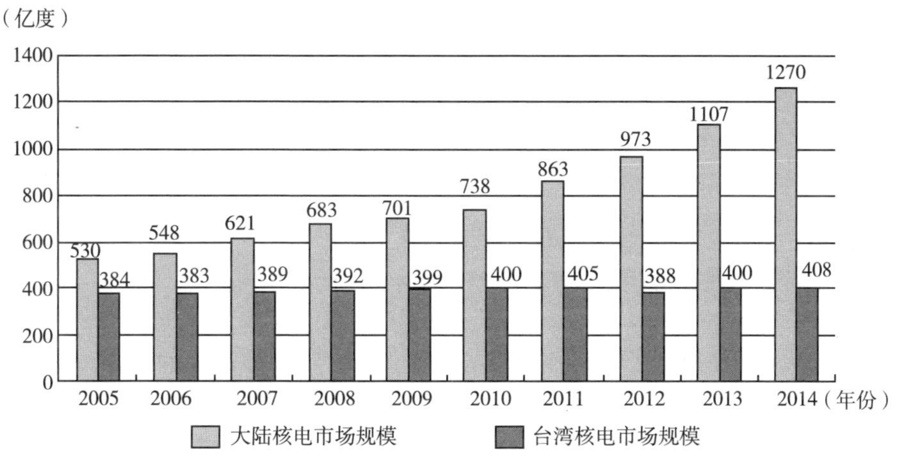

图 4-5　2005~2014 年两岸核电市场对比图

资料来源：历年国家统计年鉴和台湾电力公司网站 http：//www. taipower. com. tw/。

3. 虽然大陆和台湾的核电价格都受到政府管制，但是大陆核电市场的竞争程度高于台湾

由于核电建设的固定资本投资巨大、运营维护安全性要求极高等特点，所以两岸核电发展都受到政府的支持与管制，这或多或少影响到两岸核电市场的竞争形态。目前台湾核电的运营是由台湾国有企业——台湾电力公司全权负责，其价格制定等市场行为受到台湾当局规制。与之相对比，目前大陆拥有核电运营资质的有中核集团、中广核以及国家核电三家国有单位，核电的市场价格也是由国家政府制定，而核电运营企业为了提高发电量和降低运营成本，相互竞争，所以大陆核电市场竞争与垄断并存。

4. 两岸核电价格管制方式不同，大陆核电价格有利于核电运营商，台湾则偏向于民众

如上所述，大陆核电运营主要由中核、中广核以及国家核电三家国有企业负责，而中国电力投资公司、华能集团、大唐集团只能以参股的方式进入其中。中国政府为了支持核电站的建设，对核电站运营企业采取优惠的税收政策，同时规定核电上网指导价规定为 0. 43 元每度，大大高于火电和水电上网指导价，由此造成整个核电运营市场利润普遍较高，每个运营商都能享受

35%左右的丰厚利润率。与大陆相似，台湾核电电价是由行政当局制定，但是台湾当局为了满足民意，使居民享受较低的电价，核电上网价格一直处于停涨状态，台湾核电运营商的经营也处于亏损边缘。

第三节 两岸核电产业链对比分析

核电产业链是以核电产品的生产为主线，围绕核能发电及其技术保障而形成的产业链条，是由相互影响的各个环节组成，通过核电站将核燃料生产从事者与电网经营者联结在一起，其中核电设备制造和核电站运营单位是整个核电产业的中心环节①。从核电产业链的角度来看，上游环节主要包括核燃料生产；中游环节包括核反应堆、核能发电设备制造及核电辅助设备制造；下游环节主要包括核电站建设及运营维护。图 4-6 所示的是大陆核电产业链的构成和厂商发布情况，从产业链的角度来看，大陆核电产业目前已经形成较为完整的产业链。台湾由于自然禀赋、地理人口、工业基础等多重原因影响，其核燃料以及核电设备全部来自进口，目前只专注于已建成核电站的运营和维护。本节重点介绍大陆核电在中上游发展状况、技术水平以及比较两岸在核电站运营上的绩效。

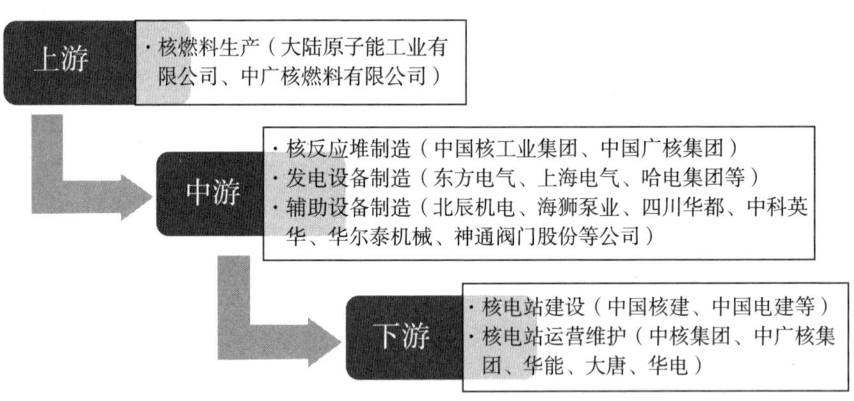

图 4-6 大陆核电产业链构成及厂商发布示意图

资料来源：编者整理。

---

① 许英明、王文娟：《我国核电产业链优化路径探讨》，《工业技术经济》2010 年第 2 期，第 45~47 页。

一、核燃料

随着20世纪50年代大陆对核武器战略研发，大陆开始了对铀的开采与开发。到了20世纪80年代以后，核工业特别是核电产业的发展，大陆对这一基础原料的需求急剧增加，然而铀是一种极为稀有的放射性金属元素，在天然铀矿石中的平均含量约为百万分之二，可谓极其稀有。本部分将从铀燃料的供应角度揭示两岸核电产业链上游的问题。

1. *大陆铀矿资源短缺，品质不高成为核燃料生产滞后的主要矛盾*

大陆铀矿业起步于20世纪50年代末期，作为核电产业的基础原料，铀矿对于大陆核电产业发展具有重大的战略意义。但是与核电产业高速发展形成鲜明对比的是，大陆的铀矿资源储备明显不足，铀矿供给远无法跟上核电需求增长。[①] 如图4-7所示，截至2012年，大陆已探明铀储备总量为17.14万吨，只占世界总量的3.2%。更为严重的是，我国铀矿总储量的60%以上是中小型矿床，这些矿床生产的矿石常常混有大量的杂质，造成品质偏低，从而加大了对铀的开采难度和降低了经济可行性。

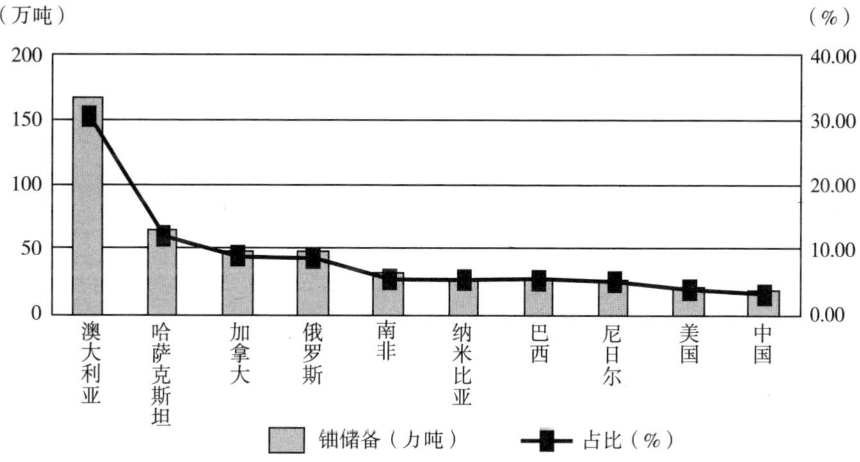

图4-7　截至2012年世界各国铀资源已探明存量前十名

资料来源：世界核能协会，http：//www. world-nuclear. org/。

① 中国铀矿勘探与开发远远滞后，http：//www. chinairn. com/news/20130715/094338276. html。

2. 大陆铀矿勘探力度不足和提纯技术落后加剧了核燃料供应短缺的矛盾

由于20世纪大陆核电产业发展较为缓慢，对铀资源的需求比较低，所以铀矿勘探力度不足，勘探工作相对滞后。目前从找矿的广度上看，大陆现已完成的铀矿勘察面积只有国土总面积的1/3，主要集中在中东部，而金属矿藏丰富的内蒙古和西部地区勘探程度比较低，现在可谓我国铀矿藏的“家底”尚未摸清。从找矿的深度上来看，大陆现已探明的铀矿床深度大部分在500米以内，仅在江西部分地区的勘探深度达到1000米左右，而天然铀矿体垂直深度可达2000米，所以我们目前找矿的深度也明显不够①。

除了我国铀矿勘探力度不足以外，铀矿采矿装备技术水平与国外相距较大，尤其地下矿山技术装备整体落后。采矿技术的变革依赖于采矿装备的创新，近20年来，国外地下采矿装备在无轨化和液压化的基础上，正在向大型化、智能化方向发展②。而我国还一直停留在20世纪80年代的原地浸出开采、原地爆破浸出开采和无轨开采。除了开采技术落后以外，我国铀矿提纯浓缩技术也不先进，其核心技术进口于俄罗斯，还停留在20世纪80年代的技术水平。虽然目前我国也在积极自主研发最新一代的提纯技术，但是从研发到应用仍然需要很长的一段时间。

3. 大陆和台湾的核燃料都依赖于进口，但台湾的进口依存度更高

由于大陆近年来核电产业快速发展，对核燃料的需求猛增，但是供给量并没有明显增长，所以大陆核燃料对外依存度越来越高，据大陆海关总署数据显示，2011年大陆铀矿石进口量约15000吨，自产仅为1000吨左右，对外依赖程度超过90%，而国际警戒线为50%，由此可见我国目前存在着潜在的核燃料供应风险。

台湾由于自然禀赋原因，目前还没有勘察到可供开发的核燃料矿场，这使台湾的核燃料完全依赖进口。在台湾核电走过的40多年里，台湾核燃料以及核能设备皆向美国进口，1972年双方签订《民用原子能协定》，在1974年修订约期至2014年6月。但是在2013年12月双方签下《核能和平利用合作协议》，未来持续向美进口核燃料和核能设备。事实上，中国台湾核电发展之初就与美国有着密切关系，中国台湾开始进行核电厂建设主要是由美国经济利益考虑与促成的，在中国台湾的核电开发利用方面，美国则是通过核电原料、设

① 铀矿勘探需引进社会资本，http：//www. bog. com. cn/shownews. aspx？ id＝1256。

② 施祖远：《我国铀矿开采技术成就与发展对策》，《铀矿冶》2011年第4期，第175~179页。

备以及技术的出口获取经济利益①。虽然大陆在核燃料的来源上也受制于人，来源地主要有澳大利亚、哈萨克斯坦等国，但是相对来说，台湾的单一来源地风险性更大。

二、核电设备

核电设备包括核反应堆、发电设备以及辅助配套设施，是核能最终转化为电能的中坚环节，是整个核电产业链的中游。由于对核电安全性的特殊要求，核反应堆和发电设备制造是整个链条中技术性最高、自主化难度最大的环节，属于核电关键设备。核电关键设备的制造通常是建立在坚实的国家工业体系之上，目前世界上只有少数几个发达国家拥有核电关键设备制造技术，如美国、日本、法国、俄罗斯。

新中国成立以后，大陆逐步建立起现代工业体系，虽然整体水平不高，但是这为核电产业的发展奠定了一定的基础。与大陆相比，台湾是一个地少人少的海岛，自然禀赋比较差，所以台湾产业采取的是集约型发展方式，在以电子信息产业为核心的制造和服务外包业具有很强的竞争力，如消费电子代工、新材料、机械零部件制造。资源的有限性决定了台湾在某些行业或部门具有竞争力，但是另一些行业和部门无法避免羸弱，先天性的地区工业体系不完整使核电装备制造很难实现。面对这样的困局，台湾当局舍弃了核电设备制造和核电技术研发。所以本部分侧重于分析大陆核电设备制造技术，主要从技术研发、人才储备等角度开展。

1. 虽然大陆核电设备制造具有比较完备的技术研发体系，但是关键技术研发鲜有突破

我国在发展核电之初，一直都是从国外引进核电技术与相关设备，面对我国没有自主研发的核电技术的局面，于是成立了核电技术研发设计体系，该体系主要由核工业所属研究院所和高校组成。目前国内具有国家核安全局颁发许可证资格，能进行反应堆设计、现场调试、技术维护等工作的核电技术研发与支持单位如表 4-7 所示，从表中我们可以看到，大陆核电技术研发设计机构的研究范围，几乎涵盖了核反应堆的所有技术领域、各设计研究院依托于其研发能力，形成了各有擅长领域的研发网络。

---

① 奥巴马宣布美国将施行与台湾核能合作协议，http：//news. uschinapress. com/2013/1220/964159. shtml。

表 4-7　国内主要核电技术研发设计单位

研发设计单位	备　注
北京核工业第二设计院	总体设计、核岛设计
中国核动力研究设计院	总体设计及试验，中国门类最为齐全的核动力研发基地和工程试验验证基地
上海核工程研究设计院	总体设计
中广核设计院	核岛设计
清华大学	高温气冷堆研发设计
中国原子能研究院	核聚变技术基础研究与试验，快堆研发设计
中国西南物理研究院	核聚变技术基础研究与试验

资料来源：邹长城：《中国核电产业自主化发展研究》，中南大学博士学位论文，2011 年。

国内核电研究设计单位已先后承担了多个项目的研发，积累了丰富的经验，具备了一定的研究设计能力。但是我国在核电关键技术研发上鲜有突破，从根源上看，主要是由于我国核电设备制造研发体系中的产、学、研之间的连接性不强，同时还缺乏体制机制对核电技术研发进行激励考核，最后导致关键技术依托于人，使我国在百万千瓦级核电关键设备依赖进口。

2. 目前大陆核电设备制造专业人才不足，供给与需求的结构性矛盾突出

核电产业发展的早期，一直处于低迷状态，致使整个行业缺乏吸引力和稳定人才的竞争力。在很长的一段时间里，高校和研究机构的核专业培养水平不断下降，优秀高校毕业生补充不足，而年轻的科研人才流失。近年来，随着国家大力兴建核电项目，对核电专业人才的需求剧增，全国有 10 余所高校相继恢复并且新开了部分核专业课程。目前我国核相关专业总体培养规模每年约 1600 人①，以本科生和研究生为主，但是高校培养水平不够、理论与实践相脱节、专业设置不合理等原因使毕业生素质不能完全达到核电专业人才的要求，以至于相当一部分学生没有进入核电行业。同时老一辈的骨干人才陆续退休，新人又缺乏锻炼，没有足够的实践经验，人才供给与核电发展的需求矛盾越来越严重。

3. 大陆核电核心设备国产化程度低，但是辅助设备已经实现完全国产化

我国核电经过三个阶段的发展，不断强调设备国产化，积极消化吸收国外

① 邹长城：《中国核电产业自主化发展研究》，中南大学博士学位论文，2011 年。

技术，通过政府与民间的合作逐步建立起了与自身核电技术相匹配的工业体系，如表 4-8 所示，目前我国已经拥有了一批大型、专业的国有核电设备制造企业以及众多规模不一的民营核电辅助设备制造生产企业。

表 4-8　核电工业体系的主要大型专业性企业

产业链		主要企业	备注
核电设备制造	国有企业	哈尔滨电站集团	大型核电机组的压力容器和蒸汽发生器
		上海电气集团	压力容器和稳压器以及核岛设备成套供应
		东方电气集团	压力容器、蒸汽发生器、稳压器、堆内构件控制棒驱动机构
		第一重型机械集团公司	压力容器、主管道、蒸汽发生器、稳压器
		第二重型机械集团公司	压力容器、主管道、蒸汽发生器、稳压器
		261 厂、262 厂	核电站控制仪表生产
		中核苏州阀门厂	核安全级阀门生产
		沈阳鼓风机集团公司	反应堆冷却剂泵（主泵）
		中国核电工程公司	核二、三级泵、阀
		山东核电设备制造公司	AP1000 设备及模块制造
		国核宝钛锆业股份公司	核级海绵锆材生产和规模化加工制造
		国核自仪系统工程公司	核电数字化仪控和保护系统设计、集成、设备研发制造
	民营企业	振华集团	提供核电站用高压大电流控制装置
		北辰机电	核电机组高压加热器
		海狮泵业	核二、三级泵、阀
		四川华都	核反应堆控制棒驱动
		中科英华	核电热缩材料
		华尔泰机械	核生产和规模化加工制造
		神通阀门股份	核安全级阀门生产

资料来源：邹长城：《中国核电产业自主化发展研究》，中南大学博士学位论文，2011 年。

相对于核电关键设备的制造难度，核电辅助设备的制造难度要求较低，目前我们已经可生产的辅助设备有主管道、冷凝器、环吊等，其已经基本实现国产化。在低于百万千瓦级机组的核心设备上，大陆三大电器制造商（上海电气集团、东方电气集团、哈尔滨电站设备集团）已经能实现 80%的自主生产，而百万千瓦级机组的核心设备大都需要进口或者与外方联合生产，其中需要进口的主要包括：百万千瓦级核主泵，二、三级泵百万千瓦级汽轮机、发电机组，核级 DCS 设备，反应堆自动化系统与仪表等①，核电核心设备的进口归根结底是因为我国技术研发能力之前比较落后，从而暂时还没有能力生产制造。

4. 与大陆相比台湾核电设备制造产业缺失，其核电设备与技术进口于美国

台湾地区的核电设备与技术完全进口于美国，目前岛内还没有关于核电设备制造和技术的研发机构。如表 4-9 所示，台湾地区的四座核电站的机组设备均来源于美国 GE 和西屋公司，与之相比大陆核电产业发展过程中，除了引进法国和美国技术外，还积极开发了 CPR1000、CNP1000、“华龙一号”等自主化核电技术，通过积极的产业培育政策，大陆核电设备逐渐缩小与先进国家的差距。而台湾地区核电设备市场狭小，同时当局也没有相关政策扶持产业发展，所以台湾的核电设备制造业几乎没有，仅有少部分企业提供的密封件、锻造部件可以用于核电设备。

表 4-9　台湾核电设备与技术来源情况表

	核一厂	核二厂	核三厂	核四厂
反应堆型号	BWR-4	BWR-6	WE-312	ABWR
提供商	美国 GE	美国 GE	美国西屋	美国 GE

资料来源：台湾电力公司，www. taipower. com. tw。

三、核电站的建设与运营

核电站的建设运营是整个核电产业链的下游，其中核电站的建设是指核电站建筑设计、核工程综合安装，而核电站的运营维护是保证电力的正常生产以及确保安全运营最终环节。两岸企业都充分参与了这一环节，彼此也积累了丰富的发展经验。本部分将比较两岸核电运营建设技术水平、核电运营效率和核电市场模式。

1. 与台湾相比，大陆核电站已实现完全自主化设计建设，水平世界先进

大陆核电工程建设是随着核电工业从无到有、从小到大，回顾 30 多年的发展历程，核电工程设计和建设企业为整个核电产业的发展做出了巨大贡献。从秦山核电站的建设开始我国就已经开始实现了自主设计建设。而大亚湾核电站则是我国首座使用国外技术和资金建设的大型商用核发电站，并由一家美国

① 《中国核电设备国产化现状》，《中国核工业》2012 年第 9 期，第 26~29 页。

公司提供质量保证，在施工建设中，大陆与国外机构联合设计建设，主要由国外企业提供设计标准，大陆企业进行具体施工建设。之后的岭澳核电站按照国际标准，大陆实现了工程管理、建筑安装、生产准备、部分设计的自主化，已经逐步与国际先进设计建设水平接轨①。目前我国在建的核电站全部都是由国家核电工程设计院设计，然后由国内众多核电建设单位施工，在模块化设计和施工速度上达到世界领先水平。

由于台湾的核电产业链中上游全部来自于国外，而核电建设施工往往是伴随着产业链整体的发展而发展，同时台湾相关部门也没有核电产业进行“自主化”战略规划，所以其产业链的弊端和规划的缺失限制了台湾本土的核电建筑设计和施工水平。为了实现周全考虑和科学合理设计，台湾四座核电站在设计过程中都聘请了美国的工程公司为顾问公司，负责核电站的设计及指导现场施工，具体的施工建设则是由台湾建筑公司执行，所以与大陆相比，目前台湾还没有自主设计能力。

2. 大陆核电在财务指标上优于台湾，而在机组发电效率和运行质量上，大陆和台湾互有所长

从财务指标上看，大陆核电的运营要优于台湾。近年来，得益于市场对核电的需求强劲和政府的产业扶持政策，大陆核电行业的收入和利润普遍高于台湾核电。如图 4-8 所示，2009~2013 年五年核电行业的利润率达到 35%左右。

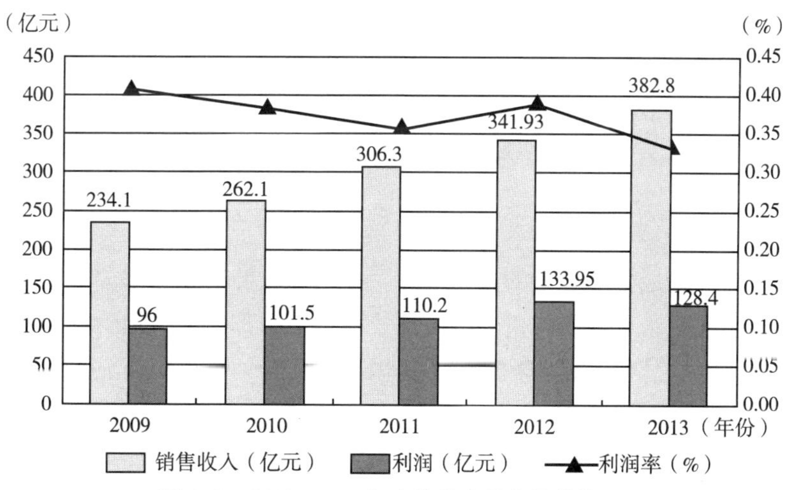

图 4-8　2009~2013 年大陆核电行业运营状况

资料来源：历年国家统计局网站。

① 核电建设，http：//www.chinapower.com.cn/article/1261/art1261745.asp。

与之相比，台湾核电的运营一直处于亏损边缘，处境艰难。

从核电站机组发电效率和运行质量上看，大陆和台湾互有优势。目前，国际原子能机构（IAEA）主要是从非计划性能力损失（Unplanned Capability Loss，UCL）和机组能力因素（Unit Capability Factor，UCF）①两个指标考察核电站的机组运营情况。如图 4-9 和图 4-10 所示，从国际原子能机构公布的 2011~2013 年 UCL 和 UCF 的评比结果显示，中国大陆和中国台湾的核电站机组发电效率和运行质量排名世界前列。其中，中国台湾的 UCL 和 UCF 排名都为世界第六名，而中国大陆在 UCL 指标上排名第三，其机组运行质量优于中国台湾。在 UCF 上中国大陆排名第八，次于中国台湾，其机组发电效率比中国台湾差。

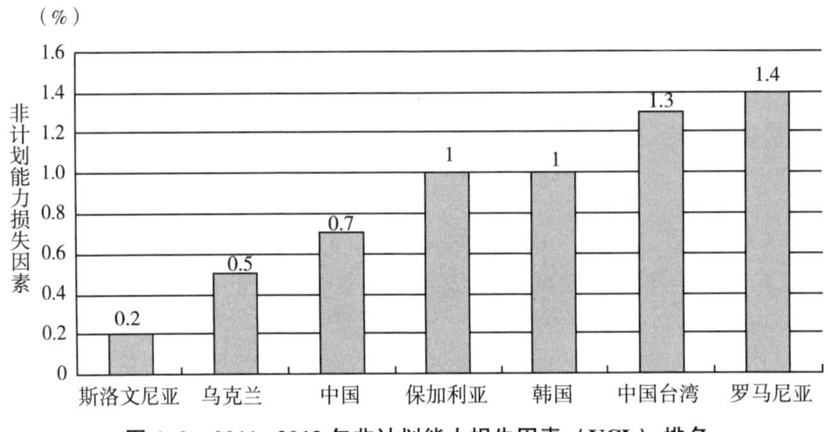

图 4-9　2011~2013 年非计划能力损失因素（UCL）排名

资料来源：国际原子能机构（IAEA）官方网站，Power Reactor Information System（PRIS）/World Statistics。

此外，安全是核电运营的首要前提，核电事故的发生大部分都发生在运营环节，比如切尔诺贝利、三里岛核电事故直接原因都是由于运营过程中违规操作引起的。两岸的核电运营都直接交由国有电力公司负责，建立了完善的安全操作规范，从而在台湾 30 多年和大陆 20 多年的历程中都没有发生过安全事故，两岸都保持着良好的安全运营纪录。

① 非计划性能力损失（Unplanned Capability Loss）表示机组的非计划能量损失与总能量之比，它反映了核电站在降低设备故障或其他原因引起的停机与降负荷方面所进行的工作，表现了机组运行质量。机组能力因素（Unit Capability Factor，UCF）表示机组有效管理控制下所能产生的能量与总能量之比，它综合反映了核电站为获得最大发电能力而进行的各项管理措施，表现了机组的实际发电效率。

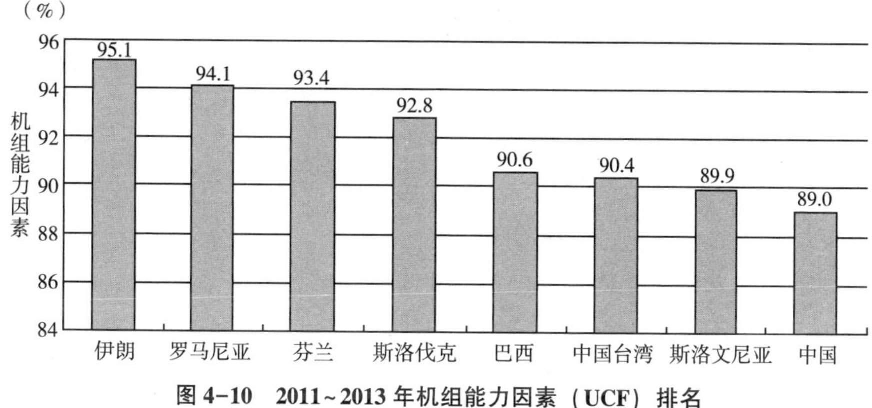

图 4-10　2011~2013 年机组能力因素（UCF）排名

资料来源：国际原子能机构（IAEA）官方网站，Power Reactor Information System（PRIS）/World Statistics。

第四节　两岸核电产业发展的热点问题分析

大陆核电产业已经步入快速高效的发展阶段，产业逐渐趋于完善和成熟，而台湾虽然目前核电保持着相对稳定的态势，但是未来发展迷雾重重。从整体上看，两岸核电产业发展现阶段都遇到或多或少的疑问，这些疑问主要集中在未来发展定位、安全、政策扶持上。本节主要讨论现阶段两岸核电发展所遇到的热点问题，并对其进行分析。

一、大陆大力发展核电的方向是否得当

自 2005 年开始，我国对核电采取积极发展的态度，虽然福岛核电事故使我国核电发展出现短暂的放缓，但是 2012 年我国重新调整核电规划方向，在保证安全、高效的前提下，核电发展又重新步入快车道，到 2013 年底，大陆在建核电站数量达到世界在建核电站总数量的 43%。在核电安全和核废料处置问题尚未完全解决，发达国家对核电未来发展采取谨慎的态度的背景下，我国核电的发展方向是否得当？

发展核电对我国来说具有特殊意义，我国目前能源结构不合理、大气污染

严重直接威胁着国家经济的长远发展，而发展核电有助于平衡能源结构和缓解大气污染。如图 4-11 所示，目前以美国为代表的发达国家的核电占总发电量比重维持在 20%左右，整体电力能源占比结构平衡。而我国核电占比为 2%左右，火电占比 75%左右，水电占比 20%，与发达国家相对比，我国电力能源严重依赖燃煤。与此同时，在世界气候变暖的大背景下，我国积极承担了节能减排的责任，2009 年我国政府在哥本哈根气候会议上宣布，到 2020 年，我国单位 GDP 二氧化碳排放将比 2005 年下降 40%~45%，这势必要减少电力能源结构中燃煤的使用，而世界已有的经验显示，核能相对于替代能源在经济性、清洁性以及传输上具有很强的竞争力。

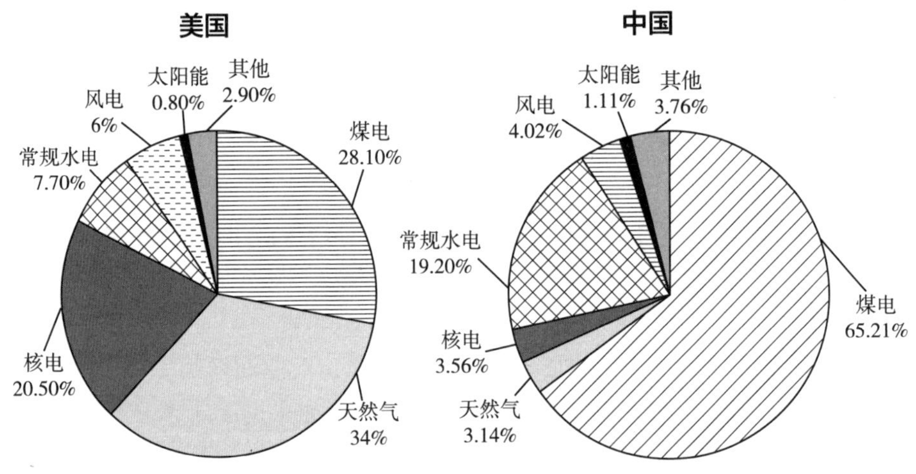

图 4-11　2016 年美国和中国电力供应结构图

资料来源：编者整理。

此外，改革开放以来，中国经济的发展是以粗放式的资源消耗为代价，燃煤、天然气、石油都为不可再生能源，而核能资源丰富，所以从长期来看核能是具有明显优势的替代能源。同时我国经济的发展面临严重的环境问题，而核电在生产过程中的零排放可以缓解大气污染问题。

虽然核电被大多数学者认为是安全、清洁和经济型能源，但是在我国大力发展核电的背景下也存在着一些质疑。在安全方面，虽然我国核电站的设计建设综合考虑到了安全问题，但是在安全操作过程中，人为操作失误仍然具有一定的安全隐患，甚至可能产生核电事故。此外，由于核电站的建设成本高昂，投资巨大，多地政府出于地方政绩的考虑，集中报批核电站项目，这可能造成盲目建设。这些问题在一定程度上对核电的发展造成不利影响。

长远来看，为了解决能源的可持续发展和环境问题，我国核电发展的总体方向是比较合理的。但是我们大力推动核电发展的前提是安全和经济，为了提高经济效应，最大限度地降低安全风险，我国在核电站的建造之前应该做好详尽的成本收益评估，确保经济可行性，不应该因为地方政绩而盲目性地建设。同时，在运营过程中要制定和执行严格的安全规范，建立自上而下的安全运营体系，提高安全操作意识，从而确保核电的发展能够不断向前推进。

二、我国核电技术“走出去”战略路在何方

我国核电技术是随着核电产业发展快速成长起来的，目前我国通过引进、消化、吸收、创新已经掌握了第二、第三代核电技术，相继形成自主核电品牌 CPR1000、CNP1000、“华龙一号”以及 CAP1400。其中“华龙一号”与 CAP1400 是我国最新的第三代核电技术，自然而然地成为核电“走出去”的排头兵。与此同时，印度、东欧、拉美等发展中国家正在大力推进核电建设计划，把能源结构调整作为发展的规划，所以未来国际核电市场商机无限，在这种背景下，我国正在积极探索国际核电市场。但是自日本福岛核电事故以来，俄罗斯、韩国和日本也先后在阿联酋和沙特的核电项目中取得突破性进展，相比之下，大陆核电目前还很被动①。虽然国家在为核电“走出去”大力支持，并且国务院总理李克强在出访时也在积极介绍我国的最新核电技术，到 2014 年底，大陆核电在国际市场上实质性的斩获只有中核承建的巴基斯坦卡拉奇核电站。

大陆核电产业发展国际市场的思路与高铁“走出去”战略相似。通过引进国外技术，再根据大陆实际需求进行再创新，通过良好的技术、安全的运行记录以及优秀的性价比开拓国际市场。高铁近年在国际市场上不断传来捷报，而与之采取相似战略的核电却少有斩获形成了鲜明的对比。归结原因，首先我国目前刚迈过第三代核电技术门槛，目前还没有安全运行记录，而国际社会对核电安全性极其看重，所以市场未必认可。其次是因为我国核电“走出去”政策服务机制比较滞后，直到 2013 年 11 月底国家能源局才公布《服务核电企业科学发展协调工作机制实施方案》，正式将服务核电“走出去”战略作为一

① 《“核电中国”让世人刮目相看》，http://paper.people.com.cn/rmrbhwb/html。

个主要任务，提出要为“走出去”战略提供保障。

为了实现核电“走出去”战略，我国应该积极建设示范性核电工程，在得到稳定与先进的技术、良好的经济性，以及建立在时间基础上的安全记录后，我国核电技术将会在国际核电建设市场潜力无限。在政策措施上，我国现在正在积极制定核电向外发展规划。在 2014 年，国家提出“一带一路”倡议，重点鼓励我国基础设施建设向外疏解，而核电产业也成为向外拓展的重点产业。随着时间的推移和“一带一路”倡议的不断推进，我国核电产业“走出去”战略也会不断深入。

三、大陆对核电的优惠补贴倾向于运营商是否得当

目前核电运营存在政策壁垒，运营权掌握在中核、中广核和国家核电三家公司手中，核电行业利润率颇高，如图 4-8 所示，2011～2013 年我国核电行业运营利润率达到 35%左右，而与之相对比的火电行业近年来一直处于微利，甚至亏损的境地，而从整个社会角度上看，我国其他行业的利润率也普遍不及核电。这主要是因为核电站的后期运营成本相对于其他电站来说非常低，同时我国核电税收和定价政策倾向于运营商，核电运营企业享受增值税先征后退的税收优惠政策①。在核电运营企业如此高利润率的情况下，对其进行优惠补贴得当吗？

众所周知，核电站的建设需要巨额的资金投入，通常百万千瓦级核电站的费用在 40 亿美元以上，核电产业的起步发展需要政府支持。但是核电站一旦建成，其运营成本会比其他发电站的运营成本都要低，国家为了支持核电站的建设，对核电站采取优惠的财税政策，这使核电运营企业利润率居高不下，但是高额利润可能会影响企业运营的效率和资源浪费。从国外的经验来看，发达国家的核电项目通常是由政府和企业合资建设，核电运营商在经营过程中受到合理价格规制，但是并不存在税收优惠和政策补贴，而在核电技术创新领域，美国、日本等国政府通常采取发放特别研发经费的方式鼓励大型私有企业进行技术创新，掌握核心技术。

我国在大力推进核电产业发展，提高核电核心设备国产化的过程中，将税

---

① 财税〔2008〕38 号——关于核电行业税收政策有关问题的通知：核力发电企业正式商业投产次月起 5 个年度内，返还比例为已入库税款的 75%；自正式商业投产次月起的第 6 至第 10 个年度内，返还比例为已入库税款的 70%；自正式商业投产次月起的第 11 至第 15 个年度内，返还比例为已入库税款的 55%；自正式商业投产次月起满 15 个年度以后，不再实行增值税先征后退政策。

收优惠和补贴政策倾向于核电运营企业存在一定程度的不合理。所以为了我国核电产业能够得到长远发展，在核心技术上不断创新，我国应该借鉴发达国家的核电产业扶持经验，调整核电补贴方向，降低核电上网指导价格，将核电运营企业的补贴更多地转移到企业技术创新上，使我国核电产业不断升级。

四、核电站的安全性真的不让人放心吗

台湾从20世纪70年代开始兴建核电站起安全争议就已经开始，虽然核电站为台湾电力供应做出了卓越的贡献，但是当时部分舆论和媒体主要关注的是核电一厂距离台北市太近，直线距离只有28公里，一旦发生事故可能会对人口密集区域产生巨大的危害。在核电一、二、三厂兴建的时候，虽然居民和媒体对核安全比较担忧，但反核意识并没有形成力量。直到1986年苏联发生了切尔诺贝利核电事故，台湾相关部门才在居民强烈的反核意识下暂停修建核电四厂。在接下来的几十年里，台湾相关部门一直没有消除社会对核电安全的质疑，核电四厂直到2014年底也没有正式投入商业运营，在此过程中甚至有团体提出“废核”意见，民众对台湾核电安全如此质疑，难道台湾核电真的不安全吗？

其实台湾相关部门在兴建“核四”过程中有一整套的核电安全规范，在核电站兴建开始前就邀请国际专业机构对选址进行评估，在建设过程中选择当时世界上运行最稳定和最安全的核电技术，由美国GE和日本东芝与日立联合提供，同时政府也成立了负责核电安全的检查小组，以监督新建过程中的不当操作。至于台湾核电运营企业——台湾电力公司，其公司内部也有一套安全操作规范，总结了世界其他核电站的成功运营经验而得出，所以在台湾电力公司运营核电的30多年里还没有发生过一起安全事故。在核废料处理上，台湾电力公司也汲取美国、日本在处理低辐射和高辐射的核废料的成功经验，使用目前安全级别最高的干式贮存法，并符合国际处理标准，以最高的安全标准来运营核电站做到万无一失的地步。同时台湾也计划将部分核废料送往国外处理，实现核燃料贮存池的短期不足问题。在应急措施上，如若发生核电事故，台湾电力公司有一套“断然处置措施”，这是吸取福岛事件的教训，机组在发生紧急状况时，会果断执行反应炉灌水程序，避免反应堆堆芯熔毁和放射性物质外释，使环境和民众受到的影响减到最低。由此可见，台湾核电站从建造前、建造过程、运营与核废料处理和应急机制上都有一套安全保障措施，台湾核电并没有民众所反映的那样恐怖。

五、台湾核电发展的未来——“弃核”思路是否合理

由于台湾居民对核电的种种质疑无法消除，台湾相关部门提出了妥协措施“确保核安、稳健减核、打造绿能低碳环境、逐步迈向非核家园”的能源政策思路，根据这一思路台湾要逐步放弃核能。如图 4-12 所示，在未来十年里要将三座核电站废止，在这之后除了“核四”可能会加入运营外，没有新的核电发展计划。这不禁会让人产生这样的质疑——台湾未来十年集中“废核”是否合理？

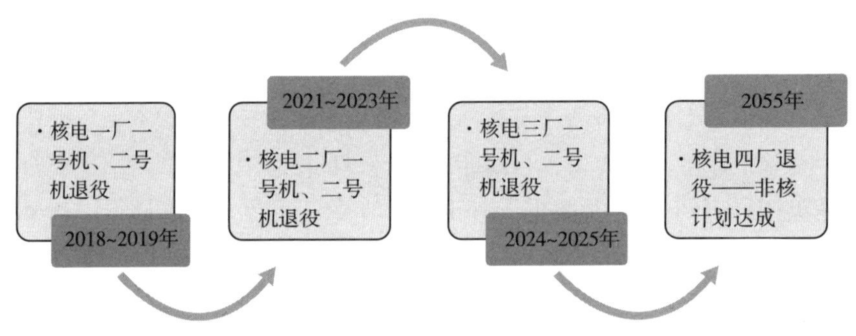

图 4-12 台湾“弃核”规划

资料来源：编者整理。

从自身资源禀赋和国际能源形式上判断，台湾目前的“弃核”计划并不是合理的选择。台湾四面环海，能源基本上是靠海运进口，未来的替代能源有再生能源、天然气和燃煤，但是总的来说都不够理想。据台湾经济事务主管部门评估，首先再生能源供应不稳定性，多数再生能源成本高，其中太阳能发电价格为核电的 2~3 倍。其次天然气的液化运输和台湾本土建造天然气的贮藏工厂的成本核算显示，其成本是核电成本的 4 倍，这必然会使台湾电价大幅提高。最后如果使用燃煤替代，碳排放必然会大幅增加，同时会严重污染环境，违背逐渐减少碳排放的国际承诺。

与台湾自然处境相类似的韩国，其核电占总电力供应的 1/3 左右，同样面对未来能源的规划问题，但是韩国政府对于未来能源规划，表示核电规模既不会大幅削减也不会扩张，保持平稳态势。所以通过台湾当局综合分析以及与国际上类似国家或地区的比较，可以得出台湾核电在短期内废止并不合理，但是为了满足台湾泛民主义的要求，所以提出了“迈向非核家园”的规划。

台湾居民目前提出“反核”主张归根到底其实是对核电安全的不信任，主要包括对核电站技术、建设、运营以及核废料的处理上存在质疑。而台湾相关部门为了提高核电在居民中的支持程度，成立核安全小组监控核电运营的所有过程，同时开设专门的网站公开涉及居民安全的每一个运营信息，已经做到公开、透明完善的信息披露机制，最大限度地将居民加入整个核电运营安全的监督过程中，让民主能够在保障人民安全和实现能源永续发展之间发挥最大的作用。

参考文献：

[1] 温鸿钧：《世界核电技术发展趋势》，中国核工业集团公司，2010 年 8 月。

[2] 辛文：《国外核电站延长运行寿期的基本情况》，《国外核新闻》，2000 年 4 月 15 日。

[3] 刘向阳：《我国核电技术发展现状以及存在的问题》，《电器工业》，2010 年 6 月 5 日。

[4] 许英明、王文娟：《我国核电产业链优化路径探讨》，《工业技术经济》2010 年第 2 期。

[5] 周振兴、王俊玲：《浅谈核电技术的发展趋势》，《科技创新与应用》2013 年第 19 期。

[6] 武宏波、王智冬、项冰：《国内外核电发展形势分析》，《能源技术经济》2012 年第 3 期。

[7] 施祖远：《我国铀矿开采技术成就与发展对策》，《铀矿冶》2011 年第 11 期。

[8] 贾飞龙：《铀矿服务于绿色能源》，《地球》2012 年第 12 期。

[9] 邹长城：《中国核电产业自主化发展研究》，中南大学博士学位论文，2011 年。

[10]《中国核电设备国产化现状》，《中国核工业》2012 年第 9 期。

[11] 中国核工业协会网站，http：//www. china-nea. cn。

[12] 台湾电力公司网站，http：//www. taipower. com. tw。

[13] 台湾“国会无双”网站，http：//musou. tw/topics/13。

[14] 产业信息网，http：//www. chyxx. com/data/201311/223907. html。

[15] 台湾经济部，http：//anuclear-safety. twenergy. org. tw/Download/info_9。

[16] 腾讯财经，http：//finance. qq. com/a/20120705/006640. html。

第五章　两岸生物质能产业发展比较

生物质能源是指太阳能通过植物的光合作用，以生物质为载体贮存下来的能量，它是一种取之不尽、用之不竭的可再生能源。近年来，各主要国家纷纷通过专门的研究计划来加快生物质能源的开发利用，如美国的“能源农场”、巴西的“酒精能源计划”、印度的“绿色能源工程”等。本章通过介绍两岸生物质能产业的阶段演进、重点领域发展现状、技术发展状况、热点问题等内容，对两岸生物质能产业的发展现状进行全方位的对比。

第一节　两岸生物质能产业发展的阶段演进

自 20 世纪 70 年代起，世界主要发达国家如美国、德国、英国、日本等，纷纷开始加大对生物质能的开发与利用力度，使生物质能技术水平不断提高，产业规模逐渐扩大，产业类型日益丰富，形成包含沼气产业、生物质发电产业和生物液体燃料产业等在内的产业体系（见图 5-1），成为促进能源多元化和实现可持续发展的重要途径之一。在这样的大趋势下，大陆和台湾也都先后投入生物质能源的开发利用，然而两岸生物质能产业在发展时间和阶段演进方面也存在差异。

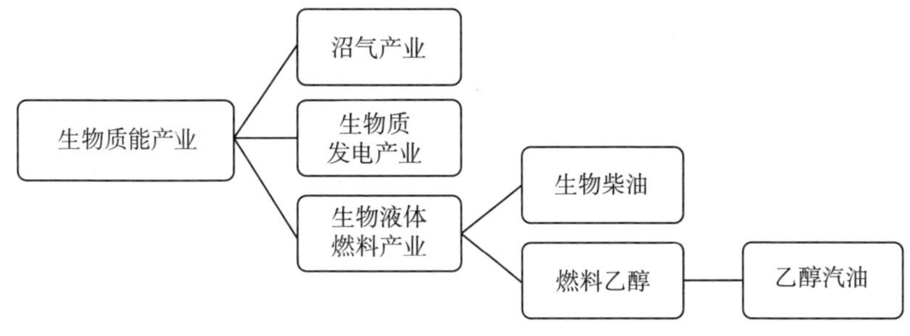

图 5-1　国际生物质能产业的重点领域构成

资料来源：编者整理。

一、大陆生物质能产业发展的阶段演进

生物质能源涉及新能源、节能环保、新材料、装备制造业、新能源汽车五大战略性新兴产业，对发展战略性新兴产业、加快我国产业结构优化升级具有重要意义。同时，对农村户用沼气等生物质能源的开发还具有解决农村生活用能和促进农民增收的双重作用。中国政府历来重视生物质能的开发利用，自20世纪70年代以来，先后实施了一批生物质能利用研究项目和示范工程。“十一五”和“十二五”期间，国家都将生物质能的开发利用列入国民经济社会发展规划，并采取一系列配套措施来鼓励生物质能源的开发利用，促进生物质能产业的快速发展。具体而言，中国大陆生物质能产业的发展经历了以下几个阶段：

1. 20世纪七八十年代：产业萌芽期

大陆对生物质能源的开发可以追溯至20世纪70年代的农村沼气开发。自20世纪七八十年代起，我国经济领域的全方位改革从农村地区开始逐步推进，农村经济活跃度大幅提升，随之而来的问题是农村生活用能的供不应求和生活垃圾导致的环境污染，而沼气资源的开发却能同时解决这两大难题，在合理消耗农村生活垃圾及人畜粪便的同时解决农民生活用电问题。为此，国务院及相关部委于1979年、1984年及1986年相继颁布《关于当前农村建设中几个问题的报告》《关于进一步发展沼气的报告》《关于加强农村能源建设的意见》等一系列关于加快开发农村沼气资源的政策措施，强调“发展沼气是解决农村能源，充分利用农业资源，减轻环境污染的一项重要措施”。经过这一系列政策措施的刺激作用，农村地区的沼气开发开始起步，但生物质能产业其他领域的开发则尚未启动。

2. 20 世纪 90 年代至 2005 年：产业缓慢发展期

进入 20 世纪 90 年代，在全球可持续发展战略的倡导下，我国首次制定了专门的可再生能源发展规划，2001 年颁布的《新能源和可再生能源产业发展“十五”规划》还首次将生物质能的高效利用列为可再生能源的开发重点。“十五”期间，我国政府提出使用陈化粮转化燃料乙醇的方法，并在黑龙江、吉林、河南和安徽四省建成四个燃料乙醇生产试点项目，分别为黑龙江华润酒精有限公司、吉林燃料乙醇有限公司、河南天冠燃料乙醇有限公司和安徽丰原燃料酒精股份有限公司。在这一政策的有力推动下，燃料乙醇产量快速增加，2005 年产量超过百万吨，跃居世界第三①。

3. 2005~2010 年：产业快速发展期

2005 年《中华人民共和国可再生能源法》的颁布实施为我国可再生能源的开发利用构建了较为完整的法律框架，也为生物质能产业的发展提供了有力支持。另外，国家相关部门陆续出台一系列生物质能方面的产业政策，从设备制造、科技支撑、生物质能发电、生物质能源建筑应用、原料基地补助等各个方面加大对生物质能产业的支持力度。法律和制度层面的双重保障为生物质能产业内各领域的科技研发和规模扩张提供了有力支撑，推动了生物质能产业进入快速发展期。

4. 2010 年至今：产业优化发展期

经过 30 年左右的发展，大陆生物质能产业逐步建立起涵盖沼气、生物质发电、生物液体燃料等领域的较为完整的产业体系，在产业规模方面，到 2014 年底，我国各类生物质能利用规模共约 3500 万吨标准煤。但在沼气资源的产业化发展、生物质发电成本控制、生物柴油原料供应等方面还面临诸多难题，技术水平和盈利能力都有待提高，大陆生物质能产业面临着转型升级、优化发展的课题。为此，国家于 2010 年出台的战略性新兴产业发展规划将包括生物质能产业在内的新能源产业列为重点发展方向，在 2013 年颁布的《战略性新兴产业重点产品和服务指导目录》中，有十多项具体措施涉及生物质能产业，包括生物质能源开发的产品装备、技术服务等，为大陆生物质能产业的健康发展提供了方向指引和政策支持。

---

① 进入“十一五”后，考虑到业界对粮食安全的关注，政策层面对燃料乙醇的支持力度锐减。

二、台湾生物质能产业发展的阶段演进

与大陆生物质能产业相比，台湾生物质能产业所涉及的领域较为狭窄，发展和推广速度也较为缓慢。再加上台湾的生物液体燃料①产业为内需型产业，受国际市场影响很小，因此发展较为平稳。下面对台湾生物质能产业的发展历程进行简要回顾。

1. 1976~1998 年：基础研发期

台湾地区对生物质资源的开发利用始于沼气领域的技术研发和推广工作。1976 年，台湾“畜产试验所”开始对沼气利用技术进行研究，先后开展了沼气灶、沼气灯、热水器、剪草机、抽水机、小型搬运车、沼气纯化、沼气压缩瓶装、汽车、发电等多项技术的研究开发工作。为了解决畜牧污染问题，台湾农业事务主管部门委托“畜产试验所”开发养猪废水的处理及利用方式，成功研发出三段式处理系统，1991 年起，农业事务主管部门开始在农村地区推动废水处理过程中厌气发酵所产生的沼气的收集利用工作，当年共促成 3443 户养猪场发展了沼气的收集利用，在有效解决畜牧污染问题的同时，实现了沼气资源的合理开发利用。但该阶段的沼气利用仅限于农户自给自足，并未实现产业化发展，导致生物质能其他领域如生物液体燃料的开发利用则尚未开展。

2. 1998~2004 年：产业萌芽期

1998 年，台湾第一次能源会议首次将生物液体燃料纳入再生能源推广规划项目，大大推动了生物液体燃料领域的研究开发工作。2001 年，《酒精汽油②与生质柴油及废弃物回收产生石油等再生能源生产业产销管理办法》公布，将酒精汽油、生物柴油③及废弃物回收产生的油品都纳入石油管理相关规定进行统一管理，从此燃料乙醇④和酒精汽油的推广有了法律依据。2004 年，在台湾经济事务能源主管部门的推动下，台湾第一家生物柴油公司——台湾新日化股份有限公司生物柴油厂在嘉义县正式启动，标志着台湾生物液体燃料进入产业化发展阶段。

3. 2005~2009 年：推广普及期

台湾生物柴油产业进入实质发展阶段后，台湾当局陆续颁布了一系列推广

---

① 台湾称为“生质燃料”。

② 酒精汽油是指将生物酒精和汽油按一定比例进行掺配所得到的油品。在国际上已推广使用多年，其中以巴西和美国最具代表性。

③ 台湾称为“生质柴油”。

④ 台湾称为“生质酒精”。

计划来普及生物柴油的应用，培育岛内生物柴油的市场需求。在2004年颁布的《生质柴油道路试行工作计划》中，台湾当局拟定了详细的生物柴油推广使用计划，如图5-2所示，具体包含四个阶段：

2007.01“绿色公交车计划”
以公共交通运输车辆为主要目标，鼓励使用添加生质柴油

2007.07“Green County绿色城乡示范计划”
在桃源县、嘉义市两个示范区域内的部分加油站供应B1生质柴油，建置生质柴油区域性产制销供应体系

2008.07
开始全面推广B1生质柴油，在市售柴油内添加1%的生质柴油

2010
全面推广B2生质柴油，将生质柴油比例提高到2%

图5-2　生物柴油推广使用计划

资料来源：《生质柴油道路试行工作计划》（2004）。

接下来，在2005年6月召开的第二次能源会议的决议中，台湾当局明确提出了生物液体燃料的推广利用计划，并制定了具体的推广目标，将生物质能产业的发展范畴进一步扩大。表5-1汇总了本次会议提出的生物柴油和乙醇汽油①等产业的具体推广目标。

表5-1　台湾生物液体燃料产业②的具体推广目标

单位：万公秉③

年份 产业类型	2010	2015	2020
生物柴油	10	—	15
乙醇汽油	100~300	200~600	300~900

资料来源：《2013ITIS—生质燃料产业》。

① 台湾称为“酒精汽油”。
② 台湾称为“生质燃料产业”。
③ “公秉”是容量单位，1公秉=1000公升。

2007 年 6 月 23 日，为确保生物柴油产业的持续健康发展，经济事务标准检验主管部门公布了“生质柴油标准”（CNS 15072，5155），作为用作柴油引擎燃料的生物柴油的品质检验标准。并在车用柴油标准（CNS 1471，K5024）中增订了生物柴油的相关条文，以确保生物柴油的品质。

在乙醇汽油的推广方面，从 2007 年 9 月开始，台北市内的 8 座加油站开始出售 E3 酒精汽油，以台北市的公务车辆为主要出售对象；从 2009 年 7 月开始，台北、高雄两市的特定加油站开始出售 E3 酒精汽油。但由于岛内目前尚没有酒精工厂，因此所需燃料乙醇全部依赖进口。

4. 2010~2012 年：快速发展期

经过十年左右的政策引导和推广示范，台湾生物液体燃料产业于 2009 年下半年初步完成了推广目标，培育出一定的市场需求，生物柴油逐渐在台湾油品市场占据一席之地。但目前台湾的生物液体燃料产业仅以生物柴油为主，燃料乙醇产业尚未有厂商正式投产。如图 5-3 所示，进入 2010 年之后，台湾生物液体燃料产业尤其是生物柴油产业开始进入平稳发展期，截至 2012 年底已有

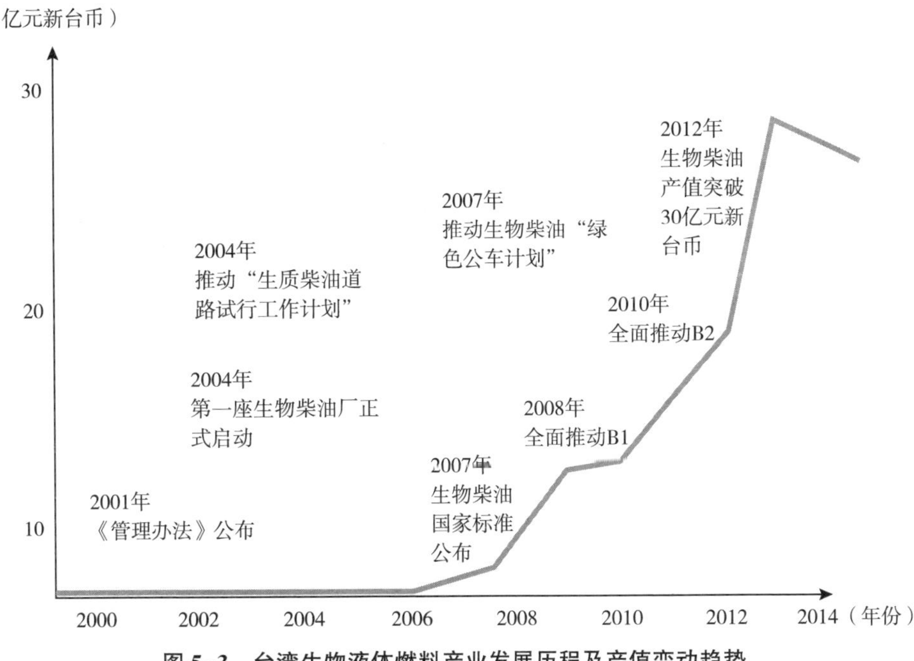

图 5-3 台湾生物液体燃料产业发展历程及产值变动趋势

资料来源：《2014ITIS—生物液体燃料产业》。

11 家生物柴油厂商获得能源主管部门的产销许可，并开始进行生物柴油生产。2012 年该产业总产量约为 16 万公秉，产值达到 32 亿元新台币，比 2011 年增加 67.5%。

5. 2013 年至今：产值收缩期

图 5-4 对 2011~2015 年的生物质能产业产值进行了趋势分析。由于台湾的生物质能产业为内需型市场，因此在相关部门强制掺配政策不变的情况下，市场需求及产值不会发生大的波动。2013 年受产品价格下跌的影响，生物质能产业的产值为 30.2 亿元新台币，比 2012 年下跌 5.5%。但 2014 年以来，由于生物柴油在高温下化学性质不稳定造成的汽车零部件损耗，遭到民众对生物柴油强制掺配政策的强烈反对，因此台湾经济事务能源主管部门在 2014 年 4 月 14 日出台的《石油炼制业与输入业销售国内车用柴油掺配脂类之比率实施期程范围及方式》中取消了生物柴油掺配政策的强制性，此举势必导致岛内市场需求的萎缩，预计未来几年台湾的生物质能产业会呈现持续收缩的态势。

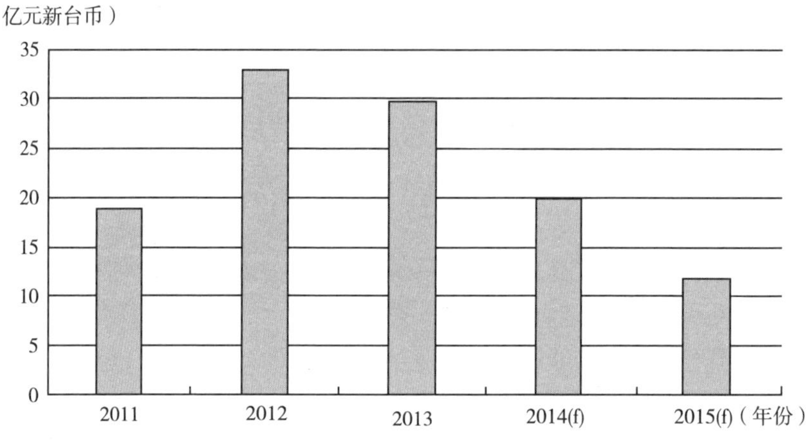

图 5-4　2011~2015 年台湾生物质能产值趋势分析

资料来源：《2014ITIS—生质燃料产业》。

三、两岸生物质能产业阶段演进的特征比较

从以上对两岸生物质能产业阶段演进过程的梳理中不难发现，两岸生物质能产业在发展演进过程中既拥有共同的特点，也存在明显差异。下面对两岸生物质能产业阶段演进的异同点进行总结和比较。

1. 政府在两岸生物质能产业的发展演进中都扮演重要角色

从以上对两岸生物质能产业发展演进阶段的论述中不难发现，两岸生物质能产业自诞生之日起，每一步发展都离不开政府政策的刺激和引导，政府在生物质能产业发展过程中扮演着“总设计师”的角色。然而，限于生物质能原料存在“与粮争地”“与民争粮”等争议，政府对生物质能产业的支持政策往往不能善始善终，导致生物质能产业的相关厂商对产业前景预期心存疑虑，产业发展风险性提高，从而不利于生物质能源的深度开发和生物质能产业的长远发展。以大陆生物柴油产业为例，2008 年产能规模一度扩张到近 200 万吨，但是由于后续支持政策没跟上，同时国际上关于发展生物质能与民争粮的观点日益增多，国家在审批相关企业时变得更加谨慎，导致生物柴油产业发展受限。生物质能产业是可再生能源产业中唯一一个未能如期完成“十一五”规划目标的产业，其中非粮燃料乙醇仅完成了既定目标的 10%左右。

2. 大陆生物质能产业门类齐全，台湾则以生物柴油为主

如上文中的图 5-1 所示，生物质能产业的产业门类主要包括沼气产业、生物质发电产业、生物液体燃料产业等。经过数十年的开发利用，大陆在沼气、生物质发电、燃料乙醇和生物柴油等领域都实现了产业化发展，建立了较为完备的生物质能产业体系。与此不同的是，台湾地区由于经济体量较小、原料供应不足、市场需求空间有限等因素的限制，在沼气、生物质发电、燃料乙醇等生物质能领域仍处于技术研发或自产自用阶段，尚未实现产业化开发，目前的生物质能产业发展以生物柴油产业为主。

3. 两岸生物柴油产业的发展演进基本同步

在生物液体燃料领域，相比燃料乙醇而言，大陆在生物柴油领域的起步较晚。“九五”期间（1996~2000 年），科技部将“植物油能源利用技术”纳入国家攻关计划，“生物燃料油技术开发”“木本油料植物研究与示范”等相继列入国家“863”计划和攻关计划，大陆生物燃料油（生物柴油）的系统研究由此起步。台湾地区生物柴油产业的发展起源于 1998 年的第一次能源会议，此后，一系列生物柴油管理办法的出台以及 2004 年台湾第一家生物柴油企业的诞生，使台湾生物柴油产业步入平稳发展轨道。

4. 大陆生物质能产业不同发展阶段的重点产业领域各有侧重

通过对大陆生物质能产业发展阶段的梳理我们发现，在不同的发展阶段，大陆生物质能产业分别侧重于不同的产业领域：20 世纪七八十年代的萌芽期主要是发展农村的沼气产业；20 世纪 90 年代以后，燃料乙醇行业逐渐兴起，

到2005年时产值已跃居全球第三；进入“十二五”时期之后，随着国家能源立法的逐步完善和生物质能扶持政策的全方位展开，大陆生物质能产业全面开花，在生物质发电、生物柴油等领域都获得了突破性增长。与此不同的是，台湾生物质能产业的重点领域却没有明显的阶段性特征，自始至终都以生物柴油产业为主要推动领域。

第二节　两岸生物质能产业重点领域的发展现状比较

如前所述，两岸生物质能产业的重点发展领域主要包括沼气产业、生物质发电产业和生物液体燃料产业，其中生物液体燃料产业又包含燃料乙醇产业和生物柴油产业两种类型。本节内容将分别对以上各类产业在大陆和台湾的发展现状予以介绍和比较。

一、两岸沼气产业发展现状比较

沼气作为一种重要的生物质能源，具备供热、发电、施肥等多种用途，是广大农村地区的重要能源来源。其甲烷含量一般为50%~60%，经提纯和净化后可提升至97%左右，几乎与天然气无异，未来在替代天然气方面将拥有巨大的发展潜力。现阶段两岸对沼气资源的开发利用都包含农村户用沼气、养殖场沼气、生物质电厂沼气发电等多种形式，但在开发规模、主要利用方式、产业化水平等方面存在一定的差别。

1. 大陆沼气开发利用规模居世界首位

近年来，大陆沼气资源的开发利用规模不断扩大，在沼气基础设施建设、服务体系建设、标准化制定等方面都获得了长足发展，现已成为世界上沼气发展速度最快、建设规模最大、涉及人口最多的国家，沼气资源的快速推广普及成为我国生物质能利用的一大特色。截至“十一五”末期，大陆地区沼气用户达到4168万户（见图5-5），受益人口约1.6亿人，沼气年产量155亿立方米，约为全国天然气年消费量的11.4%，每年可减排二氧化碳约6100万吨，生产有机沼肥近4.1亿吨，为农民增收节支470亿元，实现了环境效益和经济效益的双赢。近年来，大陆沼气应用正经历从户用为主向大中型工业沼气应用扩大的过程，截至2014年底，全部利用规模达到165亿立方米左右。根据

《可再生能源中长期发展规划》，到 2020 年我国沼气年利用总量将达到 440 亿立方米，其中农村沼气利用量将达到 300 亿立方米。与大陆相比，台湾地区的沼气开发起步较晚，且利用规模有限。现阶段台湾已开发的沼气系统包括四处垃圾掩埋场、30 多户大中小型养猪场和三处工业废水处理厂等，产能共计约 23MW，经济规模很小。

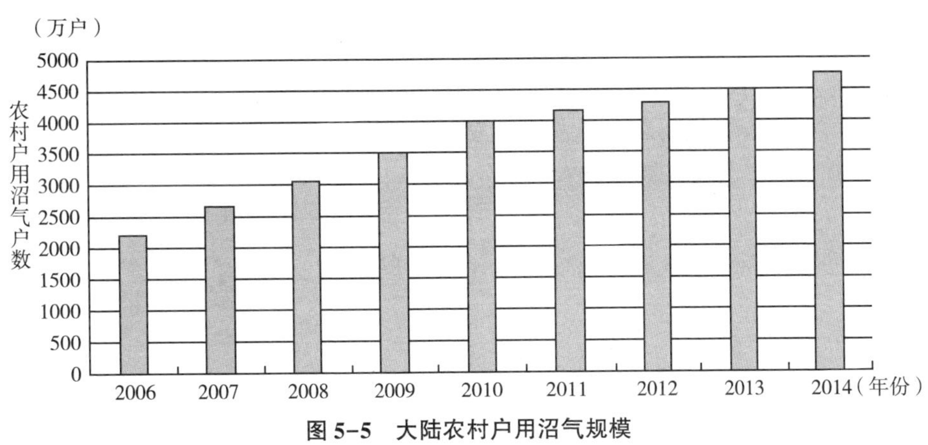

图 5-5　大陆农村户用沼气规模

资料来源：中国产业信息网，http：//www. chyxx. com/industry/201512/368621. html。

2. 与台湾相比，大陆的沼气利用方式较为单一

在开发利用方式方面，目前大陆的沼气资源开发主要集中于广大农村地区，沼气利用方式一直以农村户用沼气和养殖场沼气池等为主，利用方式较为单一，且附加价值较低。其他具有更高附加价值的沼气利用方式（如沼气发电、车用燃料、罐装燃料等）则很少涉足。相比而言，台湾沼气开发虽尚未实现产业化发展，但在利用方式方面则比大陆更加多样化。在发酵原料方面，除了猪排泄物外，还广泛开发厨余垃圾、污水污泥等城市生活垃圾用于沼气发电，这从一个侧面反映出台湾地区在生活垃圾分类、污水处理等城市治理方面的先进性；同时，台湾地区还十分重视对发酵工艺的改良和新方法的开发，在台湾工业技术研究院的大力推动下，不断研制出新的沼气发电机及车用燃料技术。

3. 两岸沼气开发的产业化水平均有待提高

目前，大陆沼气产业的开发利用实体以分散的农户为主，规模小、产业链条短、组织化程度低，再加上沼气项目本身具有准公共物品性质，虽然在保护环境方面具有正的外部性，但项目投资大、盈利少，很难实现企业自发进入，导致沼气产品加工、沼气发电、生物燃气等相关领域发展不成熟，沼气产业至

今停留在沼气、沼液、沼渣的利用上，开发利用方式单一，技术含量和附加价值不高。另外，沼气专用管道建设的滞后导致农村沼气产品无法成功输送给城市居民使用，大大限制了沼气的商业化发展。

从 20 世纪 90 年代起，为了解决生猪养殖产生的废水及粪便处理问题，台湾农业事务主管部门开始采取奖励措施来促进农村养猪场的沼气收集利用，这样一来既解决了养猪污染问题，又实现了能源的节约利用，但利用方式仅限于农户自给自足。除此之外，城市生活垃圾、工业废水等产生的沼气则主要用于沼气发电，作为一种辅助发电手段，利用方式以企业自产自用为主。总之，截至目前，由于原料供应和市场空间等方面的限制，台湾地区的沼气开发并未实现产业化发展，仅停留在技术研发和产业规划阶段。

4. 大陆农村沼气实现综合利用，并已形成循环农业生产模式

如图 5-6 所示，大陆广大农村地区通过户用沼气池和养殖场沼气池建设，

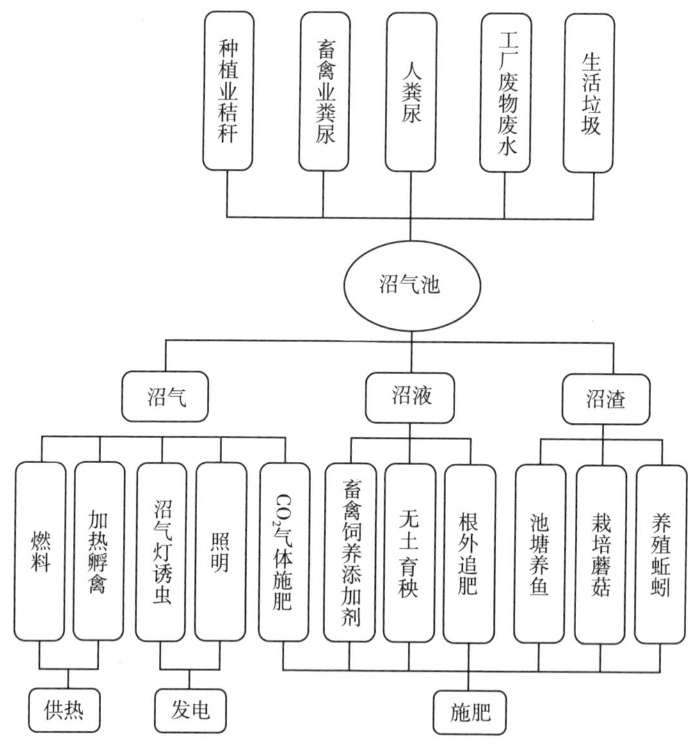

图 5-6　农村沼气设施的综合利用方式

资料来源：编者整理。

已形成了以种植业秸秆、畜禽粪尿、生活垃圾等为原料，沼气、沼液、沼渣多层次利用，供热、发电、施肥三大功能兼备的综合利用体系，并在此基础上开发出多种形式的循环农业生产模式。具体而言，沼气、沼液和沼渣都有各自专门的多样化用途，其中沼气在生活中可用于照明或用作燃料，在生产上则可用于二氧化碳气体施肥、车用燃料、加热孵禽、沼气灯诱虫等多种用途；沼液既可用作畜禽饲养添加剂，也可用于浸种、无土育秧、叶面喷施等；沼渣则可用于施肥改土、池塘养鱼、栽培蘑菇等。我国农村还以沼气池为纽带，形成了各种循环经济的生态模式，比如南方的"猪—沼—果"、北方的四位一体（厕所、猪圈、沼气池、太阳能暖棚）以及西北以"五配套"（在猪—沼—果的基础上增加太阳能暖圈和暖棚）为代表的农村沼气发展模式，有效提高了沼气资源的利用效率。

5. 台湾积极探索生质能源村建设

"生质能源村"的概念起源于德国，它是指通过充分利用农村丰富的牲畜排泄物和秸秆等农业剩余物来开发沼气资源，在解决农村资源浪费和环境污染问题的同时，实现节能减排和低碳生产。以 Feldheim 能源村为例，该村对农业生产过程中产生的猪牛排泄物、玉米秸秆、木屑等剩余物进行收集并用于沼气发电，再结合零能源建筑、绿地种电①等措施，为这个小乡村带来了绿色生机。② 生猪养殖是台湾养殖业的传统优势领域，其养殖规模较大，2007 年毛猪总头数约为 700 万头，且地区分布广泛。以平均每头猪每天排泄两公斤排泄物来估算，排泄物高达每天 1400 万公斤，如此庞大的排泄物数量若不加以处理，将对环境造成很大的负担，然而，若将这些排泄物转化为沼气，则每天可产生约 100 万度电，在化解环境污染问题的同时又节约了能源。为此，近年来台湾部分地区开始积极探索引入德国"生质能源村"的发展模式，大力开发农村沼气资源，比如台南市政府于 2014 年 6 月对德国柏林的能源村进行了实地考察，学习德国在"生质能源村"和零能源建筑方面的成功经验，积极探索以猪排泄物转化沼气为主要形式的生质能源村建设。

二、两岸生物质发电产业发展现状比较

生物质发电是指以农业、林业、工业废弃物以及城市垃圾等为原材料，采

① 能源公司在该村的闲置土地上设置 46 座风力发电机，风机在风速 2.5 米/小时下即可运转，每年可运转约 3000 小时，实现了"绿地种电"。

② 《台南市柏林低碳考察零能源建筑及能源村》，台湾地方新闻网，2014 年 6 月 30 日。

取直接燃烧或气化的方式进行发电。20 世纪 70 年代爆发的世界性石油危机使国际社会加大了对生物质发电等新能源发电形式的关注，丹麦政府率先开始积极开发秸秆等生物质发电技术，推广清洁能源的开发利用。到 20 世纪 90 年代，生物质发电产业在欧美许多国家实现了大发展。据世界自然基金会的相关研究显示，到 2020 年全球发达国家 15%的电力供应将来自生物质发电产业。

1. 大陆生物质发电产业进入快速发展期，台湾生物质发电产业仍处于规划开发阶段

近年来，大陆电力供应形势趋于紧张，国家对资源丰富、可再生性强、有利于改善环境和实现可持续发展的生物质资源的开发利用给予了越来越多的关注，生物质能发电行业应运而生。为促进生物质能发电产业的发展，我国于 2006 年颁布的《可再生能源法》中明确指出要大力推进生物质发电的技术研发和推广应用，随后又制定了一系列生物质能发电优惠上网电价、税收减免等有关配套政策，使生物质发电产业的发展渐入佳境。如图 5-7 所示，我国生物质发电的装机容量从 2006 年的 140 万千瓦攀升至 2015 年的 1030 万千瓦，年均增长率超过 30%。截至 2015 年，我国生物质发电总装机容量已跃居世界第二位，其中，农林生物质直燃发电、垃圾焚烧发电、沼气发电分别占总发电量的 51.46%、45.63%和 2.91%。可以预见，随着产业规模的初步形成和产业

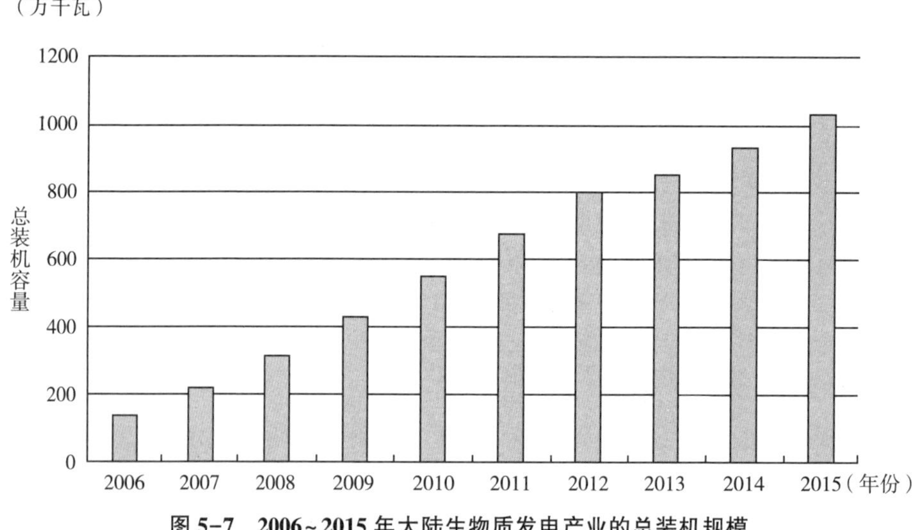

图 5-7　2006~2015 年大陆生物质发电产业的总装机规模

资料来源：前瞻产业研究院，http：//www.qianzhan.com/analyst/detail/220/150104-d5a0b984.html。

政策的逐步完善，大陆生物质能发电已进入快速发展期，生物质发电在新能源发电领域将扮演越来越重要的角色。

台湾生物质发电利用的原材料多为城市垃圾、工业有机废弃物、农业废弃物以及木柴等，与大陆相比，其发电规模和装机容量都较小，所产电力也多为企业自产自用，尚未实现产业化发展。2008 年，生物质发电装机容量为 77.2 万千瓦，约为大陆同时期生物质发电装机容量的 1/4，并计划于 2020 年达到 103 万千瓦。

2. 在生物质发电方式方面，大陆以生物质直燃发电为主，台湾发电方式比较多样

目前常见的生物质发电方式包括生物质直接燃烧和生物质气化发电两种，如表 5-2 所示，根据所使用原材料的不同，可具体分为农林废弃物直燃发电、农林废弃物气化发电、垃圾焚烧发电、垃圾填埋气发电和沼气发电等形式。其中生物质直燃发电是指把农林废弃物等生物质原料送入特定锅炉中直接燃烧，产生蒸汽，进而带动蒸汽轮机及发电机发电。这种生物质发电形式是典型的“小电厂、大燃料”，要求生物质资源集中、数量巨大，比较适合现代化大农场或大型加工厂的废物处理。生物质气化发电则是把农林废弃物、生活垃圾等通过气化过程转化为生物质燃气，经净化、降温后再进入燃气发电机组进行发电。

表 5-2　生物质发电的主要方式

类型	具体方式
生物质直燃发电	农林废弃物直燃发电
	垃圾焚烧发电
生物质气化发电	农林废弃物气化发电
	垃圾填埋气发电
	沼气发电

资料来源：编者整理。

表 5-3 汇总了大陆主要生物发电厂的基本情况，从中不难发现，目前大陆的生物发电企业大多以棉花秸秆、玉米秸秆等秸秆类农业剩余物为主要原材料，采取直接燃烧的方式进行发电。在台湾目前采取生物质发电的企业中，除了采用垃圾焚烧等直燃发电方式外，还充分利用厨余、污水污泥等生活垃圾进行沼气发电，并研制出香蕉发电、温泉发电、二氧化碳发电等多种新型的生物

质发电方式①。

表 5-3 大陆主要大型生物发电厂汇总

名称	装机容量	原材料	简介
山东单县生物发电厂	25MW	棉花秸秆、木材下脚料	2006 年投产，年消耗农林废弃物约 20 万吨，年发电量约 1.6 亿千瓦时
山东垦利生物发电厂	30MW	棉花秸秆	采用丹麦先进的生物能源发电技术，年消耗棉花秸秆约 20 万吨，发电量约 1.65 亿千瓦时
河南浚县生物发电厂	25MW	小麦秸秆、玉米秸秆	年发电量 2.15 亿千瓦时、产值 1.2 亿元，年消耗农林废弃物约 30 多万吨，可替代标煤 12 万吨，减排二氧化碳 15 万吨
河南鹿邑生物发电厂	30MW	棉花秸秆	年消耗棉花秸秆约 28 万吨，年发电量约 1.6 亿千瓦时
江苏宿迁生物质发电项目	24MW	秸秆	上网电量于 2009 年 9 月 16 日突破 1 亿千瓦时
黑龙江省望奎生物发电厂	30MW	玉米秸秆	2007 年 11 月并网发电，年处理秸秆 40 万吨，年发电 3 亿千瓦时
吉林省辽源生物发电厂	25MW	玉米秸秆	年消耗玉米秸秆 38 万吨，年发电 3.6 亿千瓦时

资料来源：编者根据“中国清洁发展机制网”相关信息整理。http：//cdm.ccchina.gov.cn/。

3. 大陆生物质发电燃料供应不足，发电成本居高不下

充足且集中的燃料供应是生物质发电尤其是生物质直燃发电项目正常运营的前提和保障。然而大陆的农作物秸秆等生物质原料在地理分布上集中于少数省区，再加上农作物秸秆具有体积大、重量轻、不适合长距离运输等特点，导致生物质直燃发电的燃料收购和运输较为困难，开发利用程度低，成本居高不下，供应量长期无法满足生物质电厂的发展。除此之外，生物质发电厂的单位造价、运营维护成本等建设运营成本也较高。以秸秆电厂为例，其单位造价②约为 9500 元，是煤电项目单位造价的 3 倍左右，建设投资额远远高于传统煤电项目；在发电成本方面，由于秸秆电厂的发电机组与传统煤电项目相比，存在容量小、参数低、热效率低等缺点，再加上单位工程造价高引发的较高的设

① 绿色能源产业资讯网，http：//www.taiwangreenenergy.org.tw。

② 电厂的“单位造价”是指发电项目建成后，按照所实现生产能力核算的每千瓦发电能力的工程造价。

备折旧及摊销费、财务费用等，导致秸秆电厂的单位发电成本远高于传统煤电项目。以上各种因素导致生物质发电成本远高于常规电力成本，生物质发电项目的经济性较差，部分生物质电厂的盈利能力低，甚至出现亏损的现象。

三、两岸生物液体燃料产业发展现状比较

生物液体燃料是目前全球唯一可以替代石油的可再生能源，具有广阔的发展前景和资源环境效益。生物液体燃料产业包括燃料乙醇产业和生物柴油产业两大门类，下面分别对这两类生物液体燃料在两岸的发展情况进行介绍和比较。

1. 大陆燃料乙醇产业规模有待提升，台湾燃料乙醇开发停滞不前

"十五"时期，《新能源和可再生能源产业发展"十五"规划》（2001）首次将生物质能的高效利用列为发展重点，紧接着国家又采取一系列激励措施，并在黑龙江、吉林、河南、安徽四省建设了燃料乙醇试点项目，大陆燃料乙醇产业从此迈入快速发展期，产业规模持续扩大（见图 5-8）。目前中国已成为仅次于美国和巴西的全球第三大燃料乙醇生产国和应用国，但燃料乙醇在中国能源体系中的重要性和市场占有率却不可与美国、巴西等燃料乙醇大国同日而语。例如，2015 年大陆燃料乙醇年产量仅为 250 万吨，调和汽油 2500 万吨，仅占当年全国汽油总消费量的 20%。另外，中国燃料乙醇的生产效率也与美国存在较大差距，目前中国生产 1 吨燃料乙醇需消耗 3 吨玉米和 12 吨水，而美国仅需消耗 2.8 吨玉米和 1.8 吨水。

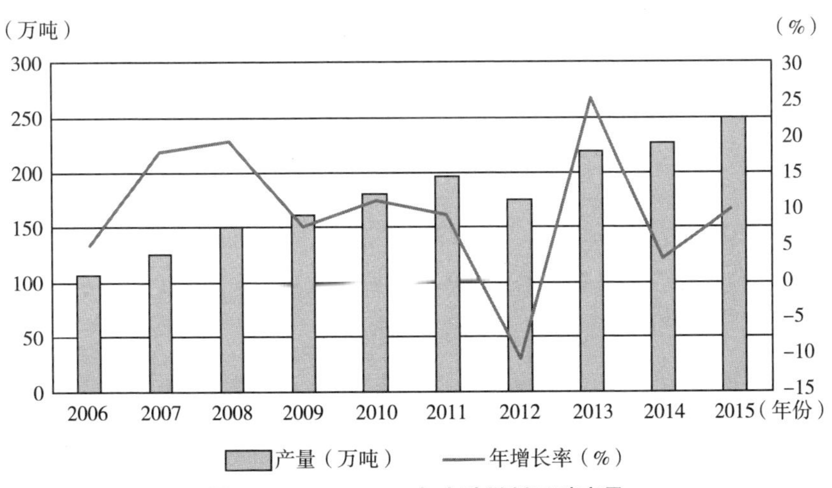

图 5-8 2006~2015 年大陆燃料乙醇产量

资料来源：2016 年我国燃料乙醇产业发展分析，中国产业信息网，2016-11-03。

在燃料乙醇产业的发展方面，台湾当局早在2005年就开始在台北、高雄等部分城市推广乙醇酒精的使用。但由于台湾地区的酒精原料全部来自进口，原料供给缺乏自主性且成本较高，原料成本约占燃料乙醇生产成本的84%，这一比重远高于国际平均水平。这直接导致乙醇汽油价格居高不下，推广范围至今未有扩大，从而使整个燃料乙醇行业停滞不前，与大陆燃料乙醇产业的发展水平存在较大差距。

2. 两岸生物柴油产业原材料都以废弃油脂为主

如前文所述，当今国际上用于生产生物柴油的原材料大致分为两类：一类是地沟油、酸化油、植物油下脚料等废弃油脂，另一类是专门种植能源作物所产生的原料油。如表5-4所示，目前在两岸生物柴油产业中，废弃油脂都是主要的原料来源。这一方面是出于成本因素的考虑，另一方面则由于大面积种植能源作物会引发“与粮争地”“与民争粮”的舆论压力。因此，截至目前，两岸都没有进行大面积的能源作物种植，在生物柴油产品的生产过程中也很少使用能源作物。2014年，大陆以城市餐饮废油生产的生物柴油产量约为50万吨。然而废食用油的产量毕竟有限，随着生物柴油产业规模的扩大，原料供应紧张的问题在两岸生物柴油产业都有不同程度的呈现，台湾生物柴油产业目前存在大约20%的原材料供应缺口。

表5-4　主要国家（地区）生物液体燃料的原材料种类

国家（地区）	燃料乙醇原材料	生物柴油原材料
美国	玉米	大豆
巴西	甘蔗	大豆、棉花籽、动物油脂
加拿大	玉米、小麦	油菜籽
欧盟	甜菜、小麦	油菜籽
中国	玉米	废食用油、麻疯树果油、植物油下脚料
中国台湾	进口酒精	废食用油

资料来源：编者整理。

3. 大陆生物柴油产业严重依赖政府补贴，台湾生物柴油产业自生能力较强

生物柴油的主要用途包括替代柴油燃料和用作化工原料。目前，大陆生物柴油的生产成本在6500元/吨左右，而现行生物柴油价格为6700元/吨左右，利润空间较小，如果再考虑销售费用、运输成本等因素的话，大陆生物柴油企

业很难在没有政府补贴的市场环境中生存下去。台湾生物质能产业的产业类型十分单一，现已投入生产并实现产业化的领域仅限于生物柴油产业。所生产的生物柴油产品主要是作为石油的替代品，用于交通运输领域。在台湾当局的大力推广下，目前生物柴油产品已在公共交通运输等领域得到了较好的普及。台湾成为亚洲第一个无须借助政府补贴就能实现生物柴油全面推广的地区，台湾生物质能企业在盈利能力和自主发展能力方面明显优于大陆企业。

4. 大陆生物柴油产业的生产能力和原料供应能力存在严重不匹配

据不完全统计，我国现有产能 1 万吨及以上的生物柴油企业 26 家，具体产能分布情况如表 5-5 所示。与欧美等国以菜籽油、豆油、棕榈油等能源作物作为生物柴油主要原料不同的是，大陆生物柴油产业的原材料以廉价的废弃油脂为主，以木本油料植物果实油脂等为辅。然而，废弃油脂存在总量有限、供应不稳定的缺点，而且其原料构成复杂，需要进行预处理才能使用，只适合作为生物柴油产业原料供应的有益补充而非主要原料。近年来，随着大陆生物柴油产业企业数量的增多和产业规模的扩大，原料供应不稳定、市场渠道不完善等矛盾日益突出，严重限制了生物柴油产业生产能力的充分发挥，导致生物柴油产业链濒临脱节，长期发展受限。

表 5-5　大陆产能 1 万吨以上的生物柴油厂商家数汇总

产能（万吨）	厂商数（家）
1~5	13
5~10	7
10 以上	6
总计	26

资料来源：编者整理。

5. 在台湾的生物质能产业体系中，仅有生物柴油产业建立起了完整产业链

截至目前，大陆生物质能产业的各重点领域都得到了较大发展，均已建立起完整的产业链体系，相比而言，台湾生物质能产业体系则较为单薄，只有生物柴油产业具备完整产业链，且厂商在产业链各环节的分布比较均匀。其中产业链的上游是指生物柴油原料的供应环节，包括废食用油回收、能源作物和动植物油三类厂商；中游是指生物柴油的生产制造以及设厂规划和设备供应，该环节产业规模最大，涉及的厂商数目也最多；下游环节包含油品的掺配和销售

两个步骤，目前台湾地区所生产的生物柴油主要是与进口的棕榈油进行掺配，然后由优力和统一精工两大石油销售巨头负责销售。图 5-9 展示了台湾生物柴油产业的产业链构成及厂商分布情况。

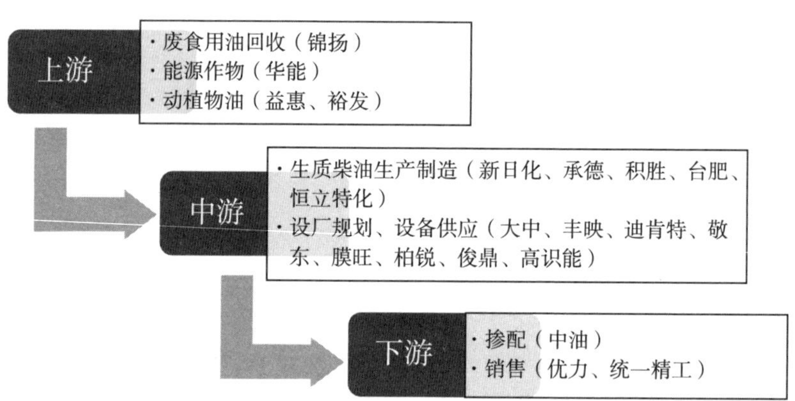

图 5-9 台湾生物柴油产业链构成及厂商分布情况

资料来源：编者根据“绿色能源产业资讯网”相关信息整理。

第三节 两岸生物质能产业的技术发展状况比较

两岸生物质能产业的技术发展水平存在差异，各自的技术发展水平在各重点领域也参差不齐。具体而言，大陆方面目前在沼气技术领域较为成熟，生物质发电和生物液体燃料技术的成熟度较低，目前仍需依赖政府补贴，纤维素、藻类技术等新兴生物质技术仍处于研发示范阶段，尚未实现商业化应用；台湾当局一向重视新能源包括生物质能源的技术研发，在生物柴油、燃料乙醇、生物质发电等技术领域均有一定的突破，但距离商业化应用还有很长的路要走。

一、两岸沼气产业的技术发展状况比较

沼气发酵技术是指有机物质（如农作物秸秆、畜禽粪便、生活垃圾等）在一定温度、湿度、酸碱度和厌氧条件下，经过沼气菌群消化的过程。沼气发酵一方面可以生产出沼气这种新能源利用形式，另一方面又可对工农业生产活

动及生活垃圾等产生的有机废物进行处理，实现废物利用和环境保护的双重功效。两岸在沼气的开发利用方面存在较大差距，技术发展状况也不尽相同。

1. 大陆农村户用沼气技术已居国际领先水平，台湾沼气技术仍处于研发示范阶段

我国对沼气的生产与应用可追溯至20世纪20年代，而对沼气资源的大规模开发则始于20世纪70年代初，当时为了解决农村能源短缺和环境污染问题，中央政府开始大力开发和推广农村户用沼气池技术。在最近的连续三个五年计划中，国家都将发展新的沼气技术列为重点科技攻关项目，陆续在低温产气、秸秆高效生物转化、沼气发酵过程微生物调控等领域取得技术突破，使我国的沼气发酵技术达到国际先进水平。

如前所述，台湾地区的沼气技术研发工作始于1976年台湾畜产试验所在沼气灶、沼气灯、沼气纯化、沼气压缩瓶装等领域的突破。此外，台湾工业技术研究院能源与资源研究所也曾研究过沼气发电工程、并联式沼气发电机、水稀释沼气纯化应用技术等，且设计完成了15HP、25HP和40HP三种小型并联式沼气发电机。通过多年的研发积累，台湾地区的沼气利用技术取得了一系列突破，但尚未实现商业化利用，目前仍处于研发示范阶段。

2. 大陆沼气利用以户用沼气池为主，大中型沼气工程技术较为落后

由于历史原因，大陆的沼气开发始于农村地区，且国家政策及资金支持也一直向农村户用沼气倾斜，对大中型沼气工程的资金投入不足，导致大中型沼气工程发展缓慢，技术水平较为落后。目前，大中型沼气工程技术和工程装备水平仍然较低，在工艺选择、工程设计、施工、验收等环节普遍存在不规范、质量不高的问题，与西方发达国家相比仍存在较大差距。表5-6对中国和欧洲发达国家的大中型沼气工程技术进行了全方位对比。

表5-6　中国和欧洲的大中型沼气工程技术现状比较

	中国	欧洲
发展阶段	刚起步（近3~5年）	成熟期（25年发展经验）
当前主要驱动力	政府压力——解决环境污染	企业自发——商业化
政府支持力度	逐步加大，制定优惠政策	已过高峰期，支持弱化
技术类型	常温、中温消化	中温、高温消化
技术水平	初级阶段	高级阶段
管理水平	不重视、低下	自动化、无人值守

续表

	中国	欧洲
原料来源	单一（粪污）	多样化（粪污、废物、废水等）
原料投加	人工、效率低	机械化、效率高
产气量	1.0~1.8m^3/m^3	5.0~15.0m^3/m^3
沼气利用	炊用、发电	CHP、村镇利用
沼液利用	应用与设计分离，原始手段	应用与设计一并考虑，机械化

资料来源：编者整理。

3. 大陆沼气产业后续技术服务不到位，导致病废池数量多

在政府的大力扶持下，大陆农村户用沼气池数量连年攀升，但与此同时存在严重的“重建设、轻管理”问题。由于农村的沼气产业服务体系不完善，村级服务网点数量过少，致使大量建成使用的沼气池缺乏检测装置和维修工具，再加上农民普遍缺乏沼气池的使用知识和维护经验，导致沼气池在应用过程中出现的问题无法得到及时解决，病废池数量越来越多。这一方面降低了沼气池的利用率，违背了大规模普及农村沼气建设的初衷，另一方面也挫伤了农民建池的积极性，不利于农村沼气工程的进一步推广普及。

二、两岸生物质发电技术发展状况比较

国际上常见的生物质发电技术主要有生物质直接燃烧发电、生物质气化发电和沼气发电三种类型。目前，丹麦 BWE 公司在生物质发电技术方面居于全球领先地位。大陆方面，国能生物发电集团是国内最大的生物质发电企业。

1. 大陆生物质发电的核心技术和关键设备仍依赖进口，缺乏技术创新能力

近年来，大陆生物质发电技术虽然在锅炉的热效率和环保性能等方面都有不小的进步，但对不同的技术线路和工艺流程缺乏系统性的研究开发，利用自主技术建设的生物质发电站普遍存在规模小、效率低、自动化控制水平低等问题，生物质发电项目所需的锅炉、燃料输送系统等核心技术和关键设备仍主要依赖进口①。但由于国外生物质燃料的收集运输方式、电厂工作运营习惯等均与我国有较大差异，导致我国生物质电厂对引进的部分技术和设备出现水土不服，无法实现高效使用，降低了设备的热效率和经济性，不利于生物质发电项

① 胡润清、秦世平、樊京春：《中国生物质能技术路线图研究》，中国环境科学出版社 2011 年版。

目的有效运转。

2. 生物质发电技术普遍存在发电成本过高的问题

根据国内外生物质发电项目的运营统计，生物质发电成本普遍高于常规能源的发电成本，约为煤电发电成本的1.5倍①。究其原因，主要包括以下两个方面：第一，燃料成本较高。目前的生物质发电燃料以农作物秸秆为主，秸秆燃料的发热量远低于标准煤发热量，且能量密度低，收集、运输成本高，预处理过程复杂。第二，生物质发电机组容量小，热效率低。目前新建的火电机组容量一般都达到600MW甚至1000MW，而生物质发电机组的最大容量仅为30MW，导致机组的单位功率成本远高于常规火电机组。这些因素导致生物质发电成本居高不下，在同传统发电方式的价格竞争中处于劣势，只能依靠政府补贴勉强维持。

三、两岸生物液体燃料技术发展状况比较

生物液体燃料领域的技术突破往往表现在对传统原料制程的改进或新原料的开发利用。近年来，纤维素提取燃料乙醇技术和麻疯树制取生物柴油技术受到世界各国的普遍关注，两岸在相关领域也积极投入研发，并取得了一定进展。

1. 原料开发水平决定了燃料乙醇产业的技术水平

燃料乙醇产业的原材料包含三大类：淀粉类作物、糖类作物和纤维素②。其中淀粉类作物包括玉米、木薯、甘薯等，糖类作物包括甘蔗、甜菜等，纤维素则主要提取自农作物秸秆。前两类原材料在第一代燃料乙醇生产技术下已实现较为成熟的开发，而第二代燃料乙醇技术则是以纤维素的开发利用为重点，目前仍处于技术攻坚阶段。在前两类能源作物中，既有玉米、甘薯、马铃薯、甘蔗等粮食类能源作物，又有木薯、菊芋、甜高粱等非粮食类能源作物，而纤维素的原材料则主要取自玉米秸秆等农业剩余物，不存在“与民争粮”的问题，是燃料乙醇原材料的未来发展方向。

表5-7汇总了燃料乙醇各类原材料的产量和成本情况。从中可以发现，玉米、甘薯、马铃薯等原材料虽然兼具产量和成本上的优势，但它们都属于粮食类能源作物，大量使用势必会造成“与民争粮”问题；葛根、芋头等单位

---

① 宋艳苹：《生物质发电技术经济分析》，河南农业大学硕士学位论文，2010年。

② 武瑞娟：《基于循环经济的生物质能利用模式研究》，河南农业大学硕士学位论文，2011年。

产量较高，但成本昂贵，不具备制造燃料乙醇的经济性；木薯、菊芋、甜高粱同样具有产量高、成本低的优势，而且它们都属于非粮食类能源作物，大量使用也不会造成对粮食的侵占，因此应该作为现阶段大力发展的燃料乙醇原材料类型，但仍然存在“与粮争地”的问题；纤维素原料玉米秸秆在产量和成本上都具有突出优势，单位产量仅次于玉米，位列第二，而且玉米秸秆属于农业剩余物，不存在“与民争粮”和“与粮争地”的问题，是燃料乙醇原料的最佳选择，也是近年来国际生物质能产业关注的焦点。未来谁能在纤维素开发利用上率先取得突破，谁就将占领燃料乙醇开发技术的制高点。

表 5-7　燃料乙醇各类原材料的单位产量和成本比较

原材料类型	作物名称	单位产量（t/t）	单位成本（元/吨）
淀粉类原料	玉米	0. 310	4937
	甘薯	0. 125	4259
	木薯	0. 152	3200
	马铃薯	0. 121	5335
	菊芋	0. 080	3274
	葛根	0. 132	28342
	芋头	0. 121	15850
糖类原料	甘蔗	0. 067	3278
	甜高粱	0. 075	4400
	甜菜	0. 068	5250
纤维素原料	玉米秸秆	0. 300	5800

资料来源：编者整理。

2. 两岸都积极投入纤维素燃料乙醇的技术研发工作

近年来，为确保充足的原料供应，同时降低燃料乙醇生产成本，一些发达国家及企业开始探索使用新兴的原材料类型来提取燃料乙醇。纤维素乙醇因其具有更加宽厚的资源基础和更为广阔的开发利用前景，与木质纤维素基液体燃料、生物质合成燃料和生物质裂解油等通称为第二代生物液体燃料，受到各国的追捧。

大陆方面，近年来在科技部的主导下，陆续开展了木质纤维素原料生物高效转化技术、秸秆制乙醇的超临界/亚临界组合预处理与水解、生物质快速热解液化等项目的科研攻关，在技术层面上取得了一定的成果。但总体而言，目前国内相关技术尚处于实验研究阶段，今后需继续加大对木质纤维素原料的技术研发工作，力争早日实现商业化应用，并在中远期实现对石油类车用燃料的有效替代。台湾纤维素燃料乙醇的技术研发工作由“行政院原子能委员会核能研究所”（以下简称核研所）负责开展。核研所从2005年开始，选定秸秆、蔗渣、芒草作为纤维素原料来生产燃料乙醇；2007年，核研所研发完成了岛内第一个纤维素燃料乙醇制程，该制程由前处理系统、酵素水解及发酵系统、酒精蒸馏及脱水纯化系统、公用系统构成，每批次进料10公斤，同时可以作为岛内生物质原料改良、酵素效能提升及基改发酵菌株的测试平台；2010年，核研所研制出进料10吨的纤维素燃料乙醇测试系统，并将该系统的运转数据作为评估岛内燃料乙醇项目生产成本、能源效益和环保效益的基础，为日后燃料乙醇厂商投资设厂提供技术支持和成本收益分析的参考。

3. 大陆生物柴油技术研发取得较大进展

近年来，生物柴油技术在西方发达国家获得了突破性进展。其中，美国主要以大豆油为原料生产生物柴油；欧洲则以菜籽油为主要原料；德国是世界上最大的生物柴油生产国和消费国，其产能占欧盟国家总生产能力的50%以上；意大利、奥地利、比利时、丹麦等国也纷纷参与生物柴油研发领域的竞争，并制定了各自的发展战略，在生物柴油研究和开发方面已经取得了相当的进展。大陆在生物柴油的技术研发和产业化方面也取得了较大进展。目前，我国已经可以利用菜籽油、大豆油、米糠下脚料等为原料生产生物柴油。清华大学、中国农科院、江苏石油学院、四川大学、华中科技大学等科研高校及科研院所也纷纷参与生物柴油技术工艺的研究开发，并已取得了一系列阶段性成果。四川大学生命科学学院已筹备以麻疯树果油为原料，计划建立2万吨/年的生产装置。另外，我国也有部分企业涉足生物柴油的研究、开发和产业化，并形成了万吨级的生产规模。

4. 台湾地区对生活垃圾的回收体系及处理技术值得大陆借鉴

如前所述，废食用油等厨余垃圾是两岸生物液体燃料产业的重要原料来源。台湾地区在废食用油的回收利用方面拥有一整套健全的回收体系，并且十分注重有关厨余垃圾的技术研发工作。具体而言，为了充分有效地搜集各个餐馆所产生的大量废食用油，台湾当局专门建立了“大型排放源申报制度”，要求所有餐馆对日常经营所产生的废食用油产量进行申报，申报数额直接纳入该餐馆的“废弃物履历”，并由环保机构对餐馆的废食用油实际产生量进行随机的检查监督，以确保餐馆的如实申报，回收环节则由专门的回收企业来操作。这样做既能确保生物液体燃料产业充足的原料供应，又能规避废食用油通过非法途径转作地沟油的不良后果。在厨余垃圾处理技术方面，台湾地区对厨余垃圾的传统处理方式是将其分成堆肥厨余和养猪厨余两类，但菜叶、果皮等堆肥厨余中含有纤维素、木质素等可以作为生物质能原料的成分，作为堆肥使用较为浪费。为此，从2014年起，台湾环保事务主管部门和核研所的相关专家展开合作，试图将内湖垃圾焚化厂的堆肥厨余转化为燃料乙醇，目前该项技术已取得初步成效。不难发现，对生活垃圾的回收处理涉及城市治理的诸多环节，是城市治理水平的体现，而这恰恰是城市化大规模扩张的中国大陆所欠缺的，台湾地区在生活垃圾回收处理等城市治理领域的成功经验值得大陆借鉴。

第四节　两岸生物质能产业发展的市场特征分析

经过数十年的开发利用，目前生物质能源已成为人类赖以生存的重要能源类型，其能源消费总量仅次于三大传统化石能源煤炭、石油、天然气，位居全球第四位，在全球能源市场上占据越来越重要的地位。大陆和台湾的生物质能产业经过十多年的发展，各自呈现出不同的市场特征。

一、两岸生物质能源的产业化水平比较

整体而言，与其他新能源产业门类相比，两岸生物质能产业的产业化水平都比较低。尤其是在沼气和生物质发电领域，目前无论大陆还是台湾均以自用为主，市场空间有待进一步开发。

1. 两岸沼气、生物质发电的产业化水平都较低

在沼气和生物质发电领域，大陆的生产规模显著高于台湾地区，但就产业化水平而言，两岸的沼气和生物质发电产业都有较大提升空间。具体而言，大陆的沼气资源在农村户用沼气部分开发利用起步早，普及率高，但其生产模式以小型分散的农户为主体，基本处于“自给自足”的状态，无法与城市燃气管道实现对接，大大限制了沼气的规模化、产业化发展；大陆生物质发电产业虽然在上网电价、税收优惠和财政补贴等方面获得了国家政策的大力支持，但限于生物质发电项目高昂的建设运营成本，大陆生物质发电的产业化水平仍然

较低，企业效益普遍不佳，市场竞争力较弱。台湾的沼气和生物质发电近年来在技术领域不断获得突破，已初步掌握沼气利用和生物质发电的基本技术，并在个别领域实现了自主创新。但总体而言，这两大领域目前都还处于研发规划阶段，尚未实现产业化发展。其中沼气的开发利用主要局限于农村地区对猪排泄物的转化，所产沼气供当地农户生活使用；生物质发电仍处于产业规划和发展评估阶段，如台电公司已对火力发电厂混掺3%生物质原材料的可行性进行评估，但目前还没有企业建成投产。

2. 大陆燃料乙醇的产业规模位居世界前列

燃料乙醇的主要用途为汽油添加剂或车用燃料替代品。由于燃料乙醇作为车用燃料替代品需要专用的发动机且动力效果欠佳，而作为汽油添加剂则无需专用发动机且使用效果与普通汽油差别不大，所以目前燃料乙醇的商业化方向主要为乙醇汽油。在大陆燃料市场上，乙醇汽油的消费量已占全国汽油消费总量的23.3%，成为世界上仅次于美国和巴西的第三大燃料乙醇生产国和消费国。截至目前，大陆的黑龙江、吉林、辽宁、安徽和河南五省已全面实现车用乙醇汽油替代普通无铅汽油，河北、山东、湖北和江苏等省的部分地区也已基本实现车用乙醇汽油对普通汽油的替代。台湾地区对燃料乙醇的推广使用已有近20年的历史，但限于原料尚未实现自给，导致燃料乙醇生产成本高昂，大大限制了乙醇汽油的推广普及，目前台湾燃料乙醇的推广使用仅限于台北、高雄等个别城市，台湾燃料乙醇的市场开拓仍然任重而道远。

3. 两岸生物质能源的产业化发展都受到成本因素的制约

如前所述，生物质能产品主要是作为化石能源的替代物供人们使用的，这就意味着只有当生物质能产品的价格不高于其他传统化石能源的价格时，它才能被消费者普遍接受。然而目前在大陆和台湾的生物质能产业中，都不同程度地存在原料供给不足的问题，这直接导致了生物质能产品的生产成本居高不下，因此如果没有政府相关推广政策的支持和财税政策的大力扶持，生物质能产品的市场需求将无法保障，市场规模的扩大和产业的持续发展就更无从谈起。以燃料乙醇产业为例，目前全球燃料乙醇价格能与汽油价格相竞争的国家只有美国和巴西，这两个国家分别利用自身在种植玉米和甘蔗上的优势，通过大面积种植和使用这类能源作物来实现规模化生产，从而有效降低了燃料乙醇的生产成本，同时还保证了原材料的充足和稳定供应。而大陆目前主要以甜高粱、木薯等为原料来生产燃料乙醇，每吨成本约为4000元，远远高出等效热值的汽油的生产成本（约为3300元），近年来产业规模虽然在政策资金的大力扶持下不断扩大，但长此以往并非长久之计；台湾本土没有酒精厂商，燃料乙醇生产所需的酒精目前仍依赖进口，导致生产成本居高不下，发展受制于人，近年来甚至一度陷入停滞。

4. 两岸生物柴油产品的需求端存在差异

在生物柴油产品的用途方面，两岸生物柴油产业存在较大差异。就大陆生物柴油市场而言，由于燃料油的下游销售渠道主要掌握在几个大型国有化石燃料企业手中，因此大陆生物柴油产业70%以上的生物柴油产品都作为化工原料销售给化工企业，而非作为石化柴油的替代品用于车用燃料。而在台湾地区，生物柴油产业所生产的产品则主要用于车用燃料。目前台湾地区的生物柴油产品主要是和进口的棕榈油进行掺配，然后由台湾中油和台塑石化两大石油销售巨头负责终端销售。

二、两岸生物质能产业的市场集中度状况比较

1. 大陆燃料乙醇产业的市场集中度过高

如前所述，“十五”时期，在大陆生物柴油产业发展之初，国家选择分别在黑龙江、吉林、河南和安徽四省建立黑龙江华润酒精有限公司、吉林燃料乙醇有限公司、河南天冠燃料乙醇有限公司和安徽丰原燃料酒精股份有限公司。这四家企业基本上都是大型国有控股的燃料乙醇企业，在发展之初就得到政府政策的大力支持，享受优惠的税收减免和财政补贴，在市场竞争中处于优势地位，且更易发挥规模经济效益。除此之外，2007 年中粮集团在国家政策的号召下投产以木薯为原料的非粮燃料乙醇试点项目，近年来也不断发展壮大。如表 5-8 所示，目前国内的燃料乙醇市场基本被以上五家大型国有或国有控股企业所掌控，存在产业集中度过高的问题，不利于行业内中小企业的发展和竞争性因素的培育，长期而言，将不利于燃料乙醇市场秩序的建立和产业的长远发展。

表 5-8　大陆五大燃料乙醇企业的基本情况汇总

企业名称	股东	年产量（万吨）	生产工艺	市场范围
黑龙江华润酒精有限公司	香港华润集团	10	玉米干法	黑龙江

续表

企业名称	股东	年产量（万吨）	生产工艺	市场范围
吉林燃料乙醇有限公司	中石油、吉林粮食集团、中国华润总公司	30	玉米湿法	吉林、辽宁
河南天冠燃料乙醇有限公司	河南天冠集团、中石化、河南省建设投资总公司	30	小麦湿法	河南、河北、湖北的 13 个地市
安徽丰原燃料酒精股份有限公司	安徽丰原生物化学股份有限公司、中石化安徽石油总公司	12	玉米湿法	安徽、山东、河北、江苏的 14 个地市
中粮集团广西北海非粮燃料乙醇项目	大耀香港	20	木薯循环经济工艺	广西等南方地区

资料来源：编者整理。

2. 众多民营企业构成大陆生物柴油产业的主力军

与燃料乙醇产业不同的是，大陆生物柴油产业则是呈现民企、外企和国企共同参与的良好格局。其中，民营企业是最早进入我国生物柴油领域的企业类型，从 2001 年开始，各地先后涌现出正和、古杉、卓越、天冠、天源等多家生物柴油民营企业，开发出具有自主知识产权的生物柴油生产技术和工业化实验工厂。2006 年起，国际油价的不断飙升使得国内生物柴油产业迎来投资高潮，民资、国资乃至外资都加速进入该行业，比如美国贝克生物燃料公司于 2005 年在四川攀枝花种植了两万亩麻疯树，计划未来几年投资 20 亿美元，建成世界上最大的生物质能源基地。

但总体而言，由于大型国企和外资企业起步较晚，大多数仍处于原料基地或工厂的筹建期，真正建成投产的较少，因此民营企业目前仍处于主力军的地位，众多民营企业在生物柴油市场上充满活力的良性竞争，是大陆生物柴油产业发展的不竭动力。

三、两岸生物质能产业的空间分布特征

1. 大陆生物质能源的地理分布较为集中

除了沼气资源分布广泛之外，大陆其他生物质能源的地理分布都较为集中，2/3 以上的生物质资源都集中分布于河北、山东、河南、安徽、江苏、四

川和内蒙古等 12 个省份，并促使占全国大约 70%的生物质发电、燃料乙醇及生物柴油产业也集中分布于这些省份。图 5-10 展示了大陆生物质能源及其相关产业的空间分布情况。

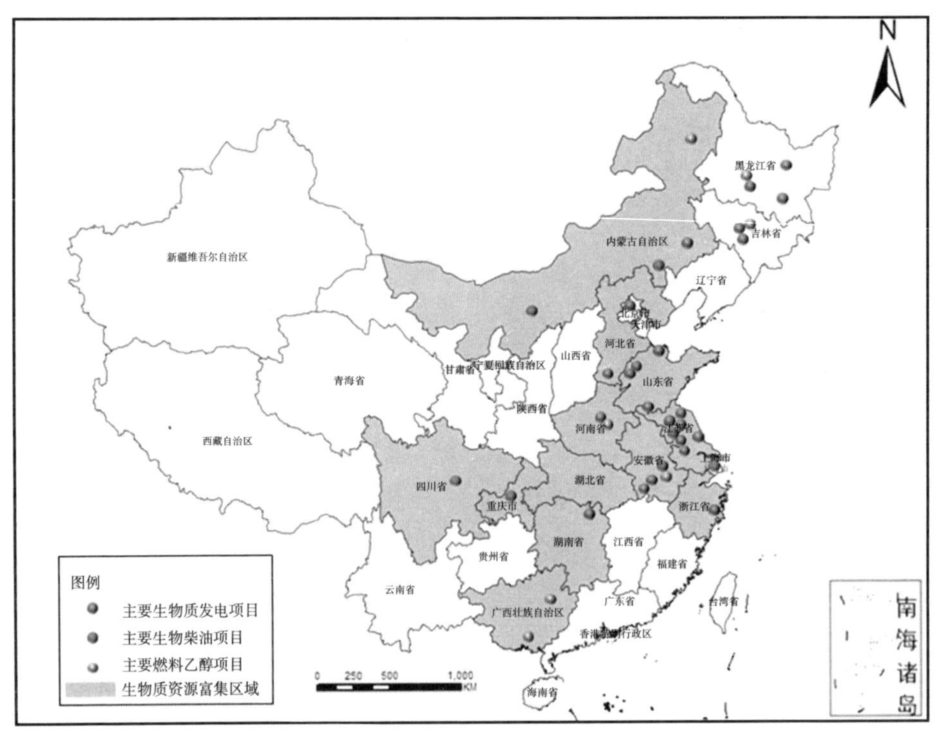

图 5-10　大陆生物质能源及其相关产业的空间分布情况

资料来源：赛迪顾问：《中国新能源产业布局研究》，2011 年 5 月。

2. 生物质发电产业主要集中于华东地区

如图 5-11 所示，华东地区的生物质发电装机容量占全国生物质发电总装机容量的一半以上，是我国生物质发电产业集中分布的地区。具体而言，生物质发电项目在江苏和安徽两省最为集中，其中江苏省 12MW 以上的生物质发电项目就有 22 个，包括江苏国信如东生物质发电厂、国能射阳生物质电厂、沛县新建生物质发电厂、江苏正兆生物质发电厂等；安徽省于 2010 年 5 月建成首个林业生物质发电与碳交易项目，预计每年可增加销售收入 9000 万元以上，减少二氧化碳排放约 15 万吨，具有明显的经济价值和环保效益。

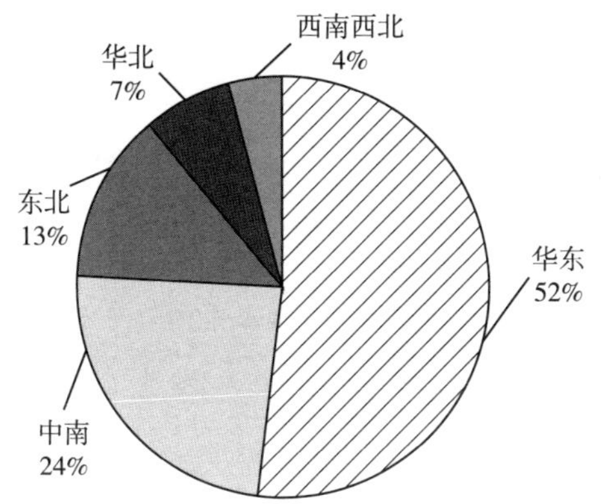

图 5-11 大陆生物质发电装机容量的空间分布情况

资料来源：编者整理。

3. 燃料乙醇形成南北两大基地

目前，根据所用原材料的不同，大陆燃料乙醇产业已形成南北两大生产基地。其中广西、海南等南方地区主要以木薯为原料，黑龙江、山东、内蒙古等北方地区则以甜高粱的开发利用为主。广西是我国最大的木薯生产基地，其木薯种植面积和木薯淀粉产量都占全国总量的 70%以上，目前广西拥有以木薯为原材料的燃料乙醇生产企业 20 多家，燃料乙醇年产量超过 13 万吨。广西壮族自治区政府还打算将北海地区打造成全国最大的非粮生物质能源基地，在全国范围内实现木薯良种推广和产销对接工作，国内首个非粮燃料乙醇生产基地——中粮集团非粮乙醇生产项目就坐落在广西北海。北方地区的非粮燃料乙醇生产则以甜高粱为主要原料，2009 年建成的内蒙古燃料乙醇产业基地就是充分利用河套平原的非粮地优势，大面积种植甜高粱用于生产燃料乙醇。

4. 生物柴油产业主要分布于中东部和西南地区

生物柴油产业的集中度不像生物质发电产业那么明显，全国各地大大小小的生物柴油企业有近百个，主要分布于中东部和西南地区，在安徽、湖南、江苏、上海、福建、重庆、贵州、新疆等地都有分布。这主要是由于现阶段我国生物柴油产业的原材料以餐饮业废弃油脂为主，原料供应的地域限制较小，使生物柴油企业在空间分布上较为分散，未呈现明显的产业集聚现象。

5. 台湾生物质能产业主要分布于台湾岛北部

在台湾地区的 25 个县市中，有 12 个县市分布着共 30 家生物质能企业。如表 5-9 所示，台湾北部地区的企业数目最多，台北市、桃源县、台北县和新竹县四个县市共有 14 家生物质能企业，合计约占台湾生物质能企业的一半左右；其次是南部地区的高雄市、嘉义县、高雄县和台南县，共有生物质能企业 8 家；中部地区共有 7 家，主要集中于彰化县和台中县；东部地区则只有一家生物质能企业。

表 5–9　台湾地区生物质能企业的空间分布情况

地区	县市名称	企业数目	合计
北部地区	台北市	7	14
	台北县	4	
	新竹县	2	
	桃源县	1	
南部地区	高雄县	3	8
	高雄市	2	
	嘉义县	2	
	台南县	1	
中部地区	彰化县	3	7
	台中县	3	
	台中市	1	
东部地区	台东县	1	1

资料来源：编者整理。

由于历史、政治等方面的因素，台湾北部地区的生物质能企业以大型公有企业居多。如位于台北市的台湾中油股份有限公司，其前身是 1946 年创建于上海的国营企业，目前主要控制台湾地区生物柴油的下游掺配环节；同样设立于台北市的台湾肥料公司在 1999 年之前也归台湾当局所有。除此之外，得益于新竹科学园区优越的基础设施条件和研发创新环境，北部地区的生物质能企业中也不乏技术研发方面的佼佼者，如唐威纳米复材科技股份有限公司、世界生物能源股份有限公司等，都是凭借自身强大的研发能力在市场竞争中占据一席之地。

第五节 两岸生物质能产业发展的热点问题分析

生物质能产业与其他新能源产业最大的不同之处在于，生物质能产业的发展需要持续、大量的原材料投入。生物质能产业常见的原材料包括玉米、木薯等粮食作物，因此便存在“与民争粮”的争议。除此之外，生物质发电过程中的化石能源使用以及清洁发展机制的推广等涉及生物质能产业可持续发展的问题也是近年来该行业的热点问题。

一、“与民争粮”的争议：能源作物是否应该大规模种植

如前所述，考虑到生产成本、原料的可获得性以及“与民争粮”的舆论压力等因素，目前两岸生物质能产业的原材料都以各种工农业生产废料、废食用油、生活垃圾等剩余物为主，能源作物的种植面积十分有限。然而随着生物质能产业规模的扩大，有限的工农业生产剩余物日益无法满足两岸生物质能产业的原料需求，如何在维护粮食安全的同时实现生物质能产业稳定、充足的原料供应，成为目前两岸生物质能产业共同关注的热点问题。

1. 两岸生物质能产业发展历程中对粮食类能源作物存在争议

如图 5-12 所示，大陆对于粮食类能源作物的使用与否经历了充满争议的曲折过程。早在“十五”期间，国家选定的四个燃料乙醇生产试点项目均以粮食为原材料。到 2005 年底，被选定的车用乙醇试点推广地区基本都按期完成了推广工作。但 2006 年底，国家发布紧急通知，要求暂停一切已核准或备案的玉米加工项目，积极开发非粮食类能源作物。2007 年 12 月，中粮集团投资的以木薯为主要原料的非粮燃料乙醇试点项目在广西北海建成投产，成为我国第一个投入生产的非粮燃料乙醇项目，带动中国的燃料乙醇发展路线走向“非粮化”。台湾地区虽然迄今为止尚没有燃料乙醇企业正式投产，但是否应该推广种植能源作物的问题却同样备受学术界关注。左峻德等（2009）通过探讨台湾能源作物种植、采收、搬运、仓储、燃料乙醇生产乃至发产品的利用等整个生命周期过程的能源投入和能源平衡率，发现玉米、木薯、甜高粱等能源作物的产出投入比都显著大于 1，说明台湾生物质能产业具备使用能源作物的经济性。苏美惠（2011）认为，台湾大面积休耕土地的存在造成政府休耕补

贴方面的压力和农村的萧条，是不理性的，应该在这些土地上推广能源作物的种植，为燃料乙醇产业的发展提供稳定的原材料供应。

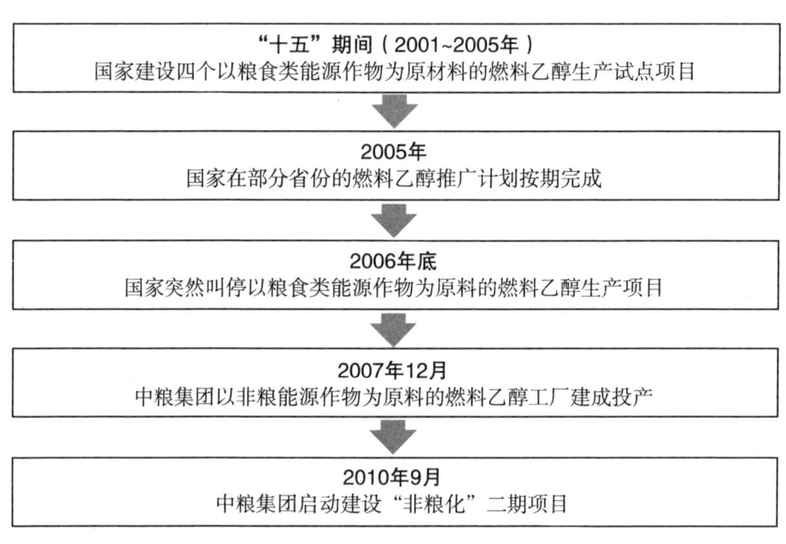

图 5-12 大陆粮食类和非粮食类能源作物的使用历程

资料来源：编者整理。

2. 与工农业剩余物相比，能源作物在可获得量方面具有明显优势

目前，两岸生物质能产业发展所使用的原材料主要包括工业有机废水废渣、禽兽粪便、秸秆及农业加工剩余物、薪柴及林业加工剩余物、城市生活垃圾以及各种粮食类和非粮食类能源作物。除了能源作物之外，其他类型原材料的供应量都直接取决于与之相关的工农业生产活动，存在可控性差、空间分布不均、供给量有限等缺陷；能源作物则能很好地克服以上缺陷，其可获得量拥有较大的提升空间。表 5-10 汇总了大陆各类生物质能源在未来几十年中的发展潜力，从中可以发现，近期内工业废水废渣、农林业加工剩余物等传统原材料类型仍然是大陆生物质能产业发展的主要原材料来源，但它们的发展潜力有限，可获得量在未来几十年间增长十分缓慢；相反，能源作物的可获得量虽然目前只占原材料总量的 1/5 左右，但其发展潜力巨大，如图 5-13 所示，到 2050 年这一比重可能会上升至将近 40%。总之，能源作物庞大的可获得量使未来对它的进一步开发利用具备了基本的可能性。

表 5-10 2020~2050 年大陆生物质能源可获得量预测

生物质能源的可获得量		2020 年		2030 年		2050 年	
		实物量（亿 t）	煤当量（亿 tce）	实物量（亿 t）	煤当量（亿 tce）	实物量（亿 t）	煤当量（亿 tce）
工业有机废水、废渣（制沼气）		200 亿 m^3	0. 17	280 亿 m^3	0. 24	320 亿 m^3	0. 27
禽畜粪便（制沼气）		370 亿 m^3	0. 26	550 亿 m^3	0. 39	820 亿 m^3	0. 59
秸秆及农业加工剩余物		4. 00	1. 90	4. 30	2. 10	4. 50	2. 20
薪柴及林业加工剩余物		2. 59	1. 48	2. 81	1. 60	3. 12	1. 78
城市生活垃圾		4. 70	0. 40	7. 70	0. 66	13. 8	1. 18
小计			4. 21		4. 99		6. 02
能源作物	制燃料乙醇	0. 197	0. 17	0. 263	0. 23	0. 395	0. 34
	制生物柴油	0. 741	1. 08	1. 112	1. 62	2. 223	3. 24
总计			5. 46		6. 84		9. 60

资料来源：《中国新能源与可再生能源年鉴》（2010）。

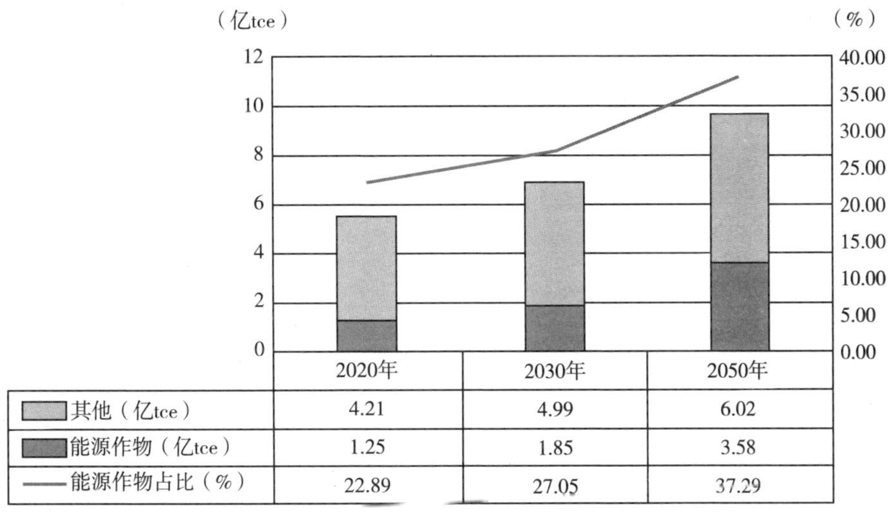

图 5-13 2020~2050 年大陆能源作物的可获得量及其占比情况

注：tce（ton of standard coal equivalent）是 1 吨标准煤当量，是按标准煤的热值计算各种能源量的换算指标。

资料来源：编者整理。

3. 在经济价值方面，非粮食类能源作物比粮食类能源作物更胜一筹

正如本书理论部分所提到的，对新能源的成本收益分析应该着眼于新能源生产和使用的全过程，使用“生命周期评价法”（LCA）对该类新能源从原材料采集到生产加工，再到能量利用直至废弃物处理的每一个环节进行跟踪与定量分析。国际能源组织（IEA）对生产燃料乙醇的各种能源作物进行的净能量平衡分析指出：用玉米、木薯、甜高粱等能源作物生产燃料乙醇的能量产出大于能量投入，即能量产出投入比大于1。能源作物有粮食类和非粮食类之分，非粮食类能源作物因其不会危及粮食安全而更加受到国际社会追捧。表5-11汇总了各种能源作物的能量产出投入比①情况。通过对比可以发现，与玉米等粮食类能源作物相比，木薯、甜高粱等非粮食类能源作物拥有更高的能量产出投入比，说明在经济价值方面，非粮食类能源作物同样比粮食类能源作物更胜一筹。

表5-11 各类能源作物的能量产出投入比情况

产品	原料	能量产出投入比	结论出处
燃料乙醇	玉米	1.25~1.35	美国国家能源部 Argonne 国家实验室
	木薯	3.83	陈瑜琦等：《发展生物能源引发的土地利用问题》
	甜高粱	1.89	Lu Nan and Jianxue Ma. research on sweet sorghum and its synthetic applications
	纤维素	10	美国加州大学伯克利分校，美国国家能源部 Argonne 国家实验室
生物柴油	菜籽油	4.3	黄庆德等：《生物柴油生产技术及其开发意义》

资料来源：编者整理。

4. 两岸生物质能产业未来都应适当加强对能源作物的种植及开发利用

从全球范围看，虽然能源作物的大面积种植可能会威胁粮食安全，但迫于能源供应的压力和能源作物的良好经济效益，各国对能源作物的推广种植却从未止步，近年来甚至还有加快的趋势。目前全球能源作物的种植面积约占耕地总面积的3%，预计到2030年，这一比重可能上升至4%左右。目前，大陆在

① 能源作物的能量产出投入比等于该类能源作物的单位能量产出除以单位能量投入。如果该值大于1，则说明该种能源作物的产出大于投入，具有商业化开发价值。

纤维素生物质能生产技术方面已实现基本突破，由青岛能源所主持的科技支撑计划“纤维类新型生态能源植物选育与规模化种植及利用示范”项目顺利推进，但由于技术成熟度低、生产成本高昂，仍未实现产业化运营。未来应秉持“以粮为纲、粮能联产、粮非结合”的发展路线，在进一步开发第二代纤维素生物质生产技术、实现纤维素生物质能产业化发展的同时，开发利用边际土地来适当发展木薯、甜高粱等非粮食类能源作物的种植，使二者互为补充，这样做既符合国家“以我为主”的粮食安全战略，又能促进生物质能原材料的充足、稳定供应。台湾地区未来应继续完善种植技术，提高能源作物的产值和产油率，同时积极开发适合台湾本土气候的能源作物新品种，确保生物柴油原材料的多元化和稳定供应。

二、生物质电厂掺烧化石能源现象猖獗

如前所述，由于原料收集和发电设备等方面的原因，目前大陆生物质发电项目普遍存在发电成本过高的问题，生物质发电的单位成本是传统煤电的 1.5 倍左右。这导致部分生物质发电厂为降低发电成本，白天烧生物质能，晚上烧煤，以此来套取国家电价补贴。这样做严重违背了国家鼓励发展生物质发电的初衷，不利于生物质发电产业的健康发展。

1. 加强制度建设和法律监管，禁止生物质发电厂掺烧煤炭等化石能源

为了杜绝生物质发电厂私自以传统化石能源替代生物质能源进行发电的行为，国家发改委于 2014 年 12 月底下发了《国家发展改革委办公厅关于加强和规范生物质发电项目管理有关要求的通知》，明确指出“农林生物质发电项目严禁掺烧化石能源”。为此，要加强对农林生物质发电项目运行的监督，能源、财政、价格等主管部门依据各自的职能分工对生物质发电项目掺烧煤炭等违规行为进行调查和处理，收回骗取的国家可再生能源基金补贴，并依据情节轻重处以罚款、取消补贴、追究项目法人法律责任等处罚。

2. 加强生物质发电技术研发和物流体系建设，从源头上消除生物质发电厂掺烧煤炭的动机

在目前大陆生物质发电厂的生产过程中，掺烧煤炭的违规行为之所以横行，归根结底是由于生物质发电技术不够先进、原材料运输系统不够便捷导致的生物质发电成本居高不下，企业在没有政府补贴的情况下无法实现盈利和自主发展，只得一面私下里违规使用煤炭发电，一面打着生物质发电的幌子来套取政府补贴。为此，一方面要加强生物质发电的主要原材料——农作物秸秆的

运输体系建设，降低秸秆的物流成本、提高运输效率；另一方面要提高生物质发电技术研发和设备生产能力，从而提高生物质发电项目的机组容量和单位功率，有效降低生物质发电的单位成本，从源头上消除生物质发电厂掺烧传统化石能源的动机。

三、清洁发展机制在生物质能产业中的作用有待进一步发挥

清洁发展机制（Clean Development Mechanism，CDM）是1997年《京都议定书》所建立的一种旨在削减温室气体减排成本的合作机制。它允许发达国家的政府或企业在发展中国家开展温室气体减排活动，并据此获得经核实的减排凭证（CERs），该凭证以“吨二氧化碳”为计量单位，发达国家可据此来抵减本国的温室气体减排义务。

1. 清洁发展机制（CDM）对各国实现减排目标具有积极作用

CDM是一种双赢的合作机制：一方面，发达国家可以通过在发展中国家开展成本较为低廉的减排活动来减少国内的减排压力及高昂的减排成本；另一方面，发展中国家通过发达国家的减排项目输出，解决了自身在减排技术和资金等方面的问题，为本国发展新能源项目、实现减排目标提供了有利条件。截至2014年11月30日，CERs签发的CDM项目共计1511358343个，其中中国得到的CDM项目占全球总量的近60%，是全球最大的清洁发展机制交易市场。

2. CDM在生物质能领域大有可为

CDM项目涉及太阳能、风能、生物质能等各种可再生能源领域，为我国这样的发展中国家开发利用新能源提供了有利条件，获得了中国政府的大力支持。目前国家发改委公布的“温室气体自愿减排方法学①备案清单”中共包含了54种方法学，其中与生物质能产业相关的方法学有11种，占总数的20%左右，具体的方法学名称如表5-12所示。截至2014年10月23日，获得国家发改委批准的CDM项目共计5059个，这些项目的减排类型包括新能源和可再生能源、甲烷回收利用、节约和提升效能等，其中新能源和可再生能源类减排项目占绝大多数，与生物质能产业相关的减排项目包括生物质能发电项目、生物柴油生产项目、沼气利用项目等多种类型。

---

① “方法学”是指用于确定项目基准线、论证额外性、计算减排量、制定监测计划等的方法指南。国家发展和改革委员会于2012年6月颁布的《温室气体自愿减排交易管理暂行办法》中规定，参与温室气体自愿减排交易的项目必须采用经国家主管部门备案的方法学。

表 5-12　与生物质能产业相关的温室气体自愿减排方法学

CDM 方法学编号	自愿减排方法学编号	方法学名称	相关生物质能产业
ACM0014	CM-007-V01	工业废水处理过程中温室气体减排	沼气产业
AM0019	CM-011-V01	替代单个化石燃料发电项目部分电力的可再生能源项目	生物质发电产业
AM0089	CM-024-V01	利用汽油和植物油混合原料生产柴油	生物柴油产业
AMS-I. D	CMS-002-V01	联网的可再生能源发电	生物质发电产业
AMS-I. F	CMS-003-V01	自用及微电网的可再生能源发电	生物质发电产业
AMS-I. G	CMS-004-V01	植物油生产并在固定设施中用作能源	生物液体燃料产业
AMS-I. H	CMS-005-V01	生物柴油生产并在固定设施中用作能源	生物柴油产业
AMS-III. D	CMS-021-V01	动物粪便管理系统甲烷回收	沼气产业
AMS-III. G	CMS-022-V01	垃圾填埋气回收	沼气产业
AMS-III. Q	CMS-025-V01	废能回收利用（废气/废热/废压）项目	沼气产业
AMS-III. R	CMS-026-V01	家庭或小农场农业活动甲烷回收	沼气产业

资料来源：编者根据“中国清洁发展机制网”相关资料整理。

3. CDM 在大陆生物质能产业的推广案例——以恩施“沼气碳”交易为例

下面以湖北恩施的“沼气碳”交易为例，来说明清洁能源发展机制在我国生物质能产业中的推广应用情况。湖北省恩施州是全国最大的沼气推广使用地，目前已有 55 万户村民用上了清洁的沼气。2004 年，恩施州政府申报世界银行贷款生态家园项目，并研究引进户用沼气清洁发展机制项目；2009 年 2 月 19 日，该项目在联合国清洁发展机制执行理事会（EB）正式注册成功，并且和荷兰政府签订了 6 年的合作协议，协议终止日期为 2014 年 12 月 31 日，项目具体申报流程如图 5-14 所示。由此，恩施的沼气推广带来了一项跨国的“沼气碳”交易，成为中国“沼气碳”的第一个卖家，全州 55 万多户沼气池中，有 3.3 万户参与了这个项目，当起了“卖碳翁”。

4. 促进 CDM 在两岸生物质能产业的推广普及

由此可见，在生物质能产业发展过程中引入 CDM 项目，不仅可以借此引进发达国家先进的生物质能生产技术和管理经验，还能充分调动企业的碳减排积极性，实现社会效益和经济效益的有机统一。因此，在未来发展过程中，应当更加注重发挥清洁发展机制在生物质能产业中的积极作用，国家发改委应根据生物质能产业的技术和工艺发展情况，及时更新方法学种类，不断完善申报

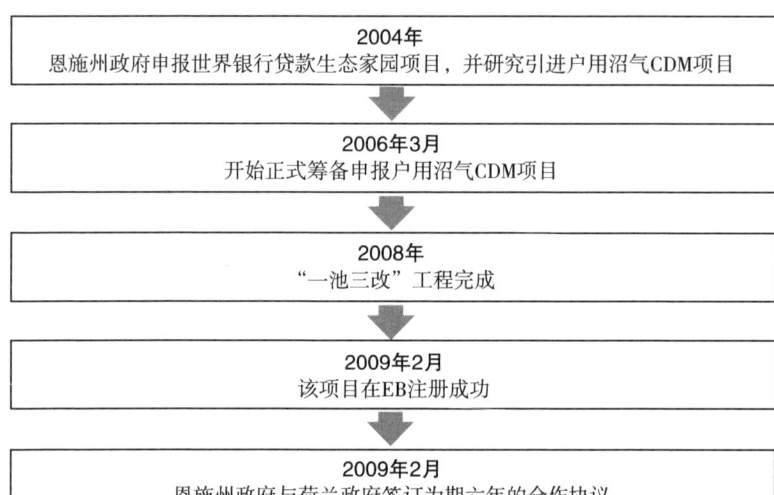

图 5-14 湖北恩施户用沼气 CDM 项目具体申报流程

资料来源：编者整理。

制度，为生物质能企业的 CDM 申报提供更加便捷的政策支持，促进清洁发展机制在生物质能产业中的推广普及。

参考文献：

[1] 台湾绿色能源产业资讯网，http：//www. taiwangreenenergy. org. tw。

[2] 台湾地方新闻网，http：//news. tnn. tw/。

[3] 中国清洁发展机制网，http：//cdm. ccchina. gov. cn/。

[4]《中国新能源与可再生能源年鉴（2010，2013）》，北京：中国可再生能源协会。

[5] 胡润清、秦世平、樊京春：《中国生物质能技术路线图研究》，中国环境科学出版社 2011 年版。

[6] 宋艳苹：《生物质发电技术经济分析》，河南农业大学硕士学位论文，2010 年。

[7] 武瑞娟：《基于循环经济的生物质能利用模式研究》，河南农业大学硕士学位论文，2011 年。

[8] 左峻德、苏美惠、方俊德：《国产酒精料源生产力与能源及经济性指标研析计划期末报告（2）》，台湾"农委会农粮署"。

[9] 苏美惠：《台湾自产生质燃料永续性之探讨》，《台湾经济研究月刊》2011 年第 7 期。

[10] 陈瑜琦、李秀彬、盛燕等：《发展生物能源引发的土地利用问题》，《自然资源学

报》2010 年第 9 期。

[11] 黄庆德、黄凤洪、郭萍梅：《生物柴油生产技术及其开发意义》，《粮食与油脂》2002 年第 9 期。

[12] 赛迪研究院：《中国新能源产业布局研究》，赛迪顾问，2011 年 5 月。

[13] 赵坤：《农林生物质发电严禁掺烧化石能源》，《中国电力报》，2015 年 1 月 6 日。

第六章　两岸新能源产业的经营效率比较

新能源产业的经营效率是指新能源产业在生产经营过程中各项投入和产出项的比率关系，它代表了新能源产业的运营绩效和发展水平。由此可见，对大陆和台湾新能源产业经营绩效的比较为我们客观评价两岸新能源产业的发展现状及差距提供了科学依据，具有重要的现实意义。本章将以大陆和台湾 51 家光伏上市公司为例，从微观视角考察两岸光伏产业的经营绩效水平，进而为评判两岸新能源产业的经营绩效提供参考。

第一节　两岸光伏产业的发展水平及研究现状

本书的前几章内容分别对太阳能光伏产业、风电产业、生物质能产业以及核能产业等两岸新能源产业的重点领域分别进行了系统介绍。从中不难发现，大陆和台湾在太阳能光伏产业领域的发展水平最为接近，存在的问题及所面临的发展环境也最为相似，因此最具可比性。因此，本章将以光伏产业为例，对两岸新能源产业的经营绩效进行实证分析。在进行实证分析之前，本节内容首先对两岸光伏产业的发展及研究现状进行简要介绍。

一、两岸光伏产业的发展水平概述

21 世纪以来，随着传统化石能源消费导致的 CO_2 排放量的增加，人类对气候恶化和环境污染问题给予了更多的关注。根据《BP 2030 世界能源展望》的预测，截至 2030 年全球 CO_2 排放量预计将比 2010 年增加 28%，这最终将导致全球平均气温上升约 4℃，而对太阳能、风能等可再生能源的开发利用能有效减少化石能源的消耗，从而起到减少环境污染和缓解能源供需矛盾的双重作用。

近年来，大陆和台湾在太阳能光伏领域的发展成绩都可圈可点：大陆光伏产业规模迅速扩张，市场占有率位居世界前列；台湾的太阳能光伏产业也颇具规模，是台湾最重要、发展最完备的新能源产业。随着国际太阳能光伏市场日渐饱和，大陆和台湾光伏产业在全球市场的竞争也日趋白热化。同时，光伏产业还是两岸新能源合作最为频繁和深入的领域之一，两岸光伏产业在生产技术、标准体系、人才交流等方面都有着十分广阔的合作空间。由此可见，以光伏产业为例来考察两岸新能源产业的经营效率具有很强的代表性。

二、学术界对两岸光伏产业的研究现状概述

目前国内学术界对于太阳能光伏产业的研究主要集中在光伏产业发展中存在的问题以及国际化战略等较为宏观的方面，很少从微观视角对光伏企业的经营效率进行测评。在宏观层面，学者们主要分析了近年来中国光伏产业发展中面临的产能过剩、欧美“双反”政策等突出问题（徐枫和李云龙，2012；魏政和于冰清，2013；李航，2013；史丹和白旻，2012；凌捷，2012）；在微观层面，目前学者的研究主要集中于运用“钻石模型”对光伏产业竞争力进行测度（孙岳军，2009；纪树东，2014），或采用DEA方法对光伏企业的经营绩效进行比较（李延芳和刘亚铮，2012；曹艺文和赵静，2013；仲亮亮，2013）。台湾学者的研究则侧重于太阳能电池的生产制程、材料等工程技术方面，而从经济管理的角度对光伏企业运营效率的研究也比较少见。在光伏技术方面，林敬杰和陈姿秀（2013）、郑政利等（2003）、王釿鈖（2009）、利宗冠等（2010）对光伏产业链不同环节的技术现状进行了探讨；有个别学者从产业竞争力及企业经营效率的角度对台湾光伏产业进行了研究（吴嘉兴和邱晓莹，2014；王本正等，2008）。

效率是企业的生命，经营效率的高低直接关系到企业的生存发展问题。经营效率一般可分为成本效率、利润效率以及替代利润效率（Berger and Mester，1997），其中成本效率是指在给定产出水平下，企业的实际经营成本与理论最小成本的比值，它反映了企业的资源利用效果和成本控制能力。对目前两岸光伏行业而言，太阳能电池转换效率偏低、发电成本与传统电力相比处于明显劣势是光伏行业进一步发展的两大限制因素，如何实现电池转换效率和成本效率的同时提高，是光伏行业的核心竞争力所在。由此可见，对两岸光伏企业经营效率尤其是成本效率的衡量具有重要的现实意义。

第二节 两岸光伏企业的成本效率评价

如前所述，为了从更加微观的视角对光伏产业的经营效率水平进行评价，本章内容将以两岸光伏企业为研究对象。在企业经营绩效评价方面，目前学术界主要从成本效率和利润效率的角度进行测度。由于市场价格数据的缺失，在此我们选择成本效率作为两岸光伏企业经营绩效的代理变量。

一、研究方法

学术界对于企业经营效率的测度方法，可从技术角度分为参数法和非参数法两大类。虽然非参数法无须事先确定生产函数的具体形式并对参数进行估计，具有较强的客观性，但它忽略了价格对前沿效率的影响（王聪、谭政勋，2007），且未考虑随机误差对效率值的干扰，因此并不适合用来衡量成本效率、利润效率等企业经营绩效的大小。相比而言，参数法考虑了随机误差对样本效率值的干扰，且用计量分析得到的效率值方差较小，有利于比较。因此，在研究方法的选择上，本章选用参数法中的随机边界分析方法（SFA）来测度两岸光伏企业的经营效率。

在函数形式的选取上，由于成本函数在模型估计过程中很少有线性相关的问题，因此本文采用成本函数来衡量光伏企业的经营效率；进一步地，鉴于超对数函数对生产过程的技术限制较少，能够更接近真实情况，因此我们借鉴 Battese 和 Coelli（1995）的方法，假设成本函数具有超对数函数形式。SFA 的另外一大优势是能够直接从无效率残差项中分解出无效率的影响因素，在二阶段模型中，选取研究开发、企业规模以及治理结构这三类外部因素设定为成本无效率 μ_{it}① 的影响因子，进行联立估计。另外，为了比较以上三类因素在大陆和台湾光伏行业中的不同影响程度，在二阶段模型中对两岸光伏企业各自的成本无效率影响因素分别进行估算，从而得到不同的影响系数。

总之，本章将采用随机边界分析法（SFA）配合超越对数成本函数建立随机成本边界模型（SFCM），来研究两岸光伏上市企业的成本效率水平，并试

① 成本效率与成本无效率的关系是：当成本无效率程度为 μ_{it} 时，对应的成本效率值为 $e^{-\mu_{it}}$。

图通过对成本效率影响因素的考察来剖析两岸光伏行业发展中存在的问题。

二、实证模型及数据说明

（一）实证模型

如前所述，本章采用随机成本边界模型来衡量两岸光伏上市公司的成本效率及其影响因素。实证模型如下：

$$\ln\frac{TC_{it}}{P_{Lit}}=\beta_0+\beta_1\ln\frac{P_{Kit}}{P_{Lit}}+\beta_2\ln Q_{it}+\frac{1}{2}\beta_3\left(\ln\frac{P_{Kit}}{P_{Lit}}\right)^2+\frac{1}{2}\beta_4(\ln Q_{it})^2+$$

$$\beta_5\ln\frac{P_{Kit}}{P_{Lit}}\ln Q_{it}+\beta_6 t+\beta_7 t^2+v_{it}+\mu_{it} \qquad (1)$$

$$\mu_{it}=\delta_0+\delta_1\ln R_{it}+\delta_2\ln Q_{it}+\delta_3\ln CR_{it}+\delta_4 H_{it}+\delta_5\ln D_{it}+\varepsilon_{it} \qquad (2)$$

其中式（1）为随机成本边界函数，式（2）为光伏企业成本无效率的影响因子方程。其中：

i 表示第 i 家光伏企业，$i=1$，2，…，n；

t 表示时间，$t=1$，2，…，n；

TC_{it} 表示总成本；

P_{Kit} 表示资本投入要素价格；

P_{Lit} 表示劳动投入要素价格；

Q_{it} 表示总产出（在无效率模型中代表企业规模）；

v_{it} 表示企业 i 在第 t 年的随机误差项，$v_{it}\sim N(0,\sigma^2)$；

μ_{it} 表示企业 i 在第 t 年的无效率残差项，$\mu_{it}\geqslant 0$ 且 $\mu_{it}\sim N(0,\sigma^2)$；

R_{it} 表示企业的研发强度；

CR_{it} 表示股份集中度；

H_{it} 表示经理层持股比例；

D_{it} 表示独立董事比重；

ε_{it} 表示随机误差项，$\varepsilon_{it}\sim N(0,\sigma^2)$ 且 $\varepsilon_{it}\geqslant -\delta Z$。

光伏企业 i 在第 t 期的效率指标值为 $e^{-\mu_{it}}$，其中 $e^{-\mu_{it}}\in[0,1]$。因而无效率程度 u_{it} 越高，表明光伏企业 i 在第 t 期的效率指标值越低，从而它的成本效率也越低。

（二）数据来源与整理

为保证样本数据足够大，同时考虑公司主营业务及数据可得性，本章采用

2011~2013 年的面板数据对中国大陆和台湾共 51 家光伏上市企业的成本效率进行测评。其中，有 31 家大陆在沪深两市上市的光伏企业，台湾地区则有 20 家①。这些光伏企业大多成立时间较早，资本较为雄厚，具有较强的行业代表性。中国大陆 31 家上市公司的数据主要来自各家上市公司历年公布的财务报告②，台湾 20 家上市公司的数据则来自 TEJ 数据库。

模型中的变量定义如下：总成本（TC）包含利润表中的营业成本、管理费用、销售费用和财务费用；总产出（Q）是指利润表中的主营业务收入；资本量（K）采用资产负债表中的固定资产净值；劳动量（L）采用财务报告中的员工总人数；资本价格（P_K）等于折旧与利息收入之和再除以固定资产净值；劳动价格（P_L）等于薪资支出除以员工人数；研发强度（R）用企业研发投入占总产值的比重来表示；股权集中度（CR）是指公司前五大股东的持股数占公司总股本的比例；经理层持股比例（H）是指经理层持股数占公司总股本的比例；独立董事比重（D）是指独立董事人数与董事会总人数之比。

三、两岸光伏企业的成本效率水平分析

通过使用 Frontier 4.1 软件对随机成本边界模型进行估计，可以得到随机成本边界函数中各参数的估计结果以及两岸 51 家光伏上市企业 3 年间的成本效率值。表 6-1 整理了式（1）即随机成本边界函数中各参数的估计结果及其显著性水平，从中可以发现：资本与劳动力投入的相对要素价格的上升会导致企业生产成本的增加；在要素价格增加幅度保持不变的情况下，总成本随要素价格增加而增加的幅度越来越大，这在一定程度上表明两岸光伏企业总成本对于资本价格上涨更为敏感；总产出同总成本之间呈不显著的正相关关系，总产出增加所带来的成本增加则有显著递增趋势；产出和相对要素价格的交叉项与总成本显著正相关。表 6-2 汇总了 2011~2013 年各光伏上市公司的成本效率水平及其变化幅度，从中可以发现 2011~2013 年两岸光伏上市公司的成本效

① 大陆 31 家光伏上市公司分别是：方大集团、长城电脑、银星能源、*ST 东热、精功科技、盾安环境、三花股份、横店东磁、大港股份、孚日股份、特变电工、航天机电、光电股份、海润光伏、风帆股份、亿晶光电、三安光电、综艺股份、中材国际、荣信股份、恒星科技、中环股份、拓日新能、中利科技、科华恒盛、*ST 超日、科士达、奥克股份、向日葵、东方日升、汇川技术；台湾 20 家光伏上市公司分别是：国硕、益通、昱晶、绿能、升阳科、顶晶科、太阳光、新日光、旭晶、达能、硕禾、太极、有成、福聚能、旭泓、中美晶、茂迪、元晶、安集、凌升科。

② 为了使资料来源与项目分类保持一致，大陆光伏上市企业的财务资料全部来自上海证券交易所和深圳证券交易所公开的财务报告。

率变化表现出如下几点特征：

表 6-1　随机成本边界函数的参数估计结果

变量	参数	估计结果	标准差	t 值
常数项	β_0	7. 56	1. 00	7. 61 **
$\ln\frac{P_{Kit}}{P_{Lit}}$	β_1	1. 02	0. 24	4. 31 **
$\ln Q_{it}$	β_2	0. 05	0. 14	0. 37
$\left(\ln\frac{P_{Kit}}{P_{Lit}}\right)^2$	β_3	0. 08	0. 02	4. 10 **
$(\ln Q_{it})^2$	β_4	0. 04	0. 01	4. 26 **
$\ln\frac{P_{Kit}}{P_{Lit}}\ln Q_{it}$	β_5	0. 03	0. 01	6. 83 **

注：** 表示在 5%的检验水平下具有显著性，下同。

资料来源：编者整理。

表 6-2　2011~2013 年两岸 51 家光伏上市公司的成本效率值

公司编号	股票名称	2011 年	2012 年	2013 年	平均值	标准差
1	方大集团	0. 154	0. 145	0. 141	0. 147	0. 007
2	长城电脑	0. 192	0. 196	0. 195	0. 194	0. 002
3	银星能源	0. 160	0. 133	0. 152	0. 148	0. 014
4	* ST 东热	0. 109	0. 121	0. 109	0. 113	0. 007
5	精功科技	0. 221	0. 210	0. 187	0. 206	0. 017
6	盾安环境	0. 144	0. 146	0. 166	0. 152	0. 012
7	三花股份	0. 164	0. 149	0. 160	0. 158	0. 008
8	横店东磁	0. 181	0. 170	0. 170	0. 174	0. 007
9	大港股份	0. 137	0. 145	0. 139	0. 140	0. 004
10	孚日股份	0. 316	0. 264	0. 250	0. 277	0. 035
11	特变电工	0. 203	0. 208	0. 193	0. 201	0. 008
12	航天机电	0. 144	0. 148	0. 155	0. 149	0. 006
13	光电股份	0. 126	0. 125	0. 126	0. 126	0. 001
14	海润光伏	0. 250	0. 257	0. 248	0. 252	0. 005
15	风帆股份	0. 167	0. 174	0. 166	0. 169	0. 005
16	亿晶光电	0. 352	0. 349	0. 343	0. 348	0. 004

续表

公司编号	股票名称	2011 年	2012 年	2013 年	平均值	标准差
17	三安光电	0. 116	0. 130	0. 135	0. 127	0. 010
18	综艺股份	0. 139	0. 136	0. 164	0. 146	0. 016
19	中材国际	0. 170	0. 159	0. 146	0. 159	0. 012
20	荣信股份	0. 135	0. 150	0. 170	0. 152	0. 018
21	恒星科技	0. 150	0. 142	0. 143	0. 145	0. 005
22	中环股份	0. 140	0. 142	0. 150	0. 144	0. 005
23	拓日新能	0. 124	0. 132	0. 142	0. 133	0. 009
24	中利科技	0. 134	0. 138	0. 156	0. 143	0. 012
25	科华恒盛	0. 117	0. 116	0. 115	0. 116	0. 001
26	* ST 超日	0. 142	0. 146	0. 135	0. 141	0. 006
27	科士达	0. 114	0. 086	0. 096	0. 099	0. 014
28	奥克股份	0. 148	0. 146	0. 144	0. 146	0. 002
29	向日葵	0. 106	0. 105	0. 171	0. 127	0. 038
30	东方日升	0. 148	0. 125	0. 143	0. 139	0. 012
31	汇川技术	0. 163	0. 179	0. 172	0. 171	0. 008
大陆小计		0. 163	0. 160	0. 164	0. 163	0. 010
32	国硕	0. 315	0. 327	0. 351	0. 331	0. 018
33	益通	0. 355	0. 328	0. 345	0. 343	0. 014
34	昱晶	0. 272	0. 348	0. 309	0. 310	0. 038
35	绿能	0. 356	0. 298	0. 350	0. 334	0. 031
36	升阳科	0. 354	0. 355	0. 270	0. 326	0. 048
37	顶晶科	0. 359	0. 292	0. 329	0. 327	0. 034
38	太阳光	0. 349	0. 359	0. 319	0. 342	0. 021
39	新日光	0. 347	0. 349	0. 359	0. 352	0. 007
40	旭晶	0. 360	0. 344	0. 277	0. 327	0. 044
41	达能	0. 346	0. 358	0. 318	0. 341	0. 021
42	硕禾	0. 368	0. 368	0. 320	0. 352	0. 028
43	太极	0. 337	0. 350	0. 282	0. 323	0. 037
44	有成	0. 362	0. 351	0. 361	0. 358	0. 006
45	福聚能	0. 361	0. 215	0. 340	0. 306	0. 079
46	旭泓	0. 352	0. 368	0. 359	0. 360	0. 008

续表

公司编号	股票名称	2011 年	2012 年	2013 年	平均值	标准差
47	中美晶	0. 352	0. 318	0. 340	0. 337	0. 017
48	茂迪	0. 368	0. 368	0. 368	0. 368	0. 000
49	元晶	0. 341	0. 181	0. 360	0. 294	0. 098
50	安集	0. 362	0. 316	0. 240	0. 306	0. 061
51	凌升科	0. 343	0. 331	0. 244	0. 306	0. 054
台湾地区小计		0. 348	0. 326	0. 322	0. 332	0. 033
总计		0. 232	0. 222	0. 224	0. 226	0. 018

资料来源：编者整理。

1. 总体而言，大陆光伏上市公司的成本效率明显低于台湾地区

2011~2013 年这三年间，大陆光伏企业的成本效率平均值始终在 0. 16 上下徘徊，说明光伏行业的资源配置效率极低，光伏企业的成本控制能力亟须提高；台湾光伏企业的成本效率水平整体明显高于大陆地区，但近年来出现下降趋势，这跟近年来光伏产业原材料多晶硅供应的短缺状况不无关系。

2. 从时间轴来看，大陆光伏企业的成本效率水平比台湾稳定

从各企业成本效率的标准差可以看出，大陆光伏企业的成本效率水平较为稳定，标准差普遍小于 0. 01，成本控制能力在 2011~2013 年保持稳中有升的发展态势，这在一定程度上得益于政府对战略性新兴产业的一系列扶持政策；相比而言，台湾光伏企业的成本效率水平波动较大，个别企业成本效率的标准差接近 0. 1，说明企业的成本控制能力受外部各种不确定性因素的影响较大。

3. 就内部差距而言，大陆光伏行业内部企业间的成本效率差距大于台湾

如表 6-3 所示，大陆光伏企业间的成本效率水平参差不齐，最小值往往低至 0. 1 左右，远远低于台湾光伏企业成本效率的最小值，最大值则与台湾光伏企业的最高成本效率水平不相上下。这说明台湾光伏产业的市场竞争较为充分，各光伏企业间的实力势均力敌，与之相比，大陆光伏企业的发展水平则参差不齐。

4. 两岸 2011~2013 年的最高成本效率值都由一家企业持续保持

如表 6-3 所示，两岸 2011~2013 年的最高成本效率值都由一家企业持续保持，它们分别是大陆的亿晶光电（企业编号为 16）和台湾的茂迪股份（企业编号为 48）。其中亿晶光电是大陆第一家在 A 股上市的纯太阳能电池组件生

产企业，是大陆光伏行业的领军企业，该公司的核心优势是打造了从晶硅铸锭、切片、电池片到组件的光伏全产业链；台湾的茂迪股份是台湾首家、全球十大太阳能电池生产商，而且是目前台湾唯一一家拥有太阳能电池全产业链的光伏企业。由此可见，提高对光伏产业链上中下游的整合能力能够有效增强企业的成本控制水平，巩固企业的竞争优势。相反，两岸光伏企业中成本效率值最低的企业则每年都有变化，这从一个侧面反映出，目前两岸光伏行业都处于整合期，中小型企业在市场竞争中有着较大的潜在机会，但同时也存在诸多不确定性因素和经营风险。

表 6-3　2011~2013 年两岸 51 家光伏上市公司成本效率值的变化特征

成本效率值		2011 年	2012 年	2013 年
MAX	大陆	0.352（16）	0.349（16）	0.343（16）
	台湾	0.368（48）	0.368（48）	0.368（48）
MIN	大陆	0.106（29）	0.105（29）	0.109（4）
	台湾	0.272（34）	0.181（49）	0.240（50）
标准差	大陆	0.056	0.053	0.047
	台湾	0.022	0.049	0.040

注：括号内为对应的企业编号。

资料来源：编者整理。

第三节　两岸光伏企业成本效率的影响因素分析

影响企业成本效率的因素很多，内部因素包括企业的规模、公司治理结构、研发水平等，外部因素有市场竞争程度、所有制类型、政府政策、金融制度等。结合大陆和台湾光伏产业的发展现状，我们选取企业的研发强度、企业规模和公司治理结构作为两岸光伏企业的主要影响因素，测度它们对两岸光伏企业成本效率的影响程度。

一、成本无效率影响因素的研究假设

在运用 SFCM 对两岸光伏上市企业的成本效率及其影响因素进行评估时，

很重要的一点是选择光伏企业成本效率的影响因素。在国内外相关文献研究的基础上，结合光伏产业的自身特点，我们选取了三类不可控因素：研究开发、企业规模和治理结构，并据此提出以下三条假设：

假设 1：创新能够降低光伏企业成本，因此研发强度越高，企业成本效率越高。

创新是企业生存发展的灵魂，自熊彼特以来，学者们都关注到创新对企业经营的影响。很多研究都表明，研发创新活动对企业绩效具有积极作用（Morby，1988；Goto and Suzuki，1989；Lev and Sougiannis，1996；Bosworth，2001），甚至有学者实证测算了这种影响①（Hsieh et al.，2003）。《牛津创新手册》中指出，现有的研发创新测度指标主要包含 R&D 数据，专利申请、授权和应用的数据和文献计量学数据三类，目前最常用的是 R&D 数据，通常用 R&D 强度来衡量，它是指企业研发投入占企业总产值的比重。Hirschey 和 Weygandt（1985）的研究结果表明，R&D 强度对企业绩效存在显著的正向影响。光伏产业作为典型的高新技术产业，其研发创新活动带来的太阳能电池生产技术的革新，能大大节约太阳能电池的生产成本，相关研究结果显示，太阳能光伏电池转换效率每提高一个百分点，将使太阳能电池组件的发电成本降低 7%左右。因此，本节假设研发强度越高的光伏企业，其成本效率也越高。

假设 2：光伏企业规模越大，成本效率越高。

一般而言，特定行业的企业经营都有一个最优规模，在达到最优规模以前，企业经营成本会随着规模扩大而下降，成本效率随之提升。达到最优规模之后，企业成本会随之上升，这会降低成本效率。至于最优规模在何时达到，则取决于该企业所处行业的特征（Veugelers and Cassiman，1999）。对于光伏企业而言，大家通常认为大陆光伏企业规模过大，得出如此结论的观点是依据大陆光伏行业产能过剩的事实。然而，产能过剩与企业经营是否处于最优规模完全是两回事。产能过剩产生的深层次原因恐怕不在于企业基于市场的调控选择，很可能是政府政策干预的结果。因此，其实我们并不清楚光伏企业是否已经达到最优规模。按照一般意义而言，国内很多行业中企业经营都没有形成规模化生产，规模经济仅仅在少数行业表现比较明显（比如汽车、机械装备行业等资本密集型行业）。然而就竞争相对比较激烈的光伏行业而言，企业经

---

① Hsieh 等（2003）研究指出，研发创新活动对企业绩效的作用大小大约是固定资产投资所产生的经营效益的两倍。

营规模和行业最优规模相比如何不得而知。由此，我们按照一般意义假定进行这样假设来验证光伏行业内企业的规模经济状态。

假设3：在公司治理结构方面，股权集中度、经理层持股比例、独立董事等治理结构的优化有助于提升两岸光伏企业的成本效率。

公司治理结构体现出股东、董事会与经理人三方之间的制度设计是否合理。好的治理结构应当能够通过参与、激励和约束等多种机制的设计，培育企业的成长能力和竞争优势，提高企业的长期绩效。因此，本节假设公司治理结构确实会对光伏企业的成本效率产生影响。进一步地，参考向朝进和谢明（2003）、白重恩等（2005）的做法，选取股权集中度、经理层持股比例和独立董事比重这三个指标来刻画两岸光伏企业的治理结构。其中股权集中度用前五大股东的持股比例来表示，根据 Berle 和 Means 的“有效监督假说”，众多分散的小股东由于存在“搭便车”心理，无法实现对公司管理层的有效监督，因此股权集中度的适度提高有利于公司所有者更好地对经理层实施监督，减少经理层的道德风险，有助于企业提升绩效；经理层持股比例的提高可以把经理层的利益直接与公司利益挂钩，同样有助于经理层道德风险行为的减少和企业成本效率的提高；一般而言，独立董事比重越高，代表对独立董事制度的重视程度越高，则越有利于公司绩效的提升（Baysinger and Butler，1985）。因此，本节做出上述假定。

二、两岸光伏企业成本效率影响因素的估计结果分析

如表 6-4 所示，利用 Frontier 4.1 软件对随机成本边界模型的式（2）进行估计，可以得到成本效率各项影响因素的估计值及 t 值统计量。由此可以初步得到以下几点结论：

表 6-4　成本无效率影响因子模型的参数估计结果

变量	参数	组群	估计值	标准差	t 值
常数项	δ_0	大陆	-0.01	1.35	-0.80
		台湾	4.69	2.80	1.68**
$\ln R_{it}$	δ_1	大陆	0.00	0.06	0.03
		台湾	0.37	0.22	1.65
$\ln Q_{it}$	δ_2	大陆	0.23	0.10	2.41**
		台湾	-0.53	0.12	-4.31**

续表

变量	参数	组群	估计值	标准差	t 值
$\ln CR_{it}$	δ_3	大陆	-0.40	0.20	-2.01**
		台湾	0.33	0.15	2.22**
H_{it}	δ_4	大陆	0.00	0.01	0.12
		台湾	-0.01	0.01	-2.19**
$\ln D_{it}$	δ_5	大陆	-0.53	0.55	-0.97
		台湾	-0.03	0.02	-1.69**

注：** 代表该变量在 5%水平上显著。

资料来源：编者整理。

1. R&D 强度提升并没有改善两岸光伏企业的成本效率

一般而言，研发创新活动有助于企业改善工艺、降低成本，从而有利于企业成本效率提升。但本节结果显示，两岸光伏企业的 R&D 强度给企业成本效率并没有带来积极影响，假设 1 并不成立。根据创新系统理论，企业的研发创新活动是一个由行为者、活动、资源、制度等因素组成的复杂系统，其中每一项因素都对企业的创新绩效具有重要影响（Granstrand，2000），单纯依靠企业的内部 R&D 很难获得创新所需的全部资源（Spencer，2003）。尤其对光伏产业这类新兴技术密集型产业而言，企业的内部研发具有高风险、高成本、技术变化快、研发周期长等特点，需要整合多种资源和能力。两岸光伏企业的研发强度对成本效率作用不显著这一事实从一个侧面反映出两岸光伏行业创新系统建设方面的不足。

2. 企业规模对两岸光伏企业的成本效率存在完全不同的影响

实证结果表明，大陆光伏企业的企业规模与成本无效率呈正相关关系，即企业规模越大，成本效率越低，说明大陆光伏产业整体上已进入规模报酬递减阶段，大多数光伏厂商的企业规模存在过大的问题；相反，台湾光伏企业的企业规模与成本无效率呈负相关关系，即企业规模越大，成本效率越高，企业规模的扩张可以有效削减企业的长期平均成本，说明台湾地区的光伏企业普遍处于规模报酬递增的阶段，适当扩大企业规模有助于企业经营绩效的提高。这一实证结果与我们之前的相关假设不一致。

3. 股权集中度对两岸光伏企业成本效率的影响方式截然不同

研究结果表明，股权集中度的提高对大陆企业而言会带来成本效率的提升，但是对于台湾光伏企业而言，股权集中度的提高则带来相反的结果：光伏企业成本效率会下降。为什么会有如此截然不同的影响呢？深入考察大陆和台湾地区的市场发育程度会发现，造成这种不同结果的原因主要在于两岸市场机制的发育程度存在差异。Martin 和 McConnell（1991）的相关研究表明，在市场机制健全的产业领域，有效的外部市场机制就能解决管理层的约束问题。Burkart 等（1997）认为，在这种情况下，个别大股东对企业的控制反而会阻碍管理层积极性的发挥和外部资本的流入，因此股权越分散越有利于公司绩效的提升。台湾地区整体上市场体系和市场机制比大陆要完善，光伏产业已形成有序竞争的市场秩序，无须通过提高股权集中度来提升市场绩效，股权集中度过高反而会挫伤经理层的积极性；相反，大陆光伏企业所面临的外部市场机制并不健全，企业内部的委托代理问题更多地需要依靠股东对经理层的有效监督来实现。根据 Berle 和 Means 的“有效监督假说”，适当提高股权集中度有利于解决股权分散导致的“搭便车”问题，因此大陆光伏企业股权集中度的提高有利于提升企业的成本效率。

4. 经理层持股比例对两岸光伏企业成本效率的影响明显不同

经理层持股是一种常见的对经理层实施的股权激励措施，通过这种形式使公司经理人能够以股东的身份参与企业决策、分享利润并承担风险，从而在一定程度上解决了现代企业制度中存在的委托代理问题。在本章选取的 31 家大陆光伏企业中，有 26 家企业存在不同程度的经理层持股，但从实证结果来看，这些企业对经理层实施的股权激励措施并未对企业成本效率的提高起到积极作用；本章选取的 20 家台湾光伏企业都实施了经理层股权激励，且经理层持股比例与成本效率呈显著的正相关关系。这说明与大陆相比，台湾光伏企业对经理层实施的股权激励制度较好地解决了公司内部的委托代理问题，对公司经营绩效的提升起到了积极作用。

5. 独立董事制度在台湾发挥很好作用，但是对于大陆企业而言形同虚设

独立董事人数占董事会总人数的比重对两岸光伏企业的成本无效率都有负向影响，即独立董事比重的上升能带动公司成本效率的提高，这与我们之前的假设是一致的。但在大陆光伏企业中，独立董事制度对成本效率的提升作用并不显著，说明与台湾地区相比，大陆光伏企业的独立董事制度实施效果不佳，需进一步完善相关制度设计，加强对独立董事制度执行情况的监管。

第四节　两岸光伏产业发展中存在的问题及对策建议

本章前几节内容对两岸光伏企业的成本效率及其影响因素进行了定量分析，并从中发现了两岸光伏产业发展过程中存在的影响成本效率提升的深层次问题。针对目前两岸光伏产业面临的突出问题，本节内容将提出相应的对策建议，从而为今后两岸光伏产业经营效率的提升提供参考。

一、两岸光伏行业的成本效率整体都处于较低水平，光伏企业的成本控制能力仍有较大提升空间

就大陆而言，近年来在国家政策和国际市场需求的双重刺激下，国内光伏产业迅速膨胀，2009 年以来稳居全球光伏电池第一生产大国。但行业自身存在严重的“两头在外”问题：上游多晶硅提纯技术一直被少数国外大企业垄断，导致国内光伏电池的生产成本居高不下，企业成本控制能力极弱；下游光伏电池产量的95%都依赖外销，在国际光伏行业“制造业服务化”趋势的影响下，很多国内光伏厂商沦为国外企业的代加工工厂，只能通过压缩自身利润空间来谋求发展。台湾地区光伏企业的成本效率虽普遍高于大陆企业，但也存在较大提升空间，其成本效率损失主要来自于原材料采购困难，未来台湾有实力的光伏企业可通过兼并收购来控制上游原料供应，其他厂商则可通过企业合作、签订采购协议等方式来解决原材料困境。另外，台湾光伏企业可以通过与大陆原材料厂商加强合作来获取可靠的原料供应，提高成本控制能力。

二、两岸光伏产业都应继续加强创新系统建设

创新系统理论认为，企业的研发创新活动不是孤立的，而是和其他组织（如大学、科研院所、政府部门等）合作并相互依赖。组织和制度是创新系统的主要要素，其中组织是创新活动的主体，包括企业、大学、风险投资机构、相关政府部门等；制度是用以调节组织间关系的规章或法律，如专利法、影响高校和企业间关系的规范等。因此，在光伏创新系统建设过程中要注重对这两类要素的培育：一方面要充分调动各类组织的积极性，以企业为中心，加强企业同高校、科研机构以及相关政府部门等各类组织的深入合作；另一方面还要

加强相关法律法规的制定和完善，为组织间的互动合作提供制度保障。目前，大陆光伏产业的官产学研合作已初步展开，但合作深度浅、协调性差，导致科研机构的技术创新成果（如多晶硅提纯技术、薄膜电池技术等）长期停留于实验室阶段，无法实现商业化应用；台湾光伏行业的产学研合作开展效果较好，许多光伏企业与高校及科研院所建立起了长期稳固的研发合作关系，为光伏企业改进生产工艺做出了贡献，但限于台湾当局相关政策法规和研发补助的缺失，台湾光伏产业在基础研发领域较为落后，导致许多关键设备仍依赖进口，不利于光伏产业成本效率的提高和自主化发展。

三、规模报酬递减暴露出大陆光伏行业在政府补贴、发展方式方面存在的问题

大陆光伏产业经过前几年的迅速扩张，多数企业已失去规模报酬递增效应，进入规模报酬递减阶段，根据微观经济学原理，在完全竞争的市场环境中，此时企业会自发降低产量至规模报酬不变的水平，而出现亏损的企业则会选择自动退出，从而使整个行业的总产量重新回到均衡水平。但对目前的大陆光伏产业而言，国家实行光伏上网电价补贴、企业增值税减半等优惠的财税政策，在一定程度上掩盖了光伏企业的亏损问题，使原本无利可图从而应当自动退出的企业仍旧可以在政府补贴的庇佑下苟延残喘，甚至还会不断吸引外部资本进入该行业，导致整个行业出现持续的盲目扩张和产能过剩。根据国家统计局相关调查结果，2013 年上半年国内光伏产能利用率不足 60%，是工业产能利用率最低的行业之一。因此在今后的发展中，光伏企业应该转变发展方式，更加注重技术创新、工艺改良、产品质量提升、结构调整等因素对成本效率的提升作用；政府则应不断优化补贴方式，将光伏发电补贴更多地下移至电力消费端，对光伏企业的补贴则主要集中于对企业研发失败的补偿和研发成果的奖励，提升政府补贴的科学化水平。

台湾光伏产业一直以中小企业为主，且多半由原先的半导体厂商发展而来，各企业在长期发展中培育了稳定的竞争合作关系，再加上新竹、内湖等科学园区的孵化、集聚效应，使高新技术产业所具有的学习效应、规模效应等在光伏产业内部得到了充分发挥，从而有效延长了光伏企业的规模报酬递增阶段，为企业的规模扩大和持续发展提供了更多可能。在科学园区的运营管理方面，台湾地区的成功经验值得大陆学习。

四、大陆光伏企业应更加重视发挥公司治理因素对成本效率的积极促进作用

在现代企业制度中，公司治理结构是企业成本控制和效率提升中不可忽视的问题。与大陆相比，台湾地区的光伏企业在经理层股权激励、独立董事制度等公司治理方面更为先进，对成本效率的积极作用也更加明显。以独立董事制度为例，台湾地区引入独立董事制度的时间并不算早，在独立董事人数上的规定也不如大陆严格①。在本章考察的这 51 家企业中，大陆企业的独立董事人数普遍多于台湾企业，但独立董事制度在成本效率中发挥的作用却不如台湾企业明显。究其原因，在大陆上市公司“一股独大”的现实背景下，独立董事的推举、任命、薪酬等无一不体现大股东的意志，导致独立董事在很多企业形同虚设，沦为“花瓶”董事；而台湾对于独立董事的任职资格有着比大陆更加严苛的规定（比如禁止 1 年内与公司有财务往来的特定公司或机构的董事、监事、经理人及持股 5%以上的股东担任独立董事），从而有效地切断了独立董事与公司大股东之间的利益关系，确保独立董事制度的贯彻落实。

总之，目前两岸光伏产业都处于上升期，光伏企业的成本效率普遍存在较大的提升空间。未来应更好地发挥研究开发、企业规模以及公司治理结构等因素在成本效率提升中的作用，提高企业的成本控制水平和市场竞争实力，实现两岸光伏产业的共同发展。

参考文献：

［1］徐枫、李云龙：《基于 SCP 范式的我国光伏产业困境分析及政策建议》，《宏观经济研究》2012 年第 6 期。

［2］魏政、于冰清：《我国光伏产业发展现状与对策探讨》，《中外能源》2013 年第 6 期。

［3］李航：《贸易摩擦对中国光伏产业发展的影响》，外交学院硕士学位论文，2013 年。

［4］史丹、白旻：《美欧“双反”情形下中国光伏产业的危机与出路》，《国际贸易》2012 年第 12 期。

［5］凌捷：《后金融危机时代中国光伏产业发展走向及战略选择——基于美国对华光伏“双反”调查的思考》，《改革与战略》2012 年第 6 期。

---

① 台湾于 2002 年设立独立董事制度，相关审查准则中并未规定独立董事在董事会中应占的比例，只是规定绝对数不得少于 2 人且不得少于董事会总人数的 1/5；大陆的独立董事制度正式设立于 2001 年，明确规定独立董事人数不得少于董事会总人数的 1/3。

［6］孙岳军：《中国光伏产业竞争力现状与前景分析》，复旦大学硕士学位论文，2009 年。

［7］纪树东：《基于修正“钻石模型”的中国光伏产业竞争力评价与提升 ——中国与部分国家光伏产业的对比分析》，西北大学硕士学位论文，2014 年。

［8］李延芳、刘亚铮：《基于 DEA 方法的光伏产业上市公司经营绩效研究——以 23 家光伏产业上市公司为例》，《科技和产业》2012 年第 12 期。

［9］曹艺文、赵静：《我国太阳能产业上市公司经营效率评价》，《铜业工程》2013 年第 3 期。

［10］仲亮亮：《基于 DEA 模型的我国光伏行业上市公司的效率研究》，上海师范大学硕士学位论文，2013 年。

［11］林敬杰、陈姿秀：《太阳光电系统建置之质量问题与风险管控》，《兴大工程学刊》2013 年第 2 期。

［12］郑政利、詹肇裕、徐豪廷：《太阳光电系统导入建筑构造计划及外壳设计之研究》，《设计学报》2003 年第 3 期。

［13］王釿鋊：《太阳光电技术挑战》，《科技发展政策报导》2009 年第 4 期。

［14］利宗冠、陈宝东、李政诚：《太阳光电多晶硅材料生产》，《石油季刊》2010 年第 2 期。

［15］吴嘉兴、邱晓莹：《台湾发展太阳光电产业之关键成功因素分析》，《管理资讯计算》2014 年第 2 期。

［16］王本正、庄铭国、宋明弘、林建铭、蔡宛珊、王昭懿：《亚太地区太阳光电产业之绩效评估：应用资料包络分析法》，《台湾企业绩效学刊》2008 年第 2 期。

［17］Berger A. n.，Mester L. J. “Inside the black box：what explain differences in the efficiency of financial institution?”，*Journal of Banking and Finance*，1997（21）：895–947.

［18］王聪、谭政勋：《我国商业银行效率结构研究》，《经济研究》2007 年第 7 期。

［19］Battese，G. E.，T. J. Coelli，T. J. “A model for technical inefficiency effects in a stochastic production frontier for panel data”，*Empirical Economics*，1995（20）：325– 332.

［20］Morby S. B. “Research on the value–relevance of R&D in the computer industry”，*Academy of Management Journal*，1988（30）：51–70.

［21］Goto A.，Suzuki K. “R&D capital，rate of return on R&D investment and spillover of R&D in Japanese manufacturing industries”，*The Review of Economics and Statistics*，1989（71）：555–564.

［22］Lev B.，Sougiannis T. “The Capitalization，amortization，and value relevance of R&D”，*Journal Accounting and Economics*，1996（21）：107–138.

［23］Bosworth D.，Rogers M. “Market value，R&D and intellectual Property：an empirical analysis of large Australian firms”，*The Economic Record*，2001（4）：323–337.

[24] Hsieh P. H. , Mishra C. S. , Gobeli D. H. "The Return on R&D versus Capital Expenditures in Pharmaceutical and Chemical Industries", *IEEE Transactions on Engineering Management*, 2003 (50): 141-149.

[25] [挪] 詹·法格博格、[美] 戴维·莫利、[美] 理查德·纳尔逊著，柳卸林、郑刚、蔺雷、李纪珍译：《牛津创新手册》，知识产权出版社 2009 年版。

[26] Hirschey M. , Weygandt J. J. "Amortization policy for advertising and research and development expenditures", *Journal of Accounting Research*, 1985 (2): 85-102.

[27] 向朝进、谢明：《我国上市公司绩效与公司治理结构关系的实证分析》，《管理世界》2003 年第 5 期。

[28] 白重恩、刘俏、陆洲、宋敏、张俊喜：《中国上市公司治理结构的实证研究》，《经济研究》2005 年第 2 期。

[29] Baysinger. B. D. , HN Butler. "Corporate governance and the board of directors: performance effects of changes in board composition", *Journal of Law, Economics and Organization*, 1985 (1): 101-124.

[30] Granstrand O. "Corporate innovation systems: a comparative study of multi-technology corporations in Japan, Sweden and the USA", *Paper submitted to the Dynacom Project*, 2000.

[31] Spencer J. W. "Firms' knowledge-sharing strategies in the global innovation system: empirical evidence from the flat panel display industry", *Strategic Management Journal*, 2003 (24): 217-233.

[32] Martin, K. , MeConnell. "Corporate performance, corporate takeovers and management turnover", *Journal of Finance*, 1991 (46): 671-681.

[33] Burkart, Gromb, Panunazi. "Large shareholders monitoring and the value of the firm", *Journal of Financial Economies*, 1997 (112): 693-728.

第七章　新能源产业政策理论分析

新能源产业作为新兴产业之一，其产业政策始终贯穿于产业发展的过程中。为了全面系统地分析新能源产业政策对产业发展的作用效果，本章结合我国新能源产业政策现实，从理论层面对新能源产业政策进行深入分析。首先，从新能源产业发展的影响因素出发，对新能源产业发展的系统运行模式进行归纳和总结；其次，根据新能源产业发展的模式特征，提出新能源产业政策的目标，并对其传导机制进行理论分析；最后，归纳和总结我国新能源产业政策的特点，并构建新能源产业政策的评价标准体系。

第一节　新能源产业发展的系统运行模式

新能源产业的发展是一个复杂的系统运行过程，是多因素共同作用的结果。从产业层面看，外部因素与内部因素的动态融合推动了新能源产业的发展演化。本节分别从外部因素和内部因素两个角度，对新兴产业发展的多因素系统运行模式进行分析。

一、外部影响因素

新能源产业发展的外部影响因素主要来自于中央政府和各级政府部门。它主要从产业层面对新能源产业发展的系统运行产生影响。首先，中央和各级政府部门通过制定新兴产业政策，从资本、技术、市场、人才和环境五个方面对新兴产业发展进行扶持。对新能源产业发展来说，技术创新是其发展的核心要素，而资本与劳动是生产所必需的资源要素，尤其是新能源产业的高级人才，更是新能源产业持续发展的动力所在，在这些方面进行扶持将有助于新能源产业的快速发展。市场需求的不确定性，提高了新能源产业发展中的不确定性，阻碍社会闲置资本进入新能源产业，增加了投资失败的风险性，通过产业政策实施为新能源产业发展创造市场需求，吸引消费者使用相关技术与产品，降低企业投资失败风险，以引导更多企业进入新能源产业。新能源产业发展环境的优化与完善，将有助于产业健康、持续发展。其次，中央和各级政府部门作为新兴产业政策的制定者，通过制定战略规划、财税政策、科技创新政策、金融支持政策等各种具体产业政策，参与新能源产业的发展过程中，对以上几个方面进行干预与影响。再次，政府常常采取规划引导、要素直接投入、资源供给调配、基础设施建设等手段实施产业政策，参与新兴产业发展。政府为新能源产业发展制定战略发展规划，为新能源产业的发展方向和重要程度进行界定，引导产业向既定目标发展；提供资金和土地、引进技术和人才等要素，直接注入新能源产业中，有效提升了新能源产业的要素供给水平；由于自然资源等自生性资源受到政府的控制和管理，而劳动、资本等再生性资源的流动性也受到产业政策的影响，政府能够通过有效的产业政策对资源供给进行调配，为新能源产业发展创造有利条件；通过完善基础设施建设，提高公共服务水平，改善产业发展环境等政策手段加快培育和优化新能源产业发展的外部环境，将为新能源产业发展开辟更大的市场空间。最后，中央和各级政府部门通过制定和实施各种科学、合理的新能源产业政策，利用多种政策手段对新能源产业的发展进行干预，才能够有效推动技术创新进步，提升产业竞争力，促进产业规模扩张。在这些因素的相互影响下，构成了影响新能源产业发展的外部因素运行系统（详见图 7-1）。

二、内部影响因素

与外部因素相比，内部因素对于新能源产业发展有更为直接的影响作用。它主要从企业层面对新能源产业发展的系统运行产生影响，包括生产投入要素、资源配置、技术创新、经营管理制度、产品销售和市场扩张等方面。

第一，生产要素投入是企业生产经营活动的基础，也是新能源产业发展的基础。通过原材料、能源、其他自然资源等自生性资源的投入，企业具备了生产与发展的原始基础，研发、资金、固定资产等再生资源的投入则使企业具备了生产规模扩张的基础，进而直接推动了新兴产业规模的扩张。

第二，企业通过对生产要素进行资源配置，力图以最优资源配置生产出最

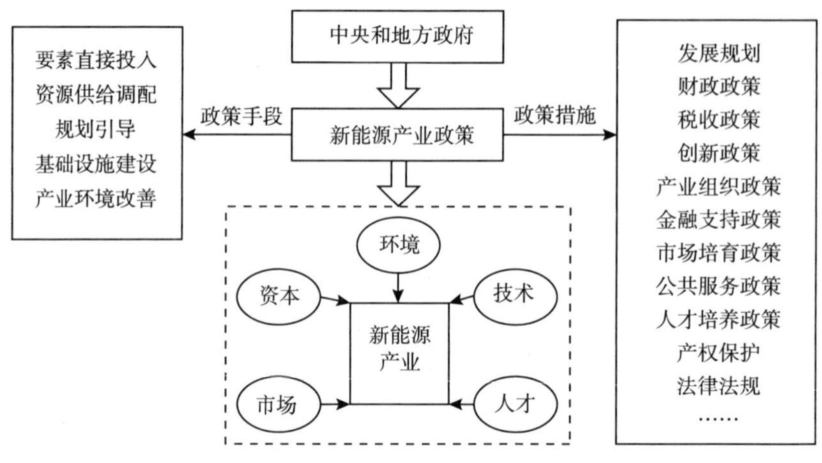

图 7-1　新能源产业发展的外部影响因素

资料来源：编者绘制。

大产出，减少资源浪费，降低生产成本，提高企业全要素生产率；进行研发创新，累积创新增量，为企业形成主导设计奠定基础，为新能源产业发展提供技术支持；通过采用新的经营管理制度，形成符合高新技术企业新的发展形态，创新商业模式，进而提升新兴产业认可度，为市场扩张奠定基础。

第三，企业扩大再生产是新兴产业扩大再生产的基础，而企业扩大再生产依赖企业从产品销售中取得收益。企业在弥补全部生产成本后，依然有剩余收益用于购买原材料、劳动力等生产资料，进行技术研发创新，提升管理质量等方面，使生产规模进一步扩大，进而实现新兴产业的扩大再生产。

第四，企业通过培育和扩张市场需求，不断提高自身的竞争力水平。企业培育自生能力的过程，也是其推动新能源产业不断发展演进的过程。通过市场扩张，增强企业的盈利能力，推动新兴产业从“萌芽期”向“成熟期”演进，最终成为经济发展中的主导产业。

从新能源产业的发展演进过程来看，它是内部与外部等多因素动态融合共同作用形成的。图 7-2 对这一运行机理进行了详细的描述。在萌芽期，技术变革与新兴产业都处于萌芽阶段，外部因素的重点任务在于通过产业政策促进颠覆性创新的突破并完成优胜劣汰的选择，政策支持以技术创新和公共服务为主导；内部因素则通过企业对研发资金投入、技术创新与引进和人力资本投入等方式实现产业培育的目标。在成长期，进入了技术—经济范式的构建期，此时的目标是要实现技术增量的创新以及市场规模的扩张。对外部因素来说，技术促进政策与市场培育政策同样重要，通过财政补贴、税收优惠等手段鼓励新兴产业增量创新，促使产业技术逐步走向成熟；通过政府购买、消费补贴等市场拉动政策，引导强化消费预期，刺激消费需求扩张；通过产业规划、公共服务、基础设施建设、市场规范、规制政策等强化新兴产业的利润诱导，培育企业的自生能力，为产业向成熟期演进奠定基础。对内部因素来说，企业通过对技术、资本、劳动等生产要素的投入，有效促进新能源产业向产业化方向发展。进入成熟期后，外部因素的主要任务就演变为促进新范式的广泛渗透，通过产业规制维持新兴产业主导地位，通过贸易扩张政策开拓国际市场，通过再局域化政策鼓励产业转移，通过公共服务政策完善新能源产业发展环境。内部因素则在这一阶段以稳固和拓展企业市场为主，通过实现规模经济和对技术约束稳固企业的竞争优势。

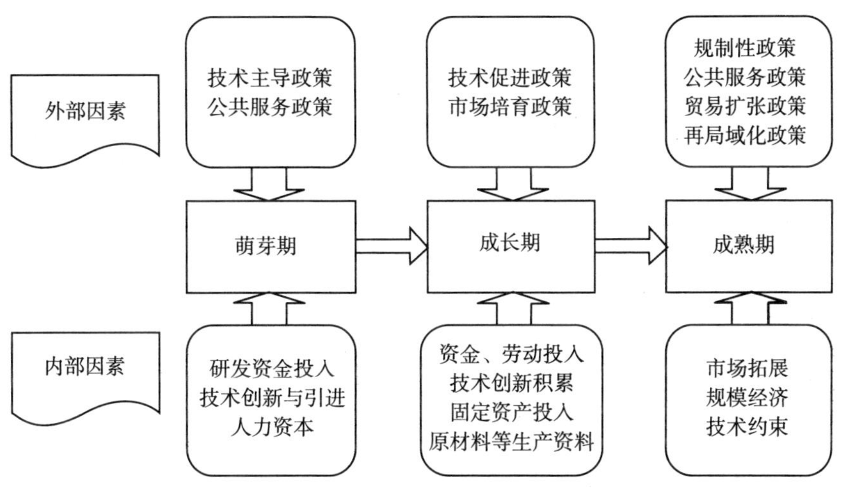

图 7-2　新能源产业发展的多因素系统运行机理

资料来源：编者绘制。

综上所述，新能源产业发展的多因素系统是在外部因素和内部因素交互影响下运行的。因而，研究新能源产业发展的系统运行机理，明确影响系统运行的因素，分析多因素的作用关系，为探寻新能源产业有效发展路径指明方向。

第二节　新能源产业政策目标与传导机制

根据产业政策有效性的相关理论研究，产业政策其存在的主要理论基础为市场失灵理论（Market Failure Theory）。政府为纠正市场失灵而通过制定产业政策来弥补市场机制的运行缺陷，进而使产业政策实施的理论依据逐渐从弥补市场失灵扩展到产业结构转换、技术开发以及国家竞争力等理论上。这也促使产业政策的目标更为多元化，而新能源产业本身的特殊性，也使产业政策在推进产业发展过程中的目标与传统产业存在一定的差异。

一、新能源产业政策的目标

新能源产业作为新兴产业之一，有别于传统产业，其产业发展阶段、特征以及对外部和内部影响因素的反应程度存在较大差异。但同时，新能源产业与能源产业又存在相似之处，那就是其作为国家经济和社会发展的命脉，对国家安全和经济发展具有重要的支撑作用。这就要求新能源产业政策的目标具备多维度和多效应。

1. 新能源产业作为幼稚产业之一需要产业政策给予发展保护

对新能源产业而言，其“新”主要表现在其所使用技术为新兴技术，因此在形成与发展过程中存在较为明显的市场失灵现象，这也是其被称为“幼稚产业”的主要原因之一。我国新能源产业本身呈现竞争力较弱、对其他产业存在较强正外部性和发展潜力较大这三个明显的“幼稚产业”特征，而对其实施以保护其发展为目标的政策，将有助于提升新兴产业的竞争能力，推动产业发展，改善因信息不对称造成的资源错配导致产业发展缓慢。新古典经济学市场失灵关注的焦点在于市场是否具有提供良好的投资信号能力，而信息经济学更关注由于信息不完美导致资本市场、产品市场和劳动市场的市场失灵。根据“格林伍德—斯蒂格利茨”定理，即信息完全或信息不对称存在于市场时，市场本身也是不完备的，通过市场机制不会使资源配置自动达到帕累托最优，这就使新能源的产业政策要将保护和发展新能源产业作为其政策的首要目标。

2. 纠正新能源产业发展的“市场失灵”，鼓励技术创新与投资

罗德里克认为产业政策目标应该是产业政策能够有效推进产业发展，尤其

是对于新兴产业来说，更为重要。他认为新兴产业政策要做到以下两点：一是为让其他市场主体减少无谓的冒险行为，可将创新失利的信息作为公共物品提供给市场主体；二是新兴产业活动只要具有规模经济、投入特定性和产业链的集合性，对大规模投资活动加以协调就具有社会效益。

由于其新技术的发展使新能源产业具备一定的纯公共物品特性，这使其发展过程中容易出现“市场失灵”现象。首先，技术溢出效应和规模经济效应的外部性导致新能源产业存在市场失灵。新能源产业的发展依赖技术创新，然而技术创新的全部收益却不能完全由创新企业获得，造成企业研发成本与收益偏离了社会研发成本与收益，降低了企业的创新积极性。同时，新能源产业大多为产业链中间环节，其对产业链上下游相关产业有较强的外部规模效应，容易导致社会资本投资分流。其次，在位厂商惰性导致的新能源产业市场失灵。新能源产业的高新技术特性使在位厂商能够利用其领先优势，通过构筑技术、市场等进入壁垒获得垄断地位。而缺乏竞争的市场环境则会导致在位企业拒绝创新活动，而无法实现产业资源的最优配置。最后，新能源产业在发展过程中存在较强的不确定性，这就使新能源产业在融资、研发与市场等方面出现信息不对称问题。

因此，新能源产业政策要通过整体规划对新能源产业发展进行布局，通过制定和实施技术政策、财税政策以及公共服务政策等具体政策以纠正产业发展中出现的各种“市场失灵”现象，改善资源配置不合理，引导社会资本投资方向，鼓励技术创新，降低企业投资风险。

3. 将新能源产业发展作为保障国家安全与经济发展的战略之一

伴随着经济增长与资源环境保护意识的增强，人类在追逐经济增长的过程中对绿色能源的要求也逐渐增强。从当前经济发展现实来看，石化能源是全球经济发展的重要支撑，然而随着石化能源的不断开采与使用，不仅能源面临枯竭，全球环境也面临巨大压力。在这一背景下，原有的工业经济增长模式已无法实现可持续发展，对于“绿色、低碳”的经济增长方式需求日渐增强。伴随着第三次工业革命的开始，欧美等西方发达国家率先开展对于新能源技术的开发与使用，为保障我国经济健康、可持续发展，转变经济增长方式，保障国家经济、战略安全，需要将新能源产业发展上升到国家战略发展高度。这就要求产业政策要从国家战略视角出发，将其作为产业政策的目标之一，对新能源产业发展进行扶持。

二、新能源产业政策的传导机制

通过对新能源产业运行模式和产业政策目标的分析，我们发现新能源产业政策的最终目标是通过制定和实施产业政策实现新能源产业的发展，提升新能源企业的竞争力水平。外部性、信息不完全等市场失灵的存在需要产业政策通过构建一种产业发展环境和机制，以保障产业组织的良好运行。因此，新能源产业政策能否对新能源产业发展起到积极作用，就取决于其传导机制是否顺畅，新能源产业政策的传导机制模型如图 7-3 所示。

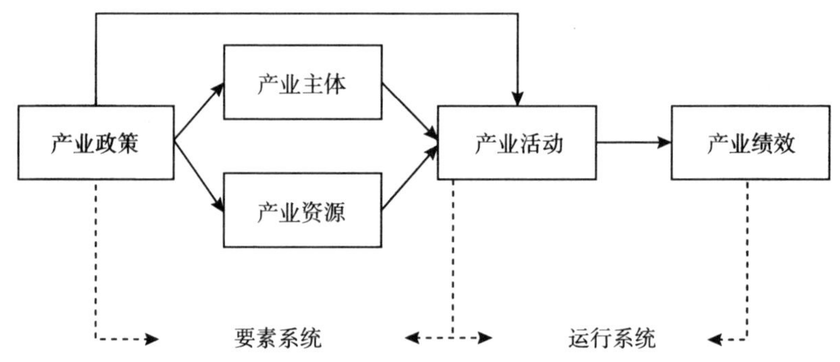

图 7-3 新能源产业政策的传导机制模型

资料来源：洪勇、张红虹：《新兴产业培育政策传导机制的系统分析》，《中国软科学》2015 年第 6 期，第 8~19 页。

由于宏观环境、产业行为、产业发展阶段等对新能源产业政策在要素系统和运行系统两个方面的传导效果上产生影响，可以看出，新能源产业政策是否能够促进产业发展，其传导机制是否顺畅，受到其作用机制的约束。本节对影响要素系统和运行系统的这些因素间的作用关系进行归纳，构建了新能源产业政策作用机制模型（见图 7-4）。

新能源产业政策的作用机制是通过以上因素间的互动而形成的，其作用机制主要表现在以下几个方面：

第一，一国政府常常出于本国经济发展战略、经济体制、经济环境等宏观因素的考虑或是对不满意新能源产业发展的初始状态，决定对其实施产业政策进行扶持。政府依据产业发展现状及问题，通过对新能源产业未来的发展重点、方向和趋势等进行规划，并制定和实施一系列的扶持性政策。新能源产业通过设定政策目标、选择政策扶持内容、实施手段和政策方式，对新兴产业发

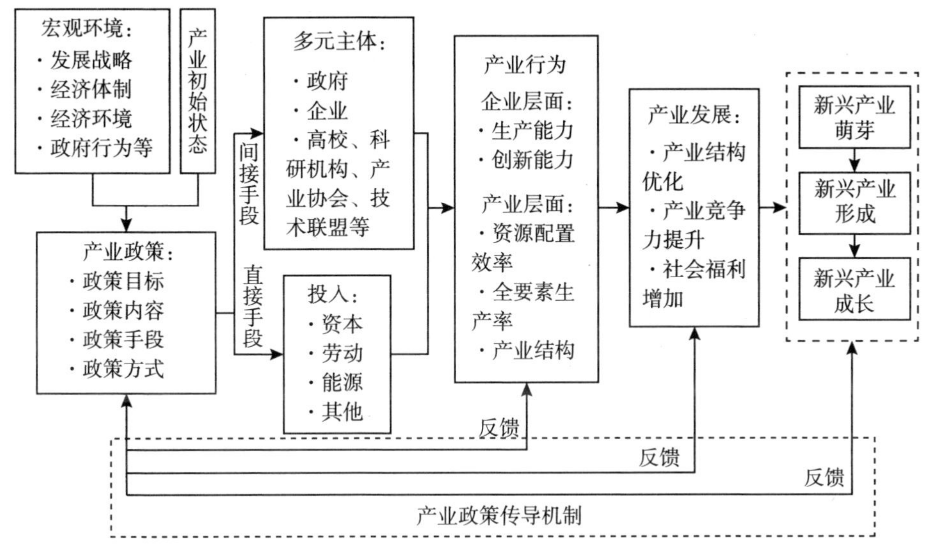

图 7-4 新能源产业政策作用机制模型

资料来源：编者绘制。

展进行干预与扶持。而经济发展战略在这一过程中决定了具体产业政策的内容与形式。除经济发展战略外，经济体制、资源与人口等经济环境、政府行为等都将影响到发展战略的选择和具体产业政策的实施与制定。

第二，新能源产业政策主要通过直接手段与间接手段来实施，以实现直接或间接推进新兴产业发展的目的。新能源产业政策通过政府直接投资、政府补贴等直接手段改变产业和企业的劳动、资本、能源等生产要素的配置状况，通过提升企业生产能力和创新能力，培育企业自生能力和增强竞争力，进而通过优化产业资源配置效率，提高产业全要素生产率水平，并促进新能源产业从萌芽期向成长期演进。与传统产业政策不同，新能源产业政策制定与实施注重多元主体相互协调作用。因此，除政府与企业外，包括高校、科研机构、产业协会和技术联盟等中介服务机构都对产业政策的制定与实施产生影响，并且通过多元主体间相互作用，可以使产业政策的间接手段达到有效的实施效果。人才培养、产权保护、税收优惠、法律法规等产业政策间接手段能够改善产业发展环境，影响资源配置效率，吸引更多企业进入新能源产业，增强企业竞争活力，优化产业结构和提升产业整体实力与水平。

第三，新能源产业政策的制定与实施必然会给产业发展带来一定影响，这一影响既可以是正向影响也可以是负向影响，即新能源产业政策传导机制是否顺畅。若产业政策的实施能够优化产业结构、提升产业竞争力和水平、增加社会福利，进而推进新能源产业遵循“萌芽期—形成期—成长期”的演进过程，则可以认为产业政策传导机制顺畅。如若产业政策的实施没有改善资源配置效率，提升生产率水平，进而无益于甚至阻碍产业结构优化和竞争力提升，延缓了新能源产业演进历程，则产业政策传导机制失效。

第四，由于新能源产业政策的扶持对新能源产业以及企业带来一定影响，导致新能源产业政策实施效果的不确定。而随着新能源产业发展阶段的演进，其对于产业政策需求不同，因此，产业政策应根据产业阶段发展变化及需求反馈将对新一阶段的产业政策制定和实施产生影响。同时，由于产业政策的实施对企业和产业的资源配置、创新能力、产业环境等产生无效或负向影响，通过企业层面和产业层面的信息反馈，政府可以对产业政策的制定和实施进行一定的调整与修正，通过对产业政策进行纠偏，降低产业政策的消极影响，提升产业政策的有效性。

第三节　新能源产业政策的特点与评价标准

一、我国新能源产业政策的特点

各国在新能源产业发展过程中都出台了各种类型的产业政策，如产业发展战略规划、产业创新政策、市场环境政策和市场需求政策等。这些新能源产业政策作为产业政策的一部分，其与传统产业政策相比，既有产业政策的共性，也有其特殊性。本节针对中国新能源产业政策的目标、内容、手段、作用等方面，将新能源产业政策特征具体分为以下几个方面：

1. 新能源产业政策以弥补市场失灵、提升企业竞争力和推进产业向成熟产业演进为目标

第一，与传统产业政策相似，新能源产业政策也将弥补市场失灵作为产业政策目标之一。由于新能源产业的特点导致其面对比传统产业更为严重的市场失灵，若不对其市场失灵进行弥补和改善，有可能会导致新能源产业无法形成与发展。与传统产业相比，新能源产业面临较强的不确定性和风险性，外部性与信息不对称性的存在将对技术创新与市场培育造成严重伤害。因此，新能源

产业政策也以弥补市场失灵为目标之一，但新能源产业政策主要以通过引导要素配置，补偿正外部性和提供信息来纠正市场失灵。

第二，新能源企业常常面临着市场需求、产品潜在增长潜力、相关配套以及市场服务等条件的不确定性，因此，其需要新能源产业政策为企业成长和竞争力提升“保驾护航”。尽管新产品拥有更为先进和符合未来发展趋势的技术，但其与具有一定可替代性的传统产品相比，在市场需求、产品价格、配套服务等方面的竞争能力明显不足。作为先行者的企业，其规模和竞争力都难以与生产其替代产品的传统能源企业相竞争，因此需要产业政策帮助企业培育自身能力进而提升企业竞争力。

第三，依据新兴产业定义，新兴产业只是产业生命周期的中前阶段，因此，新能源产业也必将从新兴产业成长为传统产业。而若仅凭借自身和市场机制实现这一过程将十分漫长，甚至有可能因为市场失灵等原因使新能源产业发展停滞。因此，顺利实现和推进这一过程也正是实施新能源产业政策的目的之一。

2. 新能源产业政策多以战略规划类为主，而管制类政策反复出台，服务类政策欠缺

第一，对中国新能源产业发展较具影响力的政策大多数为战略规划类的政策文本。这一类政策工具往往能够突出产业发展重点，并且明确发展目标，但在使用时往往要注意和产业发展现实相结合。如若不然，则可能导致产业发展目标滞后或超前于产业发展能力，使产业政策无法对产业发展进行有效指导与扶持。以中国光电产业为例，《可再生能源中长期发展规划》（2007）（以下简称《规划》）要求中国太阳能发电总容量在 2020 年达到 180 万千瓦，然而 2013 年中国光伏发电量达 87 亿千瓦，远超规划目标。该《规划》既忽视了世界光电产业的发展势头，也没有结合中国光电产业发展实际，导致规划丧失其对产业发展的指导与扶持作用。

第二，新能源产业管制类政策过多应用，且重复性较为突出。这一类政策频繁出现的主要原因有两个：一是由于法规管制类的政策并没有得到有效执行，法规或监管类政策仅有文本之“形”而无实施之“实”，使得在制定产业政策过程中反复提及，导致政策相似性与重复性较高；二是政策制定目标在规定期限内没有实现，使后来政策不得不继续强调实现这一政策目标。这一现象的存在也使我国新能源产业在技术、行业标准体系的建立上仍然存在一定不足，也进一步导致我国新能源相关产品与技术缺乏国际竞争力。

第三，我国在推进新能源产业发展的过程中，对新能源产业发展的信息需求、知识产权保护、公共服务平台建设、政府采购、人才培养等诸多服务类方面的政策较为欠缺。2011 年 1 月至 2013 年 6 月，我国政府仅出台了 17 个服务类政策，占总出台的新兴产业政策的 5%，而直接与新能源产业相关的公共服务类政策仅有 3 个。这类政策能够有效改善产业发展环境，引导资源向合理方向流动，增强企业创新能力和动力，而这一类政策欠缺，将为我国新能源产业健康、高效发展带来一定隐患。

3. 新能源产业政策实施手段过于单一，以直接手段为主，间接手段不足且效果欠佳

第一，政府直接投资和政府补贴是中国新能源产业政策常用的两种实施手段。尽管政府直接投资与补贴政策可以通过直接改变产业资源配置状况实现快速产业规模扩张的效果，但也容易招致“寻租”等道德风险问题。由于中国新能源产业整体发展水平较低，增量积累速度较慢，这也促使政府常常在实施产业政策时过多使用直接手段。

第二，由于新能源产业政策的多元主体并没有形成，产业政策仍旧只包含政府与企业两者，这使间接政策实施手段缺乏有效传导路径，导致政策效果不足。高校、科研机构、产业协会、技术联盟等中介服务机构并没有被纳入产业政策的主体体系中，这使产业政策难以通过间接手段准确、有效地实施。

4. 新能源产业政策重视技术发展与创新，通过政策扶持产业规模迅速扩大，但对市场培育重视不足

第一，由于新能源产业的发展对技术呈现出较强的依赖性，因此，中央政府在制定新兴产业政策时对技术引进与创新较为重视。政府通过制定和实施“863”计划、中长期技术发展规划以及技术发展专项规划等各种科技创新产业政策，以激励创新，帮助产业通过累积增量创新，辅助产业成长。但在这一过程当中，产业政策选择的技术方向不应忽视市场对技术的选择与需求。因此，技术政策在制定和实施过程中应注重市场选择，并根据产业发展现状及时进行调整。

第二，新能源产业的市场需求不确定是造成企业进入这一产业的障碍之一。然而，在我国新能源产业发展过程中，对于市场需求的培育重视程度不够。尽管随着我国新能源产业逐渐进入产业化发展阶段，产业政策也开始偏向需求扩张，但扶持力度仍然较弱。2011 年 1 月至 2013 年 6 月，我国新能源产业政策中仅 14 项政策与需求培育相关，占同期出台政策的 13%。

5. 中央与地方新兴产业政策密集出台，成为推动新能源产业发展的主要力量，但同时也为产业布局埋下隐患

自2010年中央政府颁布战略性新兴产业发展规划之后，各地方政府也纷纷将其纳入地方“十二五”发展规划当中。以光伏产业为例，截至2013年，中国多晶硅产量占全球多晶硅产量从2008年的7.79%上升至34.39%，而电池片产量占全球电池片产量的一半以上，从2008年的32.91%增长至56.15%，光伏组件产量达到27.4GW，约占全球总产量的63.7%。政府的扶持性政策使新能源产业得到快速发展。但是，由于各地方在技术基础、市场规模、自然条件等方面存在较大差异，导致新能源产业发展水平参差不齐。而且，由于地方政府在制定产业规划时，仅从自身需求出发，忽略国家整体产业发展布局，导致重复性建设、投资竞争等现象出现，并且地方政府与新能源企业呈现出捆绑趋势，使政府成为阻碍新能源产业市场化运作的障碍之一，成为新能源产业出现产能过剩、技术低端锁定和产业区域布局冲突等问题的重要隐患。

二、新能源产业政策的评价标准

对于产业政策效果的评价，学术界一直没有统一的标准，而对于新兴产业之一的新能源产业，其产业政策评价标准就更缺乏明确的判断准则。尽管对于产业政策的评价标准多样，但总体来看，判断产业政策是否推动产业发展，达到其应有的运行效果是产业政策最根本的评价标准，即产业政策效果是否实现了制定和实施产业政策的目的。

根据前文对新能源产业政策目标的分析，结合新能源产业政策的传导与作用机制，其产业政策的作用目的主要体现在三个方面：一是推进新能源产业发展和增强新能源企业竞争力；二是推进新能源产业的技术创新与发展；三是为新能源产业发展构建良好发展环境、产业结构与布局。

基于此，我们提出了新能源产业政策的评价标准。

评价标准1：新能源企业是否形成自生能力，是否推动新能源产业发展的阶段演进。在标准1中，包括企业生产能力、盈利水平、市场占有率、产业规模以及市场规模等具体评价指标。

评价标准2：新能源产业的技术创新能力是否得到提升。主要包括新能源技术的专利申请数量、新能源企业研发投入强度、新能源产业的技术水平等指标。

评价标准3：新能源产业的发展环境是否得到改善，产业结构与产业布局

是否合理。包括新能源产业人才培养、市场化程度、产权保护、市场培育、公共服务、产业链结构以及区域产业布局等。

参考文献：

［1］［美］约瑟夫·斯蒂格利茨著，纪沫等译：《斯蒂格利茨经济学文集（第六卷上）》，中国金融出版社2007年版。

［2］［土］罗德里克著，张军扩、侯永志等译：《相同的经济学，不同的政策处方：全球化、制度建设和经济增长》，中信出版社2009年版。

［3］洪勇、张红虹：《新兴产业培育政策传导机制的系统分析》，《中国软科学》2015年第6期。

［4］周振华：《产业政策的经济理论系统分析》，中国人民大学出版社1991年版。

［5］周振华：《我国产业政策效应偏差分析》，《经济研究》1990年第11期。

［6］白雪洁：《产业成长阶段的产业组织政策有效性分析——以日本代表性产业组织政策为例》，《社会科学辑刊》2008年第4期。

第八章　两岸新能源产业政策对比分析

新能源产业作为新兴产业之一，其发展一直受到各国政府的重视，更是产业政策重点扶持的领域之一。我国自 2009 年起，将新能源产业纳入国家战略性新兴产业，加大了对该产业的扶持力度，使新能源产业快速发展，并在国际竞争中占有一席之地。台湾地区面对能源困境，新能源产业也成为其能源产业的重要组成部分。两岸分别从财税政策、科技政策和金融政策等多方面出台相关产业政策，为新能源产业发展铺路搭桥，但在密集的产业政策扶持下，新能源产业发展却良莠不齐。本章从两岸新能源产业政策的梳理出发，对两岸产业政策进行比较分析，为我国新能源产业政策的制定与实施提出意见和建议。

第一节　两岸新能源产业财税政策对比分析

不同的财税政策对于新能源产业发展的激励与作用效果不同，而财税政策的实施本身就具有阶段特性，因此不同的新能源产业发展阶段对于财税政策的需求也存在较大差异。本节首先对新能源产业的主要内容、作用机理进行分析。其次，对两岸新能源产业财税政策的演进历程进行梳理和归纳，明确新能源产业政策在推动产业发展过程中的重要作用。最后，在此基础上对两岸新能源产业规划政策的制定与实施效果进行评价，从两岸新能源产业发展规划的角度对比两岸差异，并在此基础上提出相关的政策建议。

一、新能源产业财税政策的主要内容及作用机理

1. 新能源产业财税政策的主要内容

从一般意义上来讲，财税政策主要包含两个部分，分别为财政政策和税收政策，而从经济学的严格意义上来说，财政政策和税收政策属于两个不同范畴的政策制度。税收政策主要是指国家通过制定各种税种、税率，以强制措施保障国家财政收入，满足国家实施政治经济职能的支出需要，实现社会的公平与发展。财政政策又被称为支出政策，主要包括生产性支出和消费性支出两大部分。具体来说，可以细化为以下三种：直接投资、政府购买和转移支付三种类型。新能源产业财税政策的最终目标是要实现新能源产业的发展，因此其财税政策的具体内容包括以下四种。

（1）直接投资。对于新能源产业来说，由于其发展初期常常面临市场需求不确定、新技术研发风险较高等多种市场失灵问题，单纯依靠市场选择会使新能源产业形成与发展速度较为缓慢。政府直接投资可以缓解基础设施建设不足，社会资本投资不足，技术创新风险高和较强的创新外部性等诸多问题，推进新能源产业的形成与发展。这也使直接投资更多集中于产业发展的形成期与成长期。政府直接投资不仅能够为产业发展提供最直接的资金支持，推动产业形成与成长，更由于其有较强的示范效应，能够引导社会资本进入该行业，使之形成一定的产业规模。

（2）税收优惠。税收优惠主要是通过正向和反向两种激励手段，为新能源企业发展创造更为有利的条件，以此推动新能源产业的快速发展。正向激励手段主要包括通过直接的税收减免、税率优惠、出口退税等方式和加速折旧、税收扣除等间接优惠手段，降低新能源企业负担，提升其盈利能力，鼓励其进行技术创新、工艺创新，降低成本，提升企业竞争能力。反向激励手段主要是对传统能源征收环境税等手段，限制传统能源消耗，并为新能源产业发展基金获取资金来源，推动新能源产业发展。

（3）政府补贴。政府补贴的形式主要为生产者补贴和消费者补贴。在新能源产业发展过程中，对于生产者和消费者进行补贴有十分重要的意义。通过对生产者进行补贴可以扩大生产规模，降低产品成本，有助于生产者进行技术创新和扩大再生产。对消费者进行补贴有助于培育市场和消费需求，推广新能源产品的应用。

（4）政府购买。政府购买常常是各国政府在扶持新能源产业发展中优先

考虑的扶持手段。政府通过优先购买和使用新能源产品，引导民众对新能源产品的消费兴趣，并通过其示范效应，提高民众对其的认可度，以达到培育市场、扩大需求、推动产业发展的目的。

2. 新能源产业财税政策的作用机理

（1）促进新能源产业的形成和市场培育。新能源产业作为新兴产业之一，其最初源于新技术的发展，产业链尚不完整，随着技术创新以及市场需求逐渐发展，在市场机制的作用下，新能源产业逐渐形成。然而，单纯依靠市场机制的发展，使新能源产业的形成过程变得较为缓慢，且难以实现完整的产业链，并且无法解决有效市场需求不足这一关键问题。中国大陆的光伏产业发展初期，就出现了原材料、关键技术以及市场需求“三头在外”的特征。新能源财税政策可以通过实施双向激励的措施，培育完整的产业，促进新能源产业的形成与发展，形成有效市场需求，实现产业可持续发展。

（2）推动新能源产业从萌芽期向产业化发展。只有新能源产业达到规模化后，才能够通过规模经济降低单位产品成本，从而提高利润水平，实现企业盈利。因此，新能源产业从萌芽期向产业化阶段发展成为必然选择。通过制定和实施一系列的财税政策，可以改善新能源产业的资源配置现状，提高企业资源配置效率，实现产业发展环境的优化，既能够直接刺激产业规模扩大，又能够吸引社会各种生产资源进入该产业，间接推动产业化发展。

（3）促进新能源技术发展不断创新与突破。新能源技术的发展是新能源产业发展的根本动力，其决定着新能源企业是否具备自生能力，新能源产品能否具有竞争力的关键，是新能源产业发展的生命力。但同时，由于技术创新存在较高的风险性和较强的正外部性，使其发展过程中容易出现低端技术锁定和“搭便车”等问题。因此，需要财税政策对新能源产业的技术创新进行扶持，降低风险性与弥补正外部性。财税政策应对新能源产业的技术创新支持贯穿于其整个产业发展的全生命周期，无论是在其萌芽期还是已经进入成熟期，都应当作为一项长期的战略政策予以扶持，这也是财税政策在技术创新中所不可替代的。

（4）新能源产业发展生命周期与财税政策。财税政策作为产业政策的一种，其都具备一定的阶段性。不同的产业发展阶段，其对财税政策的需求也不相同。从产业政策的实施力度来看，财税政策会随着新能源产业发展进程的演进呈现出先上升后下降的趋势。由于财税政策在支持技术创新与发展中的长期作用，使其不能消失，如图 8-1 所示。

在新能源产业的萌芽期和成长期，财税政策的实施力度会逐渐增强，伴随

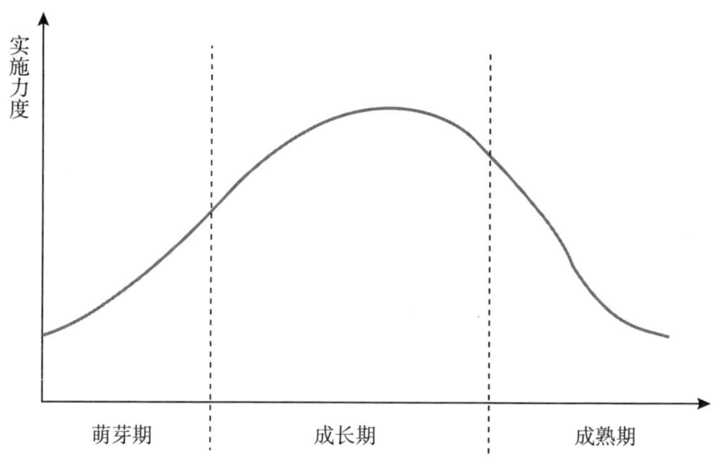

图 8-1　新能源产业不同生命周期阶段财税政策实施力度

资料来源：编者绘制。

着新能源产业的产业化进程，财税政策的实施力度将达到顶峰，当其产业发展逐渐接近成熟期后，财税政策的实施力度将逐渐变小，随着新能源产业进入成熟期后，除与技术创新相关的财税政策外，其余财税政策将逐渐退出。这主要是由于进入成长期后，新能源产业进入了产业化阶段，随着产业化的实现，生产与消费市场逐渐建立，当产业化完全实现之后，新能源产业就成为了以市场为主体、发挥其机制作用的产业，早期对于培育生产和消费市场所采取的财税政策需要逐渐退出。进入成熟期后，产业政策更多转向提供公平竞争和维护市场秩序的政策，而倾斜性的财税政策则加快退出，但源于技术创新的需求，将使其在新能源产业进入成熟期后也不会彻底退出。

二、两岸新能源产业财税政策的演进历程

1. 大陆新能源产业财税政策

我国新能源产业的财税政策在制定和实施过程中经历了一个逐步完善的过程，并且针对产业发展的不同阶段，根据产业发展情况实施不同的财税政策。

（1）起步阶段。从 20 世纪 80 年代开始，我国政府开始对新能源领域进行投入。财政政策方面，通过财政投入和财政补贴的方式，推动新能源产业的形成与发展。在这一阶段中，财政政策起到了主导作用。1987 年，我国首次设立农村能源专项贷款，先后推广了沼气、太阳能和风力发电等 500 多个新能

源专项项目。进入20世纪90年代，为鼓励太阳能、风能、生物质能等新能源产业发展，对其产品和产业提供相应的项目补贴、重点科技攻关支持和经费补贴。税收政策方面，这一时期的关税政策主要针对风电、光伏等新能源产业相关关键产品和零部件的进口关税和增值税进行减免优惠（见表8-1）。

表8-1 大陆新能源起步阶段财税政策汇总

政策类型	颁布时间	政策名称	政策内容
财政投入	1998年	当前国家重点鼓励发展的产业、产品和技术目录	将太阳能、生物质能发电、大型风力机等可再生能源产品列入鼓励发展的产品和产业：①项目补贴；②为重点技术攻关项目和培训进行扶持；③对科研项目和机构进行相应补贴
		外商投资产业指导目录	
财政补贴	1987年	农村能源专项贷款	用于太阳能、大中型沼气和风电技术的推广
	1999年	关于进一步支持新能源与可再生能源发展有关问题的通知	提供2%基建贷款财政贴息
关税	1996年	风电设备进口关税	风力发电设备进口关税税率为12%（不含塔架），零部件和发电机组进口税率分别为3%和6%
	1998年	国务院关于调整进口设备税收政策的通知	对风力发电机、光伏产品等在规定范围内免征进口关税和进口环节增值税

资料来源：编者整理。

（2）示范阶段。随着新能源产业的形成与发展，新能源产业进入示范阶段。这一阶段中，仍旧以财政政策为主，税收政策为辅。由于进入示范阶段，国家加强了对新能源产业发展的规划布局，通过颁布一系列发展规划，修订和明确了新能源产业的发展步伐与方向。为实现新能源产业规划的具体目标，新能源产业财税政策也针对产业发展实际需要进行相应的变化与修改。

从财政政策来看，除原有财政补贴和财政投入之外，还增加了财政贴息和设立专项资金这两个方面。2000年和2005年两次更新了1998年颁布的产品、产业和技术目录，根据新能源产业发展情况，调整财政投入的方向和力度。同时，还加大了对新能源产业和各细分行业的财政补贴力度。自2006年起，国家针对新能源产业和各细分产业陆续出台各种财政补贴政策，对太阳能、风力发电和生物质能等多种产业分别从电力价格、示范项目、产品结构等方面给予扶持。同时，还设立专项资金确定新能源产业专项资助范围，并通过财政贴息方式引导产业结构升级转型。

随着新能源产业从形成阶段进入示范阶段，新能源相关企业数量逐渐增多，税收优惠手段在这一阶段的使用明显增多，优惠税种也从关税扩展到增值税、所得税，并且对不同新能源产品依据其产业发展的水平，对太阳能、风能、生物质能和核能等各种新能源产业的产品、产业以及技术结构通过不同的扶持政策力度进行调节与引导。通过制定和实施相应的财税政策，推动新能源产业产能规模、技术水平的不断提升，促使新能源产业不断向产业化和市场化方向发展演进（见表 8-2）。

表 8-2 大陆新能源示范阶段财税政策汇总

政策类型	颁布时间	政策名称	政策内容
财政投入	2000 年	当前国家重点鼓励发展的产业、产品和技术目录	增加和修订了新能源产品与技术的补贴和扶持
	2005 年	产业结构调整指导目录	
财政补贴	2006 年	可再生能源发电价格和费用分摊管理试行办法	可再生能源上网电价补贴。由“标杆电价+补贴电价”共同构成发电价格
		关于发展生物质能源和生物化工财税扶持政策的实施意见	对原料基地项目和生物技术企业给予弹性亏损补贴、示范补助、税收优惠等扶持政策
	2008 年	秸秆能源化利用补助资金管理暂行办法	安排补助资金支持秸秆能源化利用，对从事秸秆能源化生产的企业进行综合性补助
	2009 年	关于加快推进太阳能光电建筑应用的实施意见	首次大范围对太阳能行业进行补助，对具备装机容量不小于 50 千瓦等条件的光电建筑项目实行 20 元/瓦的补助
		金太阳示范工程财政补贴资助资金管理暂行办法	并网光伏发电项目原则上按光伏发电系统及其配套输配电工程总投资的 50%补助，偏远无电地区独立光伏发电系统按总投资的 70%补助；光伏发电关键技术产业化和产业基础能力建设项目，给予适当贴息或补助
		关于完善风力发电上网电价政策的通知	按风能资源状况和工程建设条件，将全国分为四类风能资源区，相应制定分别为每千瓦时 0.51 元、0.54 元、0.58 元和 0.61 元的风电标杆上网电价

续表

政策类型	颁布时间	政策名称	政策内容
设立专项资金	2007年	可再生能源发展专项资金管理暂行办法	明确了扶持重点包括风电、太阳能、核能和生物质能在内的可再生能源，规定了申报及审批程序和资金使用方式
	2008年	风力发电设备产业化专项资金管理暂行办法	"以奖代补"支持风电设备产业化，对于符合支持条件企业予以补助，并重点向关键零部件中的薄弱环节倾斜
财政贴息	2009年	国务院常务会议	提供200亿元贷款贴息，用以解决包括风电机组关键零部件、核电关键设备以及关键组件在内的制约产业升级的核心技术难题
关税	2007年	关于落实国务院加快振兴装备制造业的若干意见有关进口税收政策的通知	对于风电、核电等重大关键技术设备和原材料进口实行进口关税退税或免征政策
	2008年	关于调整大功率风力发电机组及其关键零部件、原材料进口税收政策的通知	对国内企业为开发、制造大功率风力发电机组而进口的关键零部件、原材料所缴纳的进口关税和进口环节增值税实行先征后退
	2009年	重大技术装备进口税收政策暂行规定	对国内企业为生产国家支持发展的核电、风电、光伏重大技术装备和产品而确有必要进口的关键零部件及原材料，免征进口关税和进口环节增值税
增值税	2008年	关于资源综合利用及其他产品增值税政策的通知	利用风力生产电力的销售增值税实行即征即退50%的政策；城市生活垃圾用量（重量）占发电燃料的比重达到80%以上（含80%），实行增值税即征即退的政策；对销售自产的综合利用生物柴油实行增值税先征后退
		关于核电行业税收政策有关问题的通知	对核能发电企业生产销售的电力产品15个年度内统一实行增值税先征后退政策，返还比例分三阶段逐级递减
	2009年	增值税转型改革	人工沼气等生物质能的增值税按13%计征；新购进机器设备所支付的进项增值税税额列入进项税进行抵扣处理，有利于新能源发电企业降低发电成本

续表

政策类型	颁布时间	政策名称	政策内容
所得税	2008 年	关于公布公共基础设施项目企业所得税优惠目录（2008 年版）的通知	将经核准的风力发电、太阳能发电、地热发电新建项目纳入到企业所得税优惠目录中，实行“三免三减半”的优惠政策
使用税	2008 年	关于核电站用地免征城镇土地税的通知	对核电站不同用途用地实行不同比例土地使用税减免政策

资料来源：编者整理。

（3）产业化和市场化阶段。新能源产业发展经过了形成阶段和示范阶段后，进入产业化和市场化阶段。产业规模、技术水平在产业政策的大力扶持下取得了较为明显的提升，企业盈利能力也逐渐增强。因此，原有新能源产业财税政策已经无法满足产业演进发展的需求，而财税政策的扶持力度和方向也需要根据产业发展的要求进行变化。这一阶段，新能源的财税政策突出偏向推进产业化进程和培育市场需求。从财政政策来看，对于新能源电价补贴和重点关键技术攻关的支持力度成为重点方向，通过各种电价补贴、示范项目补贴以及技术研发奖励和补贴，对生产端和消费端进行双向扶持；从税收政策来看，通过对税收优惠、财政补贴项目的调整，引导企业合理布局和发展。2014 年，财政部、海关总署与国家税务局联合颁布了《关于调整重大技术装备进口税收政策的通知》，对新能源产业技术、装备、关键零部件进口优惠目录进行调整。核电设备与技术将优惠重点转向第三代核电机组，风电领域优惠重点转向大型风电设备、技术和零部件进口，增加太阳能光伏产品进入重大技术装备和产品目录（见表 8-3）。

表 8-3 大陆新能源产业产业化和市场化阶段主要财税政策

政策类型	颁布时间	政策名称	政策内容
财政投入	2011 年	产业结构调整指导目录（2011、2013）	将新能源从电力类中取消，单独设置，增加核能相关目录
	2013 年		增加与海上风电相关类别，增加核安全相关目录
财政补贴	2011 年	节能技术改造财政奖励资金管理办法	采取“以奖代补”方式，对企业实施节能技术改造给予支持和奖励，以加快推广先进节能技术
		关于海上风电上网电价政策的通知	海上风电上网电价做出明确规定，近海风电项目上网电价为每千瓦时 0.85 元（含税），潮间带风电项目上网电价为每千瓦时 0.75 元（含税）

续表

政策类型	颁布时间	政策名称	政策内容
财政补贴	2012 年	可再生能源电价补贴和配额交易方案	针对电网企业、新能源发电项目实施电价和接网工程电费补贴
		关于调整生物燃料乙醇财政补助政策的通知	对以粮食、非粮作物为原料的燃料乙醇实施财政补助，并规定了补助标准
	2013 年	关于调整可再生能源电价附加标准与环保电价有关事项的通知	可再生能源电价附加电价由原来每千瓦时 0.8 分钱提高至 1.5 分钱；将燃煤发电脱硝电价补偿标准由每千瓦 0.8 分钱提高至 1 分钱
		关于发挥价格杠杆作用促进光伏产业健康发展的通知	三类太阳能资源区光伏电站标杆上网电价分别为每千瓦时 0.9 元、0.95 元和 1 元
		关于分布式光伏发电按照电量补贴政策等有关问题的通知	针对光伏电价补贴和发放流程进行了明确规定
专项资金	2015 年	可再生能源发展专项资金管理暂行办法	该办法的实施在废除 2006 年政策的同时还废除了多项细化专项资金管理办法，如《生物能源和生物化工原料基地补助资金管理暂行办法》《关于实施金太阳示范工程的通知》《秸秆能源化利用补助资金暂行办法》
关税	2013 年	关于调整重大技术装备进口税收政策的通知	调整三代核电机组核岛设备、二代改进型核电机组核岛设备等装备的进口免税零部件及原材料目录；大功率风力发电机（组）及其配套部件进口免税零部件及原材料目录；增加太阳能光伏产品
增值税	2011 年	关于调整变性燃料乙醇定点生产企业税收政策的通知	对以粮食为原料生产用于调配车用乙醇汽油的变性燃料乙醇，实行增值税先征后退政策

资料来源：编者整理。

2. 台湾新能源产业财税政策

（1）台湾地区的再生能源发展有关规定是台湾新能源产业财税政策的基础。2009 年，台湾地区通过再生能源发展的有关规定，提出为推广再生能源利用，增进能源多元化，改善环境品质，带动相关产业发展实施这一规定。该规定包含了再生能源趸购制度和配套措施两个方面。趸购制度包括推广目标、资金来源、并联及趸购义务、趸购费率；配套制度包含示范辅助以及排除土地取得限制两个方面（见表 8-4）。2012 年，经济事务主管部门根据这一规定制定《风力发电离岸系统示范奖励办法》，协助降低进入障碍，给予设置者“示范机组设置奖励”及“示范风场作业奖励”，规定示范机组和示范风场可享受一定比例额度上限的奖励。具体而言，示范机组奖励上限是风力发电离岸系统趸购费率每瓦装置容器期初设置成本的 50%，以及总费用的 50%；示范风场以 2.5 亿元新台币为上限。同时为提高机组和风场建设的国产化率，对国营业者要求其机组设置及风场建设使用的产品达到一定的国产化率。

表 8-4　台湾再生能源发展的有关规定构成

	项目	主要内容
趸购制度	推广总量	奖励总量为 6500~10000MW
	设立基金	由电业及设置自用发电设备者缴纳基金之费用，依不同发电燃料对环境负荷之差别性收取，并得附加于售电价价格上，作为再生能源之电价、设备、示范补助及推广利用等相关用途
	并联及趸购义务	电业应于现有电网最接近再生能源发电集结地点予以并联、趸购；电业没有正当理由不得拒绝
	趸购费率	由经济部组成审定会每年公告电能趸购费率及其计算公式，以各类别再生能源之期初成本、运维成本、年发电度数及资金成本率等为原则，审定其趸购费率
配套措施	示范补助	制定建筑整合型太阳光电、沼气、地热、海洋能及其他具备发展潜力之示范补助办法
	排除土地取得限制	再生能源发电设备及其输变电相关设施所需用土地，准用都市计划法、区域计划法、森林及渔港法之相关规定，并准用电业法有关线路需用土地之取得程序及处置程序

资料来源：编者整理。

（2）再生能源趸购制度是台湾新能源产业的核心财税政策。再生能源趸购制度作为台湾新能源产业最重要的财税政策，其主要作用是促进新能源产业技术进步使之能够早日市场化运作（见表 8-5）。台湾经济事务能源主管部门每年依据再生能源发电设备的平均装置成本、运转年限、运转维护费、年发电量以及相关因素制定每年的趸购费率。趸购费率的执行标准是按照建设年的标准执行，并且 20 年不变。

表 8-5　台湾 2014 年再生能源趸购费率

单位：元/度

<table>
<tr><th>再生能源类别</th><th>分类</th><th>装置容量</th><th>第一期费率</th><th>第二期费率</th></tr>
<tr><td rowspan="5">太阳光电（免竞标对象）</td><td rowspan="4">屋顶型</td><td><20 千瓦</td><td>6. 8633</td><td>6. 6721</td></tr>
<tr><td>20～100 千瓦</td><td>5. 7378</td><td>5. 5760</td></tr>
<tr><td>100～500 千瓦</td><td>5. 3627</td><td>5. 2155</td></tr>
<tr><td>≥500 千瓦</td><td>5. 1935</td><td>5. 0537</td></tr>
<tr><td>地面型</td><td>≥1 千瓦</td><td>4. 8845</td><td>4. 7521</td></tr>
<tr><td rowspan="5">太阳光电（竞标对象）</td><td rowspan="4">屋顶型</td><td><20 千瓦</td><td colspan="2">6. 8633</td></tr>
<tr><td>20～100 千瓦</td><td colspan="2">5. 7378</td></tr>
<tr><td>100～500 千瓦</td><td colspan="2">5. 3627</td></tr>
<tr><td>≥500 千瓦</td><td colspan="2">5. 1935</td></tr>
<tr><td>地面型</td><td>≥1 千瓦</td><td colspan="2">4. 8845</td></tr>
<tr><td rowspan="6">风力</td><td rowspan="3">陆域</td><td><10 千瓦</td><td colspan="2">8. 4071</td></tr>
<tr><td rowspan="2">≥10 千瓦</td><td>加装 LVRT</td><td>2. 7229</td></tr>
<tr><td>未加装 LVRT</td><td>2. 6900</td></tr>
<tr><td rowspan="3">离岸</td><td rowspan="3">无区分</td><td>固定 20 年趸购费率</td><td>5. 7405</td></tr>
<tr><td rowspan="2">阶梯式趸购费率</td><td>前 10 年 7. 1085</td></tr>
<tr><td>后 10 年 3. 4586</td></tr>
<tr><td rowspan="2">生质能</td><td>无厌氧</td><td rowspan="2">无区分</td><td colspan="2">2. 6338</td></tr>
<tr><td>有厌氧</td><td colspan="2">3. 3803</td></tr>
</table>

注：$\text{趸购费率}=\dfrac{\text{期初设置成本}\times\text{资本还原因子}+\text{年运转维护费}}{\text{年售电量}}$，其中：$\text{资本还原因子}=\dfrac{\text{平均资金成本率}\times(1+\text{平均资金成本率})^{\text{趸购期间}}}{(1+\text{平均资金成本率})^{\text{趸购期间}}-1}$，年运转维护费=期初设置成本×年运转维护费占期初设置成本比例。

资料来源：编者整理。

除此之外，台湾还为其趸购制度设置了相应的配套措施，主要用于降低初期投资风险及门槛和法源松绑及强化沟通，分别包括示范奖励及补助、租税减免、银行融资、杂照放宽、申设流程简化、专案办公室和沟通平台。再生能源发展基金主要用于推动再生能源发展，其规定电业及设置自用发电设备者，每年按其不含再生能源发电部分的总发电量，缴纳一定金额充作基金，用于再生能源发展所缴纳的基金，经报请主管机构核定后附加于其售电价格上。2015

年 4 月 1 日，再生能源附加费部分已经纳入电价公式的税捐及规费项目中。

三、大陆新能源产业财税政策实施效果评价

大陆新能源产业财税政策的实施其主要目的是实现新能源产业规划目标、产业结构布局和合理引导产业发展，推动产业从萌芽期向成熟期逐渐演进与发展。因此，对新能源产业财税政策从实现产业规划目标、推动产业阶段演进以及对产业发展带来的其他影响出发，对其实施效果进行评价。

1. 新能源产业财税政策的实施，保障了新能源产业规划目标的实现

自 1996 年起，我国开始对新能源产业进行规划，并对新能源产业发展的目标和任务进行了一系列的设定，并且在产业规划中明确提出要构建完善的政策激励体系，而财税政策是政策激励体系中的重要组成部分，其为产业规划目标的实现提供了有力支持。新能源产业在财税政策的扶持下，得到了快速发展，同时也使产业规划目标不断更新与细化。《1996～2010 年新能源和可再生能源发展纲要》中提出 2000 年新能源与可再生能源利用总量达 29800 万吨标准煤，2010 年达到 39000 万吨标准煤，而《2000～2015 年新能源与可再生能源规划纲要》中，根据产业发展现实将这一目标进行了修订，到 2015 年我国新能源与可再生能源开发利用量达 2500 万吨标准煤，并且对太阳能、风能、生物质能产业的发展提出了具体的发展目标和任务。而随后的可再生能源发展“十一五”“十二五”“十三五”规划，更是涵盖了除太阳能、风电和生物质能之外的其他重点产业和领域，并且从“十二五”时期开始，对各新能源细分行业进行专项规划，以细化产业发展目标和任务，并为实现规划目标，出台相应的财政政策和税收政策，使自“十二五”起目标规划任务得以提前实现。实际上，2015 年我国商品化可再生能源利用量为 4.36 亿吨标准煤，已远远超过当初的规划目标。

2. 财税政策的实施推动了新能源产业的发展，实现了产业从“萌芽期”向“成长期”的演进

我国对新能源产业的财税政策涵盖了研发、生产制造和市场培育的多个方面，保证了新能源产业技术创新与进步，实现了其科技成果的产业化发展，进而实现了新能源产业从“萌芽期”向“成长期”的演进。在财税政策扶持下，通过直接和间接方式刺激了企业扩大生产规模，新能源产业的产业规模与应用市场逐渐扩大。我国自 2010 年起，风电累计装机容量超过美国成为全球累计装机容量最高的国家，2012 年风电并网容量更是高达 52.58GW，成为世界第

一风电大国；自 2007 年起，我国太阳能电池产量连续保持世界第一，2015 年产量更是超过 41GW，占世界总产量的 2/3；核电方面，我国投入运行核电机组达 30 台，在建核反应堆达 24 台，位居世界第一。

3. 财税政策尽管保持了其稳定性，但系统性不足

由于在新能源产业发展过程中，政府将对新能源产业的发展定义到国家能源战略发展的高度，使政府对新能源产业发展的干预表现出长期性和稳定性。政府在新能源产业发展的不同阶段，出台各种产业发展规划，而财税政策的执行，其目的在于实现产业发展规划目标，通过财税政策对产能规模、科技水平、市场培育等方面的大力扶持，也帮助阶段性规划政策修订发展目标的标准与方向。但是，从财税政策的实施角度来看，政府财税政策实施存在一定的时滞性，并在政策落实方面存在落实不到位的现象。如 2012 年制定的《可再生能源电价附加补助资金管理暂行办法》，尽管对可再生能源发电进行价格补贴，但是补贴发放一般会拖欠 6~18 个月不等。再如政府为鼓励太阳能产业发展，对光伏发电项目进行初始投资和发电量电价双轨补贴，而这样的财税政策导致随着光伏发电市场的发展，补贴资金由于无法约束项目运营，因管理不善根本未能实现项目规划发电效果。

4. 财税政策缺乏科学的进入与退出机制，导致产业发展混乱与失衡

我国目前为鼓励新能源产业发展的财税政策，虽然存在进入与退出的现象，如《产业结构调整指导目录》（2005、2011、2013）以及针对风电、太阳能等企业的税收优惠范围、示范工程和各种价格补贴等，都在随着产业发展进行调整与变化。但是这些变化并不是根据科学的产业政策进入与退出机制进行决定，而是在产业政策实施后对产业发展表现出其造成的弊端之后，进行的修订与改进。在财税政策出台之初，并未对其实施年限给予明确的说明，没有对产业发展的各个参与方形成发展压力，反而容易造成“寻租”空间。并且，我国目前的财税政策大多集中在风电与光伏产业领域，对生物质能与核电产业领域的优惠政策较少涉及，因此导致社会资本和企业更多选择进入风电与光伏产业领域，造成这些细分产业市场竞争过度激烈，产业规模迅速扩大，产能过剩现象较为突出，产业发展失衡现象明显，不利于新能源产业的整体发展。

5. 财税政策类型侧重供给政策，需求政策不足为产业发展带来隐患

财税政策作为产业政策的一种类型，其表现形式与产业政策相似，总体来说，可以分为供给端和需求端两种类型。其中，供给端政策主要是指通过对生产、制造和销售新能源产品、技术的企业在资金、技术及工艺改造上给予财政

补贴和税收优惠，从而促进产业创新发展；需求端政策主要是指对市场中消费新能源产品或技术的消费者给予的财税优惠政策，其目的主要为培育消费市场，形成主动性市场需求。通过对2000年以来，我国新能源产业的财税政策进行统计发现，90%以上的政策主要为供给端政策，而需求端政策不足10%。随着我国新能源产业的不断发展，市场需求不足的弊端逐渐凸显，“重生产、轻消费”的财税政策结构也是我国新能源产品在全球遭遇“反倾销、反补贴”调查的原因之一。因此，自“十二五”时期以后，需求端政策数量明显增加，财税政策也逐渐从“生产者”向“消费者”过渡。

6. 财税政策扶持手段单一，影响产业健康发展

目前，我国新能源产业的财政政策主要以实施产品补贴为主，补贴方依然以“生产者”为主，税收政策的实施不论增值税、关税还是所得税其主要涉及的也依然为“生产者”。无论财政政策还是税收政策，也都以正向激励为主，缺乏间接激励。从新能源产业长期可持续发展来看，这样单一的财税政策扶持手段，容易造成新能源企业产生道德风险与进行逆向选择，无法形成良性的产业政策激励机制，影响产业健康正常发展。

四、两岸新能源产业财税政策的实施效果对比分析

1. 大陆对新能源产业补贴力度强于台湾地区，但其现实需求存在一定差距

大陆对于新能源产业发展的补贴力度较强，补贴环节较多。从生产、制造、设备引进、技术研发到电能趸购，几乎涵盖产业链各个环节，与台湾仅仅对初始投资、技术研发和再生能源电能趸购进行补贴来看，补贴力度明显强于台湾地区。

大陆所实施的新能源产业金融政策确实有利于推动新能源产业发展，但是对有利于产业发展、符合发展方向的产品和企业、关键设备和关键技术补贴较少，并且政策调整较为缓慢，政策时滞降低其效力。另外，监管是保证财政政策补贴物尽其用的重要保障，在财政补贴运行机制中缺少全程监管和动态调节机制，补贴拖欠与骗取补贴行为同时存在。

2. 台湾地区上网电价政策相比于大陆更具有合理性

再生能源的趸购费率计算公式中，相关部门充分考虑了发电设备的平均装置成本、运转年限、运转维护费、年发电量等相关因素，以反映新能源发电成本为原则，更加符合市场机制的作用。而大陆新能源上网电价只是根据发电方式和区域加以区分，并不能充分反映新能源发电的成本，也没有估算企业合理

的盈利区间。

3. 台湾地区财税政策更加注重能源研究与开发

对于台湾地区，以补助研发经费的方式鼓励企业进行产业技术研发工作。企业具有研发团队，且有研发经验及基本管理能力者，可以申请《业界开发产业技术计划》的补助。2009 年 4 月台湾行政事务主管部门宣布第三波新兴产业蓝图，为加速台湾节能产业与国际潮流接轨，通过《绿色能源产业旭升方案》预计五年内将投入 200 亿元新台币技术研发资金，带动民间投资大约 2000 亿元新台币，更以 250 亿元新台币推动再生能源与节约能源的设置和补助，但是在关键技术自主研发方面虽然有策略性政策，但是实际效用不大，目前台湾生产制造的关键技术仍然以国外引进和兼并重组为主。

4. 大陆核电产业财税政策已趋于完善

目前，两岸对核电与其他形式电能的竞争采取着不同的态度，中国政府积极推动核电产业发展，并为其设置专门上网指导价格，而台湾相关部门对核电采取稳健减核的态度。

为了加快我国对国外核电技术的引进和消化，2006 年大陆国务院出台了《关于加快振兴装备制造业的若干意见》，在核电装备制造上，该意见强调鼓励我国核电关键设备进口，对进口关键部件实行免征关税和进口环节的增值税。此后大陆不断调整免征进口关税的设备目录，逐渐将免税核电设备集中在关键部件上。这一方面是因为我国国内已经具备了生产大部分核电辅助设备的能力，另一方面也在鼓励核电设备制造国产化，推动引进、消化、吸收的进程。对于核电运营企业来说，大陆也有相应的税收优惠政策，统一实行增值税先征后退政策，在核电上网价格上，统一核定标杆电价为每千瓦时 0.43 元。由此可见，大陆的财税政策涵盖了核电产业装备制造以及核电运营等关键环节，政策比较完善。

第二节　两岸新能源科技政策对比分析

新能源产业的兴起与发展源于技术创新的力量，也是其区别于传统能源产业的决定性因素，而一国科技水平高低与技术的先进性决定了产业发展的速度与质量。因此，新能源产业的发展离不开技术进步，而科技政策成为了推动技术进步与革新的重要驱动力。

一、新能源产业科技政策的主要内容及作用机理

1. 新能源产业科技政策的主要内容

科技政策这一概念最早起源于V. 布什的报告《科学：无止境的前沿》中，随着对科技政策研究和实践的不断深入，科技政策被认为是一国政府为实现政治、经济等发展目标，在科学技术领域内实施的具有阶段性的行动和规定的行动准则①。科技政策往往包含狭义和广义的科技政策，因此其内容十分广泛，表达形式具有多样性。科技政策的内容主要可以分为科技发展战略方针、科学政策、技术政策、科技发展规划、科技管理政策等②。从新能源产业的科技政策来看，其科技政策主要包括科技创新政策、科技应用政策以及科技管理政策。依据目前我国现行的新能源产业科技政策，其内容主要包括科技发展规划、专项科技规划、重大科技项目、技术标准等产业技术政策，以及人才培养、创新体系建设等科技管理政策。总体而言，可将我国新能源产业政策的主要内容概括为两个方面：一是确定新能源技术发展的方向与目标，通过制定产业技术发展规划，实现新能源科技发展战略；二是通过制定和实施具体的科技政策工具，保障科技战略和规划的顺利实现，如技术引进、技术扩散、原始创新、人才培养等。技术引进和技术扩散等工具有利于快速提高产业直接竞争能力，通过消化吸收再创新，则更易发挥后发优势，而原始创新与人才培养等则是产业核心竞争力，有利于产业长期发展，从根本上提升产业的竞争力，保障产业竞争优势。

2. 新能源产业科技政策的作用机理

如图8-2所示，首先，由于科技成果和创新行为具有较强的正外部性，外溢效果十分显著，以至于影响企业技术创新行为的积极性。由于创新行为的市场失灵，往往使私人企业无法完全享有创新收益，而“搭便车者”则容易比“创新者”享有更大收益，不仅使私人企业缺乏创新动力，还容易造成创新退步③。因此，单纯依靠市场机制推动科技创新与发展，尤其是新能源产业这类以新技术为核心驱动力的新兴产业，存在较大困难，需要产业科技政策对其进行扶持。

---

① 王卉珏：《科技政策的理论与方法研究》，华中科技大学出版社2008年版。

② 郑建华：《新时期我国科技政策演变的价值取向研究》，重庆大学硕士学位论文，2012年。

③ 在市场严重失灵的情况下，人人都不愿进行创新而选择“搭便车”，造成创新停滞甚至倒退。

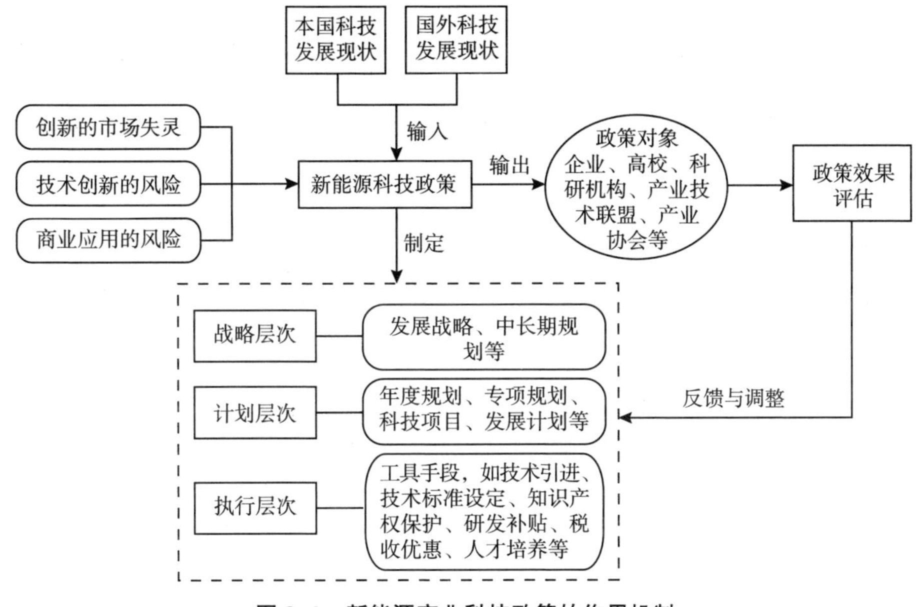

图 8-2　新能源产业科技政策的作用机制

资料来源：编者绘制。

其次，由于新技术的开发与应用常常面临较大风险，技术与商业的双重风险性也制约了新技术的发展。通过制定和实施产业科技政策可以对产业技术发展进行系统合理规划，从而降低研发成本，同时引导社会资本流向，改善科技资源配置状况，降低技术开发与应用风险，最终提高产业竞争力和国际竞争力。

最后，科技政策通过战略层次、计划层次和执行层次三个层次作用到新能源产业层面，由于科技政策实施效果的不确定性，以及在各政策目标和实施对象之间存在复杂的因果关系，导致科技政策与技术发展并不能完全按照最初设想实现。因此，需要通过对实施效果进行评估，进而结合实际发展现状，对政策进行调整与修订。

二、两岸新能源科技政策概述

1. 大陆新能源产业科技政策

从历史演进视角来看，我国新能源产业科技政策以“技术引进+国产化”为主线，以实施赶超战略为主要目标，不论在战略规划、科技计划还是政策的工具的使用上，都力求以较快的速度追赶国际先进新能源技术水平。在科技政策的扶持之下，新能源技术水平的不断提升，技术应用和自主创新能力的培养逐渐成为产业技术发展的重点。

从产业整体来看，我国通过制定和实施新能源产业科技发展战略和具体科技扶持政策，积极利用外资和引进国外先进技术，推动我国新能源科技的创新与发展，增强了技术设备国产化的实力，为自主创新能力的建设奠定了基础。如表 8-6 所示，在国家战略规划层面，1995 年我国首次颁布新能源产业发展指导性文件——《1996~2010 年新能源和可再生能源发展纲要》，明确提出加快新能源和可再生能源的发展和产业建设步伐。2006 年，《国家中长期科学和技术发展规划纲要（2006~2020 年）》又根据新能源技术发展现状，对原有发展目标进行调整。在执行层面，科技政策也依据战略层面的调整，出台相应的科技扶持政策。1997 年，经由国务院批准第一次颁布了包括太阳能、风能、生物质能及核能等新源产业在内的《当前国家重点鼓励发展的产业、产品和技术目录》，对新能源产业技术发展进行指导。随后该目录于 2000 年、2005 年、2011 年、2013 年、2015 年多次进行修订，不断增加和调整鼓励新能源技术发展的项目种类和方向。

表 8-6 大陆新能源产业科技政策汇总

政策类型	颁布时间	政策名称
战略层面	1995 年	1996~2010 年新能源和可再生能源发展纲要
	2000 年	2000~2015 年新能源和可再生能源产业发展规划要点
	2006 年	国家中长期科学和技术发展规划纲要（2006~2020 年）
	2007 年	可再生能源中长期发展规划
	2010 年	国务院关于加快培育和发展战略性新兴产业的决定
	2013 年	国家重大科技基础设施建设中长期规划（2012~2030 年）
	2014 年	能源发展战略行动计划（2014~2020 年）
	2016 年	能源技术革命创新行动计划（2016~2030 年）
计划层面	2007 年	可再生能源发展“十一五”规划
	2012 年	可再生能源发展“十二五”规划
		国家“十二五”先进能源技术领域战略
		“十二五”国家科技计划先进能源技术领域 2013 年度备选项目征集指南
	2013 年	能源发展“十二五”规划
	2014 年	能源发展战略行动计划（2014~2020 年）

续表

政策类型	颁布时间	政策名称
执行层面	1997 年	当前国家重点鼓励发展的产业、产品和技术目录（1997、2000）
	2005 年	产业结构调整指导目录（2005、2011、2013、2015）

资料来源：编者整理。

从各细分行业来看，为更好地推动新能源技术的发展，对太阳能、风能、核能和生物质能等细分行业从计划层面和执行层面上，出台了一系列的科技扶持政策。在计划层面上，“国家科技攻关计划”“国家重点基础研究发展计划”“863 科技攻关项目”“双加工程”，风电、太阳能、生物质能“科技发展‘十二五’专项规划”等的实施，有效推动了新能源科技水平的提升，并提升了国产新能源设备化的国际竞争能力。在执行层面上，除了对技术引进和科技创新的支持外，更加注重对技术应用的推广与扶持。在太阳能产业方面，通过实施“金太阳示范工程”、分布式光伏示范等政策，扩大国内市场，同时加强太阳能产业技术创新，专注分布式光伏，鼓励发展分布式光伏，规范分布式并网，解决“弃光”问题和大规模光伏发电基地电源外送难题。在风电产业方面，通过对风电项目进行特许招标和对风电项目建设设备的国产化率提出要求，使我国风电技术与制造能力得到大幅度提升。在生物质能产业方面，为打造低碳的新兴可再生能源热力产业，形成一定可再生能源供热能力，探索生物质成型燃料锅炉供热应用方式及商业模式，建立简便高效的管理体系，提出于 2014~2015 年拟建设 120 个生物质成型燃料锅炉供热示范项目，总投资额约达 50 亿元。在核电产业方面，技术项目国产化有效促进了核电建设成本的降低，岭澳二期项目中，单位建造价格低至 1.23 万元/KW，在该级别机组造价中达到了全球最低价位级别①；石岛湾核电站示范工程项目采用我国自主研发的第四代核电技术，标志着我国自主创新技术的发展取得了突破性的成果。

2. 台湾新能源产业科技政策

自能源危机与环境保护成为全球关注的共同焦点，台湾作为能源较为缺乏的地区之一，开始调整能源技术研发方向，重视新能源产业科技研发的同时，将科技政策的制定扩展到技术应用与推广领域。

① 刘传书：《中广核岭澳核电站二期工程获中国核能行业 2013 年度科学技术最高奖》，《科技日报》，2013 年 12 月 16 日。

（1）以科技计划为支撑，推动新能源技术发展。能源作为经济发展的血液，保障其供给稳定不仅对于地区发展十分重要，对于区域安全与稳定同样也是不可忽视的。台湾地区能源主要依赖进口，为保障其能源供给的稳定性，发展新能源产业成为其必然选择。随着新能源产业在各国普遍受到重视，台湾也将新能源列入其发展的重点产业。

从2009年起，台湾行政事务主管部门发布“能源科技计划”，针对新能源等产业将大力进行科技研发支持。该计划于2009年开始实施5年，于2013年第一阶段实施完毕，第二阶段（2014~2018年）正在规划过程中。第一期共计投入236亿元新台币，其中经济事务主管部门投入约占总投入的60%；第二阶段将在第一阶段研究基础上加大投资力度达1200亿元新台币，其中政府投入下降到20.6%，而业界投入占79.4%。2010年，“节能减碳总计划”则通过进一步提高能源效率以及控制减碳指标，对新能源技术发展提出更高要求。2012年颁布了“能源发展纲领”，提出了能源供给的“多元主体”体系建设，进一步确定了太阳光电、风力发电、生物质能等新能源产业的地位以及未来能源技术发展的重点与方向。

（2）以实施产业推广计划作为实现新能源科技政策目标的主要手段。台湾经济事务能源主管部门在2007~2012年间经费投入逐年增长，共计投入472.42亿元新台币。主要以落实“永续能源发展纲领”和“节能减碳总计划”为主，同时配合科技计划实施。通过台湾经济事务能源主管部门的工作具体年度计划完成和达到各项政策所提出的目标。台湾“绿能产业旭升方案”和“绿能产业跃升计划”是台湾针对新能源产业提出的专项发展规划。在“绿能产业旭升方案”中，新能源产业主要以太阳能产业发展为主；在“绿能产业跃升计划”中，将风力发电产业也纳入了主要发展产业，加大了对新能源产业应用技术的推广力度。

台湾经济事务能源主管部门组织开展了多项新能源科技的研发计划，其中重点以新能源技术研发和应用技术推广为主，涉及基础技术研发、应用技术开发与推广、能源效率与储能技术、新能源技术服务等多个领域。以实现低碳、绿色能源系统和社会为目标，根据市场需求选择所需开发的技术项目；系统规划科技政策体系，通过对前瞻性先导研究、应用研究、改良研究、示范研究的技术体系，推动科技发展；以新能源科技发展带动台湾制造业发展，深化技术研发深度与广度，提升产业竞争力；强化新能源科技人才培育及科研服务，调整人才培养战略，整合产学研资源，保障研发质量，为技术发展提供长久的动力支持。

表 8-7　台湾新能源科技发展、应用及推广计划

颁布时间	颁布机构	政策名称	主要内容
2007 年	台湾经济事务能源主管部门	生质柴油标准	该标准作为用作柴油引擎燃料的生质柴油的品质检验标准。并在车用柴油标准（CNS 1471，K5024）中增订了生质柴油的相关条文，以确保生质柴油的品质
2009 年	台湾行政事务主管部门	绿能产业旭升方案	以太阳能光电产业为发展重点，包括关键技术自主化、优先重点投资、建立产品法规和标准。风电与生质产业作为一般最具潜力产业进行发展
2012 年	台湾行政事务主管部门	绿能产业跃升计划	是“旭升方案”升级版。将资源更多集中在太阳能光电、风力发电等领域
2013 年	台湾经济事务能源主管部门	新及再生能源技术研发	太阳能热能技术、高效太阳能光电系统技术、离岸风电场调查分析及技术研发、多元料源液态生质燃料技术等
2013 年	台湾经济事务能源主管部门	再生能源开发与推广	太阳光电系统应用、绿能产业发展策略研究与推动、绿能产业研发实验平台建置、生质能科技研究中心、太阳光电科技研究中心等
2014 年	台湾行政事务主管部门	绿能低碳总行动方案	由“节能减碳总计划”更名而来。该行动方案设置了十大标杆方案，针对标杆方案共设置了 35 个标杆型计划。涵盖法律法规、产业结构、科技计划、减碳教育等多个方面

资料来源：编者整理。

三、两岸新能源科技政策的效果评价

1. 大陆新能源科技政策效果评价

我国实施新能源科技政策以后，对新能源技术的发展起到了显著的促进作用，对我国的风电、太阳能、核能等新能源的应用进行了明显的推广，并且新能源相关企业在国际上的竞争力也有较大幅度提升。相应地，在科技政策产生正面积极的促进作用背后，科技政策的不足之处也逐渐暴露出来。

从积极效果来看，主要包括以下三点：第一，我国新能源技术水平的提升显著。根据第二至第五章对各新能源细分产业的发展分析，我国新能源产业专利申请数量逐年增多，风电、太阳能等领域中，部分企业的技术已经达到国际领先水平，更是自主研发了第四代核电技术，科技政策显著提升了我国新能源产业的科技水平。第二，新能源设备国产化水平大幅提高。科技政策除却对研发进行了大力扶持，通过掌握新能源关键技术提升技术发展水平外，同样强调对国产设备应用的鼓励与支持，有利于本国技术和产品的应用与推广，进而对引进技术的吸收再创新有较为明显的促进作用。第三，科技政策促进了新能源产业发展的规模化，增强了新能源相关制造业的创新能力，引导新能源科技发展的未来方向。以风电产业科技政策为例，其“十二五”专项规划、智能电网技术发展专项规划等，都从规模化的角度在基础研究、集成示范、成果转化等方面对技术的研发与生产制造提出了要求，使技术应用通过规模化降低成本，更加适应市场需求。

尽管新能源科技政策促进了我国新能源产业的技术提升，但是我国技术发展水平依然与国际水平存在一定差距，主要包含以下几个方面：一是部分产业关键设备依赖进口，如光伏、生物质能、储能技术等方面依然缺乏关键技术，部分产业更是暴露出低水平的重复性建设以及低端技术锁定问题。二是创新制度体系尚未完全建立，研发投入力度不足，无论从国家对新能源技术发展的研发投入占比来看，还是从企业自身的研发投入占比来看，与国际先进水平相比差距较大。三是自主创新能力依然较弱，许多产业依然以依靠技术引进为主，由于科技创新产业链尚不完整，新能源科技人才后备不足，企业自主研发积极性较弱等原因，也导致我国新能源科技发展难以真正跻身世界领先水平。由于自主创新的成本较高，企业每年 R&D 投入不足其收入的 10%，创新投入较低，大型企业虽然加大对研发的投入力度，可研发成功率较低，部分企业无法承担高昂的研发损失。四是我国新能源科技政策在技术标准的制定上较为滞后，且较少涉及国际合作领域，这也对我国新能源技术的发展造成了一定的阻碍。在新能源产品质量认证以及技术标准认证方面重视程度不足，起步较晚，在市场准入方面并没有统一标准，使大陆的新能源市场的进入变得十分容易，也使大陆企业面临异常激烈的竞争。国际市场方面，由于我国的认证机构资质较低，国际市场很少承认国内机构认证，而国际新能源机构认证的取得存在一定困难，因此，产品出口受到国际市场的技术壁垒约束。

2. 台湾新能源科技政策效果评价

由于台湾的新能源产业发展从始至终是以新能源技术发展驱动产业的发展为主要动力，因此其构建了较为完备的科技政策体系，在促进新能源技术发展的基础上推动了产业发展。

第一，以市场需求为导向，进行新能源技术的研发，有效降低了台湾对传统能源的需求量，减少了二氧化碳的排放量。第二，较为完整的技术创新科技政策体系的建立，有利于新能源技术研发、创新与扩散落实并重。第三，科技政策项目侧重于与台湾具备制造优势的产业相结合，带动制造业走高附加值道路，增强其科技创新能力。第四，注重人才培养和创新资源整合，将人才培养与科技发展同步推进，充分利用产学研合作平台和企业技术联盟，确保创新的长久性与技术成果转化的顺畅机制。第五，源于台湾本身的资源有限以及自身市场的局限性，使其科技政策更多扶持其自身具备发展能力的产业，且本土产业规模较小，过于依赖国际市场。

第三节　两岸新能源融资政策对比分析

新能源产业的发展一直受到各种政策的扶持，然而随着产业发展逐渐进入市场化阶段，财税政策等差异化产业政策最终将退出，而被更为体现市场机制的公平的产业政策所取代。融资政策更倾向于利用市场机制，促进新能源产业健康持续发展，成为新兴产业向成熟产业发展的过程中的重要政策保障。

一、新能源产业融资政策的主要内容及作用机理

1. 新能源产业融资政策的主要内容

融资政策是指一国政府为实现特定的经济发展目标，通过制定和实施一系列的规章、制度和规范，在融资方式、融资规模和利率水平方面为市场中的资金供求双方提供的金融支持①。由于融资政策更倾向通过市场机制的作用，以市场利率变动影响资金供求，进而影响资金流向，因此其更为灵活和便捷。从融资方式来看，融资政策可以划分为直接融资和间接融资。直接融资是指资金需求方通过企业债券、股票等方式直接获得所需资金，而无须借助金融中介机构；间接融资是指资金需求方通过银行信贷、融资租赁、委托贷款等方式从金融中介机构获得所需资金。从融资的形式来看，融资政策可以划分为政策性融资和市场性融资。政策性融资是指资金需求方通过政府信用担保的方式，在政策性银行或商业银行对特定项目进行金融支持。市场性融资资金需求方按照市场交易规则，在市场中获得所需资金支持。

① 张宪昌：《中国新能源发展政策研究》，中共中央党校博士学位论文，2014 年。

尽管融资政策分类方式众多，在新能源产业发展过程中，融资政策的主要工具和模式分别为银行贷款、企业债券、融资租赁、股票融资、碳排放交易融资和 PPP 融资。银行贷款融资主要是指为鼓励新能源产业发展，政策性银行或商业银行以较低利率或是财政贴息的方式对新能源项目提供资金支持，降低新能源产业发展的融资成本。企业债券是指新能源企业通过发行债券的方式，为新能源项目筹集资金，并承诺在一定时期内对所借金额还本付息。融资租赁是指新能源企业通过向租赁公司提供所需设备或其需求的其他租赁设施名单，租赁公司为其支付费用购买所需物品，而新能源企业通过按时向租赁公司支付租金的方式，获得资金支持。股票融资是指新能源企业通过上市公开发行股票或者针对特定新能源项目对其已经上市的企业进行股票增发来获得企业发展所需资金。碳排放交易融资是指在清洁发展机制（CDM）框架下，通过参与项目合作，出售碳排放权，获得相应的资金和先进的新能源技术①。PPP 融资又称为公私合营模式融资，是指政府与私人资本在新能源项目中，以合作伙伴方式对其合作项目采取风险分担、利益分享的合作模式，充分利用各自优势保障资金利用效率和项目管理效率②。

2. 新能源产业融资政策的作用机理

融资行为本身是市场机制下常见的经济行为，企业或个人通过支付一定的利息或者租金从资本市场中得到自身发展所需的资金。因此，这也使融资政策具有明显的市场特征，在市场机制下，融资政策也与其他“有偏”的产业政策不同，不存在退出机制，可以作用于产业发展的整个生命周期。

对新能源产业融资政策来说，无论是政策性融资还是市场性融资，直接融资还是间接融资，其主要目标均是为了实现新能源产业的规模化和标准化。面对这一政策目标，新能源企业必须要具备一定的经营规模、盈利能力、良好的商业信誉以及抗风险能力。只有当新能源企业具备了规模化和标准化的实力，其融资行为才越容易实现，进而融资成本也越低。因此，新能源企业自主向规模化与标准化发展，新能源产业融资政策有效推进了这一过程。

新能源产业的融资政策贯穿了产业发展的整个生命周期，但各新能源产业融资政策工具在不同的产业阶段其作用也不尽相同。从新能源产业生命周期来看，在产业萌芽期对资金需求量较大，财政贴息、银行低息贷款、融资租赁等

---

① 盛玮：《清洁发展机制（CDM）》，《求是》2010 年第 7 期，第 64 页。

② 周典、刘心报：《PPP 模式与卫生科技投融资机制的创新》，《中国科技论坛》2007 年第 2 期，第 26~29 页。

政策工具能够有效缓解资金不足，降低融资成本；进入产业形成期，新能源企业进入规模化发展阶段，随着规模经济的不断显现，企业债券融资、股票融资等形式，更有利于企业实现规模化发展；进入产业成长期阶段，新能源产业发展对市场机制的反应更为敏感，PPP 融资方式则更有利于新能源企业适应市场需求，实现产业市场化和标准化；碳排放融资方式适合于产业生命周期的任何阶段。从技术生命周期来看，在新能源技术研发和示范阶段，更偏重政府的作用，财政贴息和银行低息贷款的融资政策有利于新能源技术发展；当产业政策进入降低成本和规模化商业推广阶段，市场作用更为突出，此时企业债券融资、股票融资、碳排放交易融资以及 PPP 融资更有益于新能源技术发展（见图 8-3）。

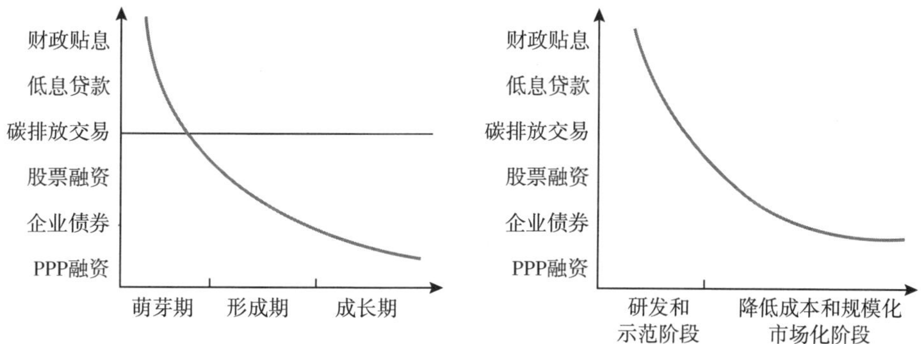

图 8-3　融资工具与新能源产业生命周期和技术生命周期的关系

资料来源：编者绘制。

二、两岸新能源融资政策现状

1. 大陆新能源产业融资政策

我国新能源融资政策是以政策性融资为主，市场性融资为辅。由于我国新能源市场机制尚不成熟，因此间接融资比直接融资应用更为广泛。从具体产业融资政策工具来看，财政贴息和银行贷款较常使用，对新能源产业的发展起到了较强的扶持作用，随着新能源产业逐渐进入规模化和市场化发展阶段，股票融资、企业债券融资、碳排放交易等的应用逐渐增多，而 PPP 融资模式在其他领域的应用日渐成熟，也逐渐成为了新能源产业融资政策未来重点应用的工具之一。

（1）在新能源产业发展初期，财政贴息是推动我国新能源产业发展的重要融资政策。财政贴息政策最早于 1987 年应用于新能源项目开发中，农村能源专项贴息贷款为农村新能源项目开发提供了有效支持，前后共扶持 500 多个新能源项目。直至 1996 年，这一贴息补助更是达到了商业银行贷款利率的 50%。1999 年为加快推进新能源产业发展进程，更是为新能源项目提供专项商业和政策性贷款，扩大了贴息补助的范围。进入 2000 年以后，为更好地扶持新能源产业发展，进一步完善财政贴息政策，政府部门出台了财政贴息资金的专项管理办法。

（2）银行贷款是我国最主要的新能源产业融资政策。在市场机制作用下，资金供求的交易市场主要以金融中介机构为主。因此，银行等金融机构提供的贷款仍是新能源企业寻求资金借贷的主要来源。但由于新能源产业包含风电、太阳能、生物质能和核能等多个细分产业，而各个产业发展进程和产业特性不同，因此其银行贷款的侧重点也不同。以风电和太阳能产业的基础建设来说，60%的新能源项目贷款来自国家开发银行，其他资金借贷也以国有大型银行贷款为主；核电领域更将银行贷款扩展至国外银行，大亚湾核电站的建设就以“贷款建设，售电还贷”的方式向英法银行进行融资；近些年，更是积极开拓向世界银行、亚洲开发银行等国际金融组织进行融资贷款，拓宽我国新能源产业资金来源与融资渠道。

（3）股票融资和企业债券融资推动了企业规模化和标准化发展。在财税政策、科技政策等新能源产业政策的大力扶持下，我国新能源产业发展迅速，部分风电、光伏、核电和生物质能新能源企业选择通过上市或者增发的形式，进行股票融资，而部分具有一定规模和实力的未上市新能源企业则通过企业债券的形式进行融资。选择股票融资和企业债券融资的新能源企业都具备了一定的规模经济和标准化发展实力。如中国广东核电集团，其不仅是上市公司，更于 2002 年、2010 年两次发行企业债券进行融资，分别包括 15 年的长期企业债券 40 亿元、5 年的中期债券 57 亿元以及 1 年期的短期融券 57 亿元；金晶科技于 2013 年发行 6 年的中期企业债券 8 亿元。

（4）碳排放交易为新能源融资提供了长久的政策保障。清洁发展机制（CDM）是《京都议定书》中的灵活履约机制，更是唯一得到国际公认的碳排放交易机制。我国自签署《京都议定书》后，积极履行国际减排承诺，并于 2005 年颁布了《清洁发展机制项目管理运行办法》。此后，中国积极参与国际碳排放交易，并确保 CDM 项目所获收益归实施项目的企业以及中国政府所有。

截至2013年底，获得碳排放交易权的中国新能源CDM项目达到1113个。尽管2008年金融危机后碳排放交易市场低迷，中国政府对CDM项目进行了价格保护，通过设置8~10欧元/吨的最低限价保障碳排放交易权不被贱卖。

除积极参与国际市场的碳排放交易外，也同样加快了对国内碳排放交易市场的建立。自2011年起，我国颁布一系列政策为碳排放交易市场的建立进行准备工作，于2013年正式在北京、天津、上海、广东等7省市开展碳排放权交易试点。

（5）融资租赁和PPP融资逐渐成为新能源产业融资政策的新宠。融资租赁和PPP融资都是创新的金融融资工具，更成为了近几年新能源产业融资政策的关注焦点，是未来新能源产业融资政策的发展方向。我国新能源领域中，融资租赁以售后回租业务为主，如2012年中国风电的内蒙风电场通过售后回租方式，向上海融联租赁以2.5亿元出售其机器设备，并以3.14亿元总租金租回内蒙风电场获得其三年所需融资。2015年起，中央政府颁布大量PPP政策文件，倡导该投融资方式在基建和公共服务领域的应用，随后在新能源领域也逐渐出台了不少推广PPP模式的政策文本。这些政策文本明确了新能源领域推广PPP的目标、适用范围、示范项目、政策保障措施等方面。

表8-8　大陆新能源产业融资政策汇总

政策工具	颁布时间	政策名称	主要内容
财政贴息	1996年	农村能源专项贴息	用于风电、光伏和生物质能等新能源项目专项贷款贴息，按商业银行利率的50%进行贴息补贴
	1999年	进一步支持可再生能源发展有关问题	对3000KW以上可再生能源发电项目给予2%财政贴息；对使用国产化设备的建设项目除优先发放贴息贷款外，并将其投资利润率提高至不低于“当时贷款利率+5%”
	2001年	中央财政贴息管理暂行办法	对国家支持产业项目进行贴息扶持，包括中央和地方两级贴息，贴息率不超过银行贷款利率，贴息年限1~3年
	2007年	基本建设贷款中央财政贴息资金管理办法	该资金管理办法于2011年、2012年进行修订，调整了贴息项目对象范围以及项目贴息年限
银行贷款	2007年、2010年	气候变化框架贷款一期、二期协定	欧洲投资银行为中国可再生能源项目提供每期5亿欧元的贷款
	2013年	支持分布式光伏发电金融服务的意见	国家开发银行对分布式光伏发电项目提供长达15年的信贷支持

续表

政策工具	颁布时间	政策名称	主要内容
企业债券	2013 年	关于进一步改进企业债券发行审核工作的通知	将新能源产业列为加快和简化审核类情况，重点支持太阳能光伏和风电应用
碳排放交易	2005 年	清洁发展机制项目运行管理办法	对碳排放权交易的申请、审核和项目运行机制进行权利与义务的规定，该管理办法于 2011 年重新修订
	2011 年	关于开展碳排放权交易试点工作的通知	对 7 个交易试点省市进行组织领导、专职队伍的建设，并要求其安排专项资金，编制碳排放权交易实施方案
	2012 年	温室气体自愿减排项目审定与核证指南	对自愿减排项目、减排量、交易量进行审定与核证管理
融资租赁	2012 年	央行、银监会联合通知	售后回租纳入调控和监管范围
	2014 年	金融租赁公司管理办法	对融资租赁公司的设立、业务范围、经营规则进行了明确规定，加强了对融资租赁公司的监管力度
PPP 融资	2016 年	在能源领域积极推广政府和社会资本合作模式的通知	对智能电网、光伏扶贫项目、储能项目、核电设备研制与服务领域等新能源项目推广 PPP 融资

资料来源：编者整理。

2. 台湾新能源产业融资政策

台湾的新能源产业融资政策主要以市场性融资为主，源于经济体制与政治制度的差异性，政策性融资在台湾地区较难实现。从新能源产业整体来看，台湾融资政策以再生能源趸购制度为核心，围绕这一核心制度推出再生能源融资政策。该政策是以相关部门基金和银行贷款共同承担，银行从市场可行角度在对新能源项目效益进行评估之后决定是否对其进行融资，资金使用更加具有导向性，便于监管资金的流向。从细分产业来看，台湾新能源产业的融资政策主要针对太阳能光电产业与风电产业这两个细分产业。

（1）太阳能产业金融政策以政府金融政策为基准，各县市可因自身情况进行调整。台湾地区相关部门为积极推动工业发展、加速工业升级，促进经济持续增长，由行政事务主管部门开发基金提拨专款，搭配承作银行自有资金，每笔贷款由行政事务主管部门开发基金出资25%，银行出资75%，搭配贷放，贷款风险由承贷银行承担，办理各项专案低利贷款。例如，购置自动化机器设备优惠贷款，购置省能设备优惠贷款及防治污染设备优惠贷款等，多家银行也想为安装太阳能发电设备的民众提供融资服务。另一种融资渠道是相关部门参与投资，投资人可以申请相关部门参与投资，出资额最高可达总资本额的49%。代表相关部门出资的机构有科学技术发展基金或其他开发基金，兆星国际商业银行及行政事务主管部门开发基金管理委员会。

（2）风电产业从公私合营方式向PPP融资方式转变。公私合营是目前台湾海上风电发展的主要方向，目前台湾海上风电项目由台湾当局提供50%的建造成本，对基础建设进行先期融资，通过建成后的发电收益对建设成本进行回收，而台湾当局同时将再生能源发展基金用以补贴新能源发电。这种公私合营方式在降低企业经营风险的同时又能够激发企业活力，在让个人享有海上风电所带来的经济利益的同时，还承担社会公共责任与义务。随着台湾新能源产业在国际竞争中的实力不断增强，尤其是其太阳能需求不断增长，有望成为世界十大太阳能市场之一，2013年起台湾也不断创新新能源融资方式，PPP作为较为成熟的创新融资手段，对原有公私合营融资政策进行完善和修订，开发适合自身发展的PPP融资政策。

三、两岸新能源融资政策的效果评价

1. 大陆新能源融资政策效果评价

我国融资政策的推行缓解了新能源产业发展过程中的资金不足问题，对新能源产业规模、技术进步起到了促进作用。融资政策市场性特征，也促使我国新能源企业可以更早地适应市场机制，利用市场行为培育自生能力，增强自身企业的竞争能力。但是，我国新能源产业的融资方式以及政策安排依然存在不合理之处。

首先，资本市场尚不成熟，多以间接融资渠道为主，直接融资困难。尽管在资本市场建设上，我国已经存在主板、中小板、创业板、股权、产权交易市场等多层次的资本平台，但是由于进入门槛较高、资本市场法律法规尚不健全，社会信用体系的不成熟，导致中小企业、创业型企业和科技型企业融资较为困难，而股票市场的投机心理导致资金缺乏稳定性，而道德风险与逆向选择的存在，容易诱发诚信危机，损害投资者利益。

其次，银行业行政进入门槛较高，缺乏竞争机制，导致缺乏差异化信贷，银行惜贷时有发生。由于我国银行业一直以来进入门槛较高，各商业银行之间缺乏竞争意识，银行之间贷款利率缺乏差异性。差异化利率优惠往往针对国有企业或者大型企业，对于民营企业和中小型企业不仅贷款条件严苛，利率优惠往往也较少。由于新能源产业本身属于高风险性行业，商业银行在缺少适合新能源企业的金融产品以及服务时，为规避风险，时有出现惜贷现象，造成新能源产业存在较强的融资压力。

最后，政策性融资组织较为缺乏，造成企业融资成本过高，加剧债务风险，不利于融资服务。目前，我国政策性融资的主要渠道为国有政策性银行，即国家开发银行与中国进出口银行。而商业银行不仅贷款期限较短，贷款门槛较高且利率优惠不大，导致其融资成本过高，若转向民间借贷虽能简化借贷手续，然而高过银行贷款利率的借贷成本，必然会加剧企业债务风险。作为高投入、投资回收期长的新能源企业来说，不利于其健康持久发展，而这一特性也使新能源企业在发行公司债券融资过程中面临较大的失败风险，不利于融资服务的开展。

2. 台湾新能源融资政策效果评价

台湾新能源融资政策以市场性融资政策为主、政策性融资为辅的方式扶持新能源产业发展。这种融资政策有效促进新能源企业在市场机制作用下，按照市场需求选择技术创新与发展方向，培育企业自生能力，接受市场检验和优胜劣汰，有利于企业竞争力的提升。正是依托台湾新能源融资政策的市场化特点，使台湾新能源企业在国际竞争中占有一席之地。但是，同样地，也源于这种以市场机制选择为主的融资政策，使新能源企业在发展与成长过程中，缺乏保护，制约了其成长和发展速度。

首先，由于台湾本土市场较小，新能源产品以及原材料采购更多依赖国外市场，仅依靠市场性融资将限制新能源企业向海外市场扩张的能力。政策性融资在融资成本方面往往低于市场性融资，这有利于降低企业的融资成本和财务风险，增强企业在国际市场上的竞争优势。

其次，即使是市场性的新能源融资政策也需要不断进行金融创新，这就离不开相关部门对其提供的保证机制，确保后续新能源产业发展所需的资金流通。

最后，在新能源产业发展过程中，相关部门能在融资方案方面推出适合再生能源建设的融资服务，将比市场融资服务起到的推动促进效果更为显著，能够加快产业成长和发展速度。

参考文献：

［1］陈共：《财政学》（第七版），中国人民大学出版社 2012 年版。

［2］Rothwell R.，Zegveld W. “Reindustrialization and Technology”，London：Longman Group Limited，1985：83-104.

［3］卢超、尤建新、戎珂、石涌江、陈衍泰：《新能源汽车产业政策的国际比较研究》，《科研管理》2014 年第 12 期。

［4］王卉珏：《科技政策的理论与方法研究》，华中科技大学出版社 2008 年版。

［5］郑建华：《新时期我国科技政策演变的价值取向研究》，重庆大学硕士学位论文，2012 年。

［6］刘传书：《中广核岭澳核电站二期工程获中国核能行业 2013 年度科学技术最高奖》，《科技日报》，2013 年 12 月 16 日。

［7］张宪昌：《中国新能源发展政策研究》，中共中央党校博士学位论文，2014 年。

［8］盛玮：《清洁发展机制（CDM）》，《求是》2010 年第 7 期。

［9］周典、刘心报：《PPP 模式与卫生科技投融资机制的创新》，《中国科技论坛》2007 年第 2 期。

第九章　两岸新能源产业的法律法规比较

法律法规作为保障产业健康发展的基础之一，对构建公平竞争市场、合理引导产业发展、提供良好的产业生态环境有着重要的意义和作用。本章重点对两岸新能源产业的法律法规进行概述，并在此基础上对两岸新能源产业法律法规的特点与不足进行归纳总结，通过比较对两岸新能源产业法律法规政策提出相应的建议。

第一节　大陆新能源产业的法律法规

一、新能源产业法律法规概述

1. 专门性能源立法为新能源产业发展提供基础法律保障

《可再生能源法》《节约能源法》与《循环经济促进法》作为我国新能源产业三大基本法律，是推动新能源产业整体发展的重要力量，为新能源产业发展提供了法律保障。

（1）《可再生能源法》是新能源产业的基础法律。为促进可再生能源的开发利用，改善我国能源结构，我国自2006年起开始施行《中华人民共和国可再生能源法》（以下简称《可再生能源法》），并于2009年对该法律进行了修订。《可再生能源法》对可再生能源的产业发展、技术支持、推广与应用、价格管理、激励与监督等方面作了原则性和指导性的规定，提出了包括总量目标制度、强制上网制度、分类电价制度、费用分摊制度和专项资金制度等多种制度鼓励并支持可再生能源的发展。然而，由于《可再生能源法》的施行缺少一定的强制性，因此该法律的施行并未很好地解决可再生能源发展中遇到的实质性问题，可以说法律的象征意义远远超过了实际推动的意义。

（2）《节约能源法》为新能源产业规范发展提供法律支撑。为了推动全社会节约能源，提高能源利用效率，保护和改善环境，促进经济社会全面协调可持续发展，我国于1997年制定了《中华人民共和国节约能源法》（以下简称《节约能源法》），并于2007年进行了修订。《节约能源法》明确指出国家鼓励、支持开发和利用新能源、可再生能源，从节能管理的角度对工业、建筑、交通运输、公共机构等各个领域做了规定，从侧面为新能源、可再生能源的发展提供了法律支撑。

（3）《循环经济促进法》明确了新能源在能源领域中的地位。2009年开始施行的《中华人民共和国循环经济促进法》确定了“减量化、再利用、资源化”的“3R”原则，并规定有条件的地区应当充分利用太阳能、地热能、风能等可再生能源，重点关注节能、节水、节材，减少废物的产生量和排放量。

2. 各部委及地方政府的行政法规确保基本法律的可落实性

由于法律是依靠法律条款通过对社会主体进行调控、管理、引导、惩罚等行为约束，以实现社会公共利益的价值追求①。因此，其在促进新能源产业发展过程中，需要中央及地方政府部门依据新能源各细分行业特点，制定符合产业发展需求的具体行政法规，以使专门性的能源立法具备可操作性和可实施性。

（1）太阳能产业行政法规侧重于开发应用与监管领域。近年来，太阳能作为一种新型清洁能源，已经逐步成为人类使用能源的重要组成部分。除了利用太阳提供的热辐射能外，太阳能发电正在得到大力的推广和广泛的使用。太阳能发电分光热发电和光伏发电，但在实际应用中，不论是产销量、发展速度还是发展前景，光热发电都不如光伏发电。过去十年，我国光伏发电产业经历了飞速的发展，目前光伏发电产业产能、产量均居世界第一。2006年，财政部颁布了《可再生能源发展专项资金管理办法》，加强了对新能源产业专项资金使用的管理，并引导资金流向应用领域。2013年，国家发改委出台《分布式发电管理暂行办法》，国家能源局依据此办法颁布了《分布式光伏发电项目管理暂行办法》。在太阳能产业发展过程中诸多问题逐渐暴露，2015年工业和信息化部颁布了《光伏制造行业规范条件（2015年版）》以加强对光伏制造业的监管（见表9-1）。

① 王利：《中国新能源法律、政策的缺陷与完善》，《北方论丛》2011年第6期，第146~153页。

表 9-1　大陆太阳能产业相关行政法规

颁布时间	颁布机构	行政法规	主要内容
2006 年	国家发改委	《可再生能源发电有关管理规定》	明确了可再生能源发电项目的审批和管理方式。该规定要求可再生能源发电项目实行中央和地方分级管理，并需将发电规划纳入同级电力规划。生物质发电、地热能发电、海洋能发电和太阳能发电项目四类项目可向国家发改委申报政策和资金支持
2006 年	财政部	《可再生能源发展专项资金管理办法》	在可再生能源发电方面，这项资金将重点扶持风能、太阳能、海洋能等发电的推广应用
2009 年	财政部	《太阳能光电建筑应用财政补助资金管理暂行办法》	具体补贴标准将分类确定。对于建筑结合程度高、光电产品技术先进的项目，补贴标准将达到 20 元/瓦；对于简单的光电建筑应用，将降低补贴标准。补助标准将逐年调整。随着产业技术进步与国内应用量的增长，今后将根据成本变动情况，逐年调整补助标准
2013 年	国务院	《关于促进光伏产业健康发展的若干意见》	光伏产业全国指导性文件，明确了我国光伏产业的战略地位、发展目标和需要给予的支持政策
2013 年	国家发改委	《分布式发电管理暂行办法》	确立分布式发电的发电方式、领域、技术的标准。规定了电网接入、运行管理办法以及保障措施。此办法为指导性文件，各省级能源主管部门会同国务院能源主管部门派出机构及价格、财政等主管部门，根据本办法指定相应的法律法规
2013 年	国家能源局	《分布式光伏发电项目管理暂行办法》	明确了分布式光伏发电项目的备案程序和管理办法，对分布式光伏发电项目的项目管理、项目备案、建设条件、电网接入和运行等方面作了具体的规定
2015 年	工业和信息化部	《光伏制造行业规范条件》（2015 年版）	按照优化布局、调整结构、控制总量、鼓励创新、支持应用的原则，在生产布局与项目设立、生产规模和工艺技术、资源综合利用及能耗、环境保护、质量管理、安全、卫生和社会责任等方面明确了光伏制造行业的准入门槛

资料来源：编者整理。

（2）风电产业行政法规侧重于风电项目建设与运营的监管方面。我国风力发电行业经历了由之前的高速增长到产能过剩，再到如今逐步复苏的发展历程。作为新兴的清洁能源，我国正在大力扶持风电行业发展，推动风力发电国产化进程，不断规范风力发电的项目建设与管理。2010 年，国家能源局与海洋局联合颁布了关于海上风电开发建设的行政法规，规范海上风电项目建设；为避免“弃风”问题成为制约我国风电产业发展的瓶颈，2012 年国家发改委专门出台关于风电并网与消纳问题的专项文件（见表 9-2）。

表 9-2 大陆风电产业相关行政法规

颁布时间	颁布机构	法律法规	主要内容
2005 年	国家发改委	《风电场工程前期工作管理暂行办法》	对风电场前期进行的包括风能资源评价、风电场工程规划、预可行性研究和可行性研究等工作进行了规范
2006 年	国家发改委、财政部	《促进风电产业发展实施意见》	明确了“十一五”时期风电产业发展的任务、目标，以及包括建立国家风电设备标准、检测认证体系、加强风电场建设管理等在内的工作要求
2010 年	国家能源局、国家海洋局	《海上风电开发建设管理暂行办法》	规定了全国海上风电发展规划由国家能源主管部门统一编制和管理，同时规定了海上风电项目的授予和核准流程以及环境保护方面的要求
2012 年	国家发改委	《国家能源局关于加强风电并网和消纳工作有关要求的通知》	针对局部地区出现的弃风限电问题进行治理，并规定风电运行情况好的地区可适当加快建设进度，风电利用率很低的地区在解决严重弃风问题之前原则上不再扩大风电建设规模
2015 年	国家发改委、国家能源局	《关于改善电力运行调节促进清洁能源多发满发的指导意见》	鼓励风电、光伏发电、生物质发电等清洁能源机组发电，鼓励通过移峰填谷为清洁能源多发满发创造有利条件

资料来源：编者整理。

（3）生物质能行政法规侧重于项目管理方面。作为我国多层次、多角度的新能源发展政策的一部分，生物质能产业在整个能源结构中越来越占据重要的战略地位。当前，大多数关于生物质能利用的规定都在可再生能源的相关法律法规中进行规定。我国针对生物质能利用的法律法规较为有限，主要集中在对生物质能发电项目的环境评价、建设管理、专项资金管理等方面（见表 9-3）。

表 9-3　大陆生物质能产业相关行政法规

颁布时间	颁布机构	法律法规	主要内容
2008 年	国家发改委、国家能源局、环境保护部	《关于进一步加强生物质发电项目环境影响评价管理工作的通知》	规定建设生物质发电项目应充分结合当地特点和优势，合理规划和布局，防止盲目布点；生物质发电项目必须依法开展环境影响评价，同时规定了生物质发电项目环境影响评价文件审查的技术要点
2008 年	财政部	《秸秆能源化利用补助资金管理暂行办法》	确定了秸秆能源化利用补助资金的支持对象和方式、支持条件、补助标准、资金申报和下达
2010 年	国家发改委	《关于生物质发电项目建设管理的通知》	规定生物质电站建设规模以可保证供应的资源量为基础确定，装机容量应与资源量匹配；加强生物质发电项目的核准管理工作，制定严格的项目核准条件，防止盲目建设
2014 年	国家发改委	《关于加强和规范生物质发电项目管理有关要求的通知》	规定农林生物质发电项目严禁掺烧化石能源。农林生物质发电非供热项目由省级政府核准；农林生物质热电联产项目，城镇生活垃圾焚烧发电项目由地方政府核准

资料来源：编者整理。

（4）核电产业行政法规以核安全为主。自 1984 年国家核安全局成立开始，我国开展了核安全法规的制定工作。进入 21 世纪，面对环境保护、能源紧缺等一系列问题，我国核电的发展战略由适度发展转变为积极发展，核电发展速度大大加快。2003 年，为突出核安全重要性，我国颁布了《中华人民共和国放射性污染防治法》。同时为了在开发核能基础上保证核安全，我国逐渐建立起较为完备的核安全行政法规体系（见表 9-4）。

表 9-4　大陆核电产业相关行政法规

颁布时间	颁布机构	法律法规	主要内容
1986 年	国务院	《中华人民共和国民用核设施安全监督管理条例》	规定了民用核设施的选址、设计、建造、运行和退役必须贯彻安全第一的方针，国家实行核设施安全许可制度并对核设施安全实施统一监督管理
1987 年	国务院	《中华人民共和国核材料管制条例》	国家对核材料实行许可证制度，规定了核材料的具体管制办法以及有关部门的监督管理职责

续表

颁布时间	颁布机构	法律法规	主要内容
1993年	国务院	《核电厂核事故应急管理条例》（2011年修订）	规范了可能或者已经引起放射性物质释放、造成重大辐射后果的核电厂核事故的应急管理工作
2007年	国务院	《民用核安全设备监督管理条例》	制定了民用核安全设备标准，规定民用核安全设备设计、制造、安装和无损检验单位应当申领许可证
2011年	国务院	《放射性废物安全管理条例》	规定了放射性废物的处理、贮存和处置及其监督管理办法

资料来源：编者整理。

二、新能源产业法律法规特点

1. *我国新能源产业法律法规的多层次法规体系已经初步形成*

目前我国新能源产业法律法规已基本形成以《可再生能源法》为基础，其他各部门颁布的法律法规相补充的多层次法规体系。新能源产业作为新兴产业，不论是发展方式还是监管方式，都面临着新的问题、新的挑战。近年来，我国逐步在新能源产业的发展过程中探索着对新能源产业进行规范管理，并且已经取得初步成效。就太阳能发电领域而言，国家已经出台了较为具体、全面的法律法规，对未来太阳能光伏产业的发展起到了很好的规范作用。

2. *新能源细分领域法律法规逐渐完善*

对于各个新能源产业的细分领域，随着太阳能、风电、生物质能、核电等产业的不断发展，相关立法正在不断完善。之前新能源产业的立法，大多将太阳能、风电、生物质能、核电等各个领域集中于一部法规中，目前产业细分与单独立法的趋势逐步明显，这也反映出由于新能源产业各个领域发展的情况不尽相同，对不同领域进行“因地制宜”的监督管理已经成为新能源产业监管层面的发展趋势。

3. *行政法规具备准法律性*

我国新能源行政法规主要由通知、办法、条例、细则、意见等构成，这就决定了其既具有行政色彩又带有法律性质。这些行政法规往往是针对新能源产业发展需求或产业发展问题而制定，尽管其看似零散但却针对产业发展的重点问题与矛盾，作用效果十分明显。与能源领域的专门性法律相比，其制定与实施更为灵活、便捷，更新速度更快，而准法律特性使其弥补了专门性法律的滞后与空白。

三、大陆新能源产业法律法规不足

1. 立法导向上，法律法规的规范性欠缺

尽管我国的新能源产业行政法规具备准法律性，但是其更多表现出行政色彩，政策倾向性更为明显，而无法体现出包含专业性、技术性和长远性的法理精神。由于行政法规的法律位阶较低，与专门性能源法律相比，其政策构架就较为零散，缺乏系统性。但专门性新能源法律却在立法导向上缺乏可操作标准，表现出约束规范不足。

2. 立法内容上，笼统性与片面性并存

我国新能源法律在内容上较为空洞，且以新能源产业作为实施对象，但各新能源细分产业间存在较大差别。《可再生能源法》《节约能源法》与《循环经济促进法》这类法律无法针对细分产业特点制定法律条款。尽管行政法规针对各新能源细分行业发展特点、需求以及主要问题进行设置，但是却容易出现行政法规过于集中在某些方面，而忽略另一些领域。同时，行政法规还由于政出多门、责任混乱、职能交叉等问题，导致重复性建设、效率低下等问题，影响法律法规实施效果。目前，新能源法律法规在责任主体方面忽视了社会民众的参与，也使其在立法内容上存在片面性。

3. 法律法规调整存在滞后性，相互之间协调性不足

我国新能源法律法规的滞后性主要表现在两个方面：一是由于新能源法律立法内容的笼统性所致，对于法律条款中关于“另行规定”的部分，一直处于缺位状态，如生物质能产业领域的产品认证、检测标准以及市场准入等；二是由于法律法规等文件修订周期过长，程序烦琐，导致一直沿用与产业发展不匹配的法律法规。各法律法规之间，由于出台的时间不一致，专门性法律与行政法规的修订程序差异，导致其相互间协调性不足。如《可再生能源法》与《节约能源法》在部分条款中表述存在歧义，《电力法》并未涉及新能源并网发电问题等。

第二节　台湾新能源产业的有关规定

一、新能源产业有关规定概述

台湾地区能源资源不足，环境承载能力有限，98%的能源供给依靠进口。因此，本着能源安全、经济发展、可持续发展相协调的原则，台湾地区近年来也在政策法规层面大力推动新能源的发展，将新能源的开发利用上升到战略层面。

“永续能源政策纲领”“再生能源发展条例”“能源发展纲领”是三大台湾地区新能源行业整体产业相关规定，包含了宏观产业指导，技术、示范项目等奖励标准，新能源产业发展政策等方面（见表9-5）。台湾地区的新能源有关规定形式相对较为单一。产业发展由于是市场行为，行政当局并不以法律形式对其进行约束，也是台湾新能源行业有关规定的一个重要特点。

表9-5　台湾地区新能源行业整体产业相关规定

颁布时间	政策名称	政策内容
2008年	“永续能源政策纲领”	重点推动节能减碳、提升能源安全、发展洁净能源
2009年	“再生能源发展条例”	优先推动技术成熟、发电成本低的再生能源，推动再生能源发电设备奖励，设立基金、建立趸购费率、排除土地限制等
2012年	“能源发展纲领”	按照安全、效率、清洁的原则，在需求、供给、系统三个方面制定了分期总量管理、提升能源效率、多元自主来源、优化能源结构、均衡供需规划和促进整体效能六大政策方针

资料来源：编者整理。

1. 太阳能产业有关规定均来源自“再生能源发展条例”

台湾光伏产业的有关规定多是以绿色能源条例为依托颁布的，从供给、需求、系统三个角度设定政策方针，粗细并重，“再生能源发展条例”中将技术、设备、基金、趸购费率、土地政策等事无巨细均出台详细规定。此外，台湾地区于2011年开始导入太阳能光电竞标机制作为趸购费率的辅助机制，从而能够更加真实地反映太阳光电设备成本变化，使趸购费率更加具有合理性、公平性和有效性，并且有助于减少财政支出。

2. 风电产业有关规定与太阳能产业来源相似，但其有风电专项规定

台湾地区从20世纪90年代末就提出振兴风电产业，扶持地区内风电产业成为全球主要风力发电系统供应商之一。目前，台湾地区关于风能的规定主要包括“再生能源发展条例”和“风力发电离岸系统示范奖励办法”，除对风力发电价格补贴进行规定外，还对风力发电离岸系统的奖励条件、奖励办法、奖励申请流程、申请方案评分等做了具体规定。

3. 生物质能产业有关规定仅对生物燃油进行约束

2001年，“酒精汽油与生质柴油及废弃物回收产生石油等再生能源生产业产销管理办法”公布，将酒精汽油、生质柴油及废弃物回收产生的油品都纳入石油管理方面的有关规定进行统一管理，从此，生质酒精和酒精汽油的推广有了法律依据。

4. 核电产业相关规定完善，层次清晰，细致全面

台湾依据环境方面的有关规定：行政当局应制订计划，逐步达成非核家园目标；并应加强核能安全管制、辐射防护、放射性物料管理及环境辐射侦测，确保民众生活避免辐射危害。台湾对核电安全使用的重视主要体现在核安全信息公开、强化安全监督以及使用先进的核电技术等方面，“永续能源政策纲要”指出要在确保核电使用安全和能源安全的前提下稳步减核。同时台湾行政当局强调“没有核安，就没有核能”，严格要求核电厂做好安全检测及运转的工作。此外，关于核能的有关规定，台湾地区制定得较早且较为完备。

二、台湾新能源产业有关规定特点

1. 新能源产业有关规定层次性较强

与大陆类似，台湾地区对于新能源产业的有关规定同样具有较强的层次性。“永续能源政策纲领”对于台湾的新能源产业的发展与监管，具有很强的指导意义。

2. 新能源产业有关规定中，监管性规定集中在核电产业

对于核能的监管十分严格。与台湾的减核目标相适应，台湾对于核能的利用方面十分谨慎，从核能的开发、物料的利用与处置、核辐射的防护等各个方面都有对应的有关规定进行约束。

3. 根据社会经济发展变化，新能源产业有关规定不断修订与完善

与大陆相似，台湾新能源产业的有关规定通常也会根据经济形势、产业发展状况等而做出调整。如在风力发电、核电方面，由于全球风力发电转向离岸风电市场，台湾也相应出台规定以保障离岸风电发展；核电方面亦更是如此，由于稳健减核和核电安全工作成为核电发展主要目标后，针对核电安全以及核电厂退役的各种有关规定相继实施，以保障核电目标顺利实现。

三、台湾新能源产业有关规定不足

1. 台湾新能源产业有关规定存在一定的滞后性

通过对台湾新能源产业政策进行分析后发现，台湾新能源产业有关规定需要通过台湾地区的行政事务主管部门或“立法委员会”等部门进行提案，然后送交“程序委员会”审议，之后送交与所提交议案相关的委员会审议，然后听取提案人报告，最终由行政事务主管部门进行讨论决定是否通过，通过后由台湾当局予以公布。这样繁杂的过程，必然会造成有关规定在实施之时存在滞后的可能性，也有可能造成产业需求与有关规定提供的不一致性。

2. 进一步完善各种类型有关规定的协调性

台湾新能源产业有关规定中的监管性规定基本集中在核电领域，尽管核电安全作为全球核电产业发展的重要环节，但对于其他新能源产业来说，监管性规定也同样重要。新能源产业作为新兴产业之一，其发展离不开政策扶持，而扶持政策同样需要评价与监管才能保障其实施效果。同样地，新能源产业有关规定对新能源企业的激励作用依赖于行政部门的扶持力度，而台湾相较于大陆来说，扶持力度远远不足。因此，应进一步完善各种类型有关规定之间的协调性。

参考文献：

[1] 王利：《中国新能源法律、政策的缺陷与完善》，《北方论丛》2011年第6期。

[2] 杨解君：《论中国能源立法的走向——基于〈可再生能源法〉制定和修改的分析》，《南京大学学报》（哲学·人文科学·社会科学）2012年第6期。

[3] 杨泽伟：《台湾新能源法律政策及其对大陆的启示》，《中国地质大学学报》（社会科学版）2013年第1期。

[4] 张金改：《中美生物质能产业法律规制比较研究》，天津大学硕士学位论文，2015年。

第十章　两岸新能源合作前景与发展方向

第一节　两岸新能源合作前景展望

国外发达国家和地区为确保自身能源安全和缓解传统能源带来的环境污染问题，都在加紧制定战略性能源规划，与此同时，绿色转型是当前全球产业面临的新要求，而实现产业升级的一条重要途径则是要推进新能源产业的开发建设，在此背景下发展新能源产业是趋势所向，拥有广阔的市场前景。现阶段海峡两岸能源紧缺的问题已经严重制约着经济社会发展。一方面，两岸能源消费仍以常规能源为主，这些能源不仅带来严重的污染问题，而且也不可持续；另一方面，两岸能源消费大多依赖进口，存在着能源安全隐患。因此，要实现经济社会可持续发展，就必须注重经济安全、能源安全与环境安全的协调统一。海峡两岸应在和平友好的良好局面下，加强新能源领域的交流与合作，进行资源整合、优势互补。事实上，近些年两岸在制定战略性新兴产业规划过程中，都将新能源产业开发建设放在重要位置。整体来看，两岸在新能源领域存在共同的合作基础和广阔的合作前景。

一、两岸光伏产业合作前景

光伏产业在两岸新能源产业结构中占据极其重要的地位，两岸拥有世界上最大的光伏产业制造基地，同时，两岸在光伏产业发展领域各有优势，呈现优势互补的特点。在光伏产业萧条的大背景下，加强光伏产业的合作是两岸未来光伏产业发展的重要方向。目前两岸在某些领域已经展现出巨大的合作优势，台湾拥有技术与管理方面的优势，大陆光伏市场则展现出巨大的需求潜力。在此基础上，两岸光伏企业更应加深合作，取长补短，以降低成本和经营风险，进一步巩固和提升两岸光伏产业在国际市场中的份额与地位。

1. 加强合作突破原料和技术瓶颈，降低企业成本

两岸光伏产业发展领域优势互补，大陆在多晶硅生产方面处于世界第一的位置，但在提纯技术方面仍过于依赖国外先进技术，而台湾地区多晶硅原料自身供给严重短缺，极大地提高了光伏企业的生产制造成本。在当前市场低迷背景下，要善于利用市场“倒逼机制”，鼓励两岸光伏企业加强合作，实现多晶硅提纯技术的突破，减轻对国外技术的依赖，突破国外垄断企业对技术和原材料封锁，在原料供给和技术方面实现自给自足，降低企业成本，提高两岸光伏企业在国际市场中的地位和话语权。

2. 联合制定光伏产业标准，实现标准体系国际化

目前大陆光伏产业标准化体系比较混乱，分为中央和地方两个层面，且主要集中在晶硅电池的应用和原材料方面，在产品质量、安全和技术等层面标准严重缺失，并且与国际标准严重脱节。2009 年，“SEMI 台湾 PV 国际产业技术标准委员会”成立标志着台湾光伏产业领域达到了世界标准化水平，但是台湾光伏产业链发展的不均衡性导致其标准制定只是集中在硅片和太阳能电池方面，标准体系同样不健全。因此，两岸应该加强光伏产业标准化方面的合作，建立联合机构制定光伏产业标准，突破发达国家垄断光伏产业标准的格局，提高两岸光伏企业未来发展的竞争力。此外，鉴于台湾光伏产业主要面向国际市场，产业标准更加接近国际水平，大陆地区应该积极向台湾学习，实现产业标准的国际化。同时也必须要看到两岸光伏产业在核心技术层面依然欠缺，在国际标准化方面缺乏自主权。两岸光伏企业应该加强合作实现光伏产业标准国际化，将产量优势转化为核心竞争力优势。

3. 加强平台交流与合作，促进两岸光伏资源共享

大陆光伏产品市场需求大，具有明显的规模优势，而台湾地区产业基础雄厚，在人才、技术质量控制方面具有明显优势，如台湾地区在太阳能电池及硅片制造技术方面处于世界领先地位。大陆“光伏产业协会”和台湾“光电产业协会”应构建有效、畅通的信息交流机制，通过信息共享与资源共享来促进两岸在光伏产业技术、管理等层面的经验交流，实现优势互补，进而提升两岸光伏产业核心竞争力，提高两岸光伏企业的国际地位。此外，两岸还应加强光伏产业的人才交流，两岸在技术和管理人才培养方面合作机制的构建同样是

未来两岸合作的重要方向之一。

二、两岸风电产业合作前景

当前，风电开发技术不断取得新进展与日益成熟，单机容量朝大型化方向发展，单位风电发电成本已逐步接近日常水电和煤电成本，风电开发也不断得到更高的重视，成为新能源领域的佼佼者。在加快两岸新能源产业合作进程中，为增强两岸在风电产业领域的核心竞争力，可基于优势互补原则开展风电产业合作，在加强陆上风电合作的基础上，进一步扩大海上风电规模，并加大对海上风电机组研发的政策支持，通过合作来抢占风电领域的技术高地。

1. 共同研发风电产业关键技术，统一风电产品检验标准和认证制度

两岸应积极共同研发风电产业关键技术，建立统一的风电产品检验标准和认证制度，在此基础上，加快形成风电自主技术产业链，在双方互利的基础上可对风力机等产品进行相互认证，并合作研发可面向市场的风电产品。此外，在未来两岸大型陆地风力机、中小型陆地风力机以及大型离岸风力机认证的过程中，可依托目前台湾的“中小型风力机系统测试平台”和大陆已建成的测试场所，优先策略层面的协商与合作，对检验认证内容进行探讨。另外，应进一步优化两地风电产业分工格局，优化资源配置，进而更有效地开拓大陆风电市场。

2. 充分发挥两岸风电领域的竞争优势，共同开拓全球风电产业市场

目前台湾风电机组制造企业已在国际市场占据一定份额，大陆风电企业应借助这一优势，收购一批已经取得风电开发许可的海外企业，进而两岸双方深化合作，共同为风电场建设提供具备国际市场竞争力的风电机组产品。与此同时，两岸应积极搭建风电信息共享平台，加强两岸在风电领域的人才交流与培训，并逐步建立稳定的交流合作机制。

3. 携手研发风电节能技术，适时合作研发适合亚洲的风力发电机组

当前高效能离岸风电机组的研发已成为新一轮产业升级的引擎，世界各国都在加紧研发。基于此，两岸应加快成立风力设备合资企业，进行离岸风力机系统高端技术的研发，力争达到国际水平，并开展其制造、生产、销售与维修等业务。除此之外，两地企业也可进行相互并购、合资认股等，其目的则是要占领世界风电领域的技术制高点。此外，两岸可通过成立合作联盟来实现在离岸风电机组方面的合作与开发，双方共同投资成立离岸机组制造企业，依靠价格、质量等优势，嵌入世界离岸风电机组供应链，在此期间，也可积极邀请金融机构、开发基金与大中型企业参与产业联盟中，壮大联盟实力，进而更有效

地开展相关业务。

三、两岸核电产业合作前景

由于两岸发展环境不同，在经历多年发展后，两岸在核电产业方面形成了各自的相对优势。大陆方面形成了比较完整的核电产业链，并积累了丰富的核电专业设计经验，台湾方面则积累了丰富的监督管理经验、安全文化。两岸为促进核电产业发展，从 20 世纪 90 年代开始学术界和行业协会的交流，逐渐发展高层来往，为两岸核能产业进一步合作奠定了基础（见表 10-1）。

表 10-1　两岸核能交流时间表

时　间	事　件
1990 年	两岸核技术交流的开端：首批台湾核科技人才从泰国转机到大陆访问
1994 年	实现互访：中国核学会代表团首次到台湾交流学习
1996 年	成功举办第一届海峡两岸核能学术交流研讨会
2009 年	中国核能行业协会与台湾财团法人核能科技协进会签署合作备忘录
2011 年	两岸签署《海峡两岸核电安全合作协议》
2013 年	台湾代表团首次作为正式代表参加中国核学会年会

资料来源：编者整理。

福岛核事故后，“弃核”已经成为台湾能源政策的主要方向，2013 年，台湾宣布已经建成投运的核一厂、核二厂、核三厂不再延长使用，表明台湾已准备放弃核能发电，与之相反，大陆正大力支持核电产业发展，并从产业规划和财税政策方面给予优惠。台湾核电发展历经 40 多年，积累了丰富的建设运营管理经验，也具备部分核电设备零组件的生产优势，而这些正是大陆核电发展所急需借鉴与学习的。由此可见，两岸核电产业未来发展合作空间巨大、合作方式将日益丰富。

1. 继续加强核电人才培养和运营经验交流

当前大陆在建核电机组数量已位居世界第一，核电产业进入快速发展阶段，必然会对管理、技术、人才等方面提出更高的要求，但现阶段大陆在核电人才培养方面相对落后，大大限制了核电产业的发展。而台湾运营管理核电厂已有 30 多年，在核能技术、运营等方面积累了丰富的经验，培养了一大批优秀的核电专家。台湾核电方面丰富的运营管理经验与人才培养经验可以补充大陆核电产业发展的缺陷与不足。因此，两岸应积极加强核电企业、科研单位的交流与合作，构建相关经验交流平台，进一步提升两岸核电人才素质和企业运营绩效。

2. 积极推动两岸核电产业认证体系的制定

台湾的优势在于其具有核电高安全运转的经验和生产高品质、低成本零组件的能力，而大陆在核电机组和系统方面具有自主设计能力，但目前由于两岸缺乏统一的产品、技术等认证体系，核电企业间的实质性合作尚未打开。因此，积极推动两岸核电产业认证体系一体化，有利于进一步整合两岸核电产业资源。同时，两岸积极推动核电产业认证体系的制定，努力促使两岸共同开放核电市场，可以帮助台湾零组件生产企业嵌入国际核电产业链，同时也可以提升大陆核电产业设备在全球市场的竞争力。

3. 完善两岸核电产业机构的交流合作机制

两岸核能协会于学术和技术层面的交流为核电产业合作提供了基础，但是伴随着两岸核电产业合作程度的不断加深，人员交流互访将会更加密切和频繁，急需完善两岸核电产业官方与企业间的交流合作机制。推进两岸核电产业合作的具体组织架构可如图 10-1 所示加以开展，建立两岸官、产、研多层次的沟通与合作路径。完备的交流合作机制将成为两岸核电产业全面合作的制度保障，为两岸核电企业合作提供更为优质的服务环境。

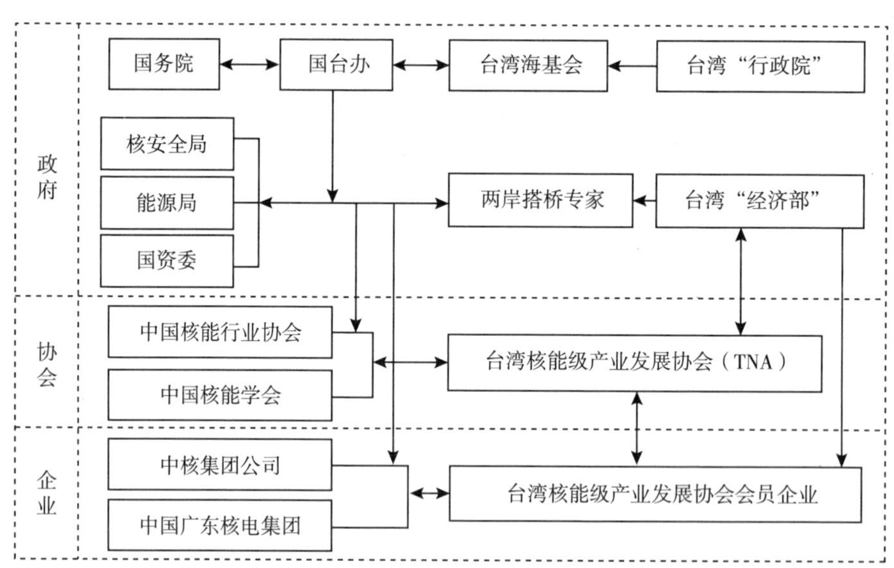

图 10-1　两岸核电产业机构与协会交流组织结构图

资料来源：李敏：《台湾核能级产业发展的现况与展望》，2011 年 1 月。

四、两岸生物质能领域合作前景

通过本书第五章对两岸生物质能产业的对比分析不难发现，中国大陆和台湾的生物质能产业在发展水平、重点领域、技术状况等方面存在较大差异。再加上两岸生物质能源市场的商业化水平都较低，现阶段均呈现内需型市场的发展模式，因而迄今为止，两岸在生物质能产业领域并无相关合作计划。但近年来随着大陆和台湾生物质能产业的不断发展壮大，两岸在生物质能领域合作的内在要求越来越强烈，加之两岸呈现越发明显的优势互补，可以预见未来两岸合作空间广阔，合作形式也将日益多元化。

1. *两岸在生物质能技术标准制定方面具有较大合作空间*

近年来，中国大陆的相关部门和机构如国家标准委员会、中国质量认证中心（CQC）、国家林业局等积极参与国际标准化组织生物质能可持续准则委员会的相关活动，在 ISO/PC248 国际标准制定、技术规范等领域发挥了积极作用，为我国生物质能产业发展争取到更多的国际话语权。比如在 2015 年 1 月召开的 ISO/PC248 第六次前提会议上，中国代表团就生物质能国际“标准应考虑各国社会、环境、法律、文化、政治及组织的多样性”这一命题进行了重要发言，并促使工作组在 ISO13065 总则中增加了“标准使用者可根据指标的相关性和重要性，灵活地处理收集的数据和信息”的条款①，为我国生物质能产业的利益相关方争取到了更多的利益空间。目前台湾地区在国际生物质能技术标准制定领域的参与度较低，国际影响力有待提高。未来可通过两岸合作来加强生物质能产业领域技术标准的经验交流，提升两岸生物质能产业的技术实力和国际竞争力。

2. *两岸在沼气资源开发领域的互补优势明显*

如第五章所述，经过 30 多年的发展，中国大陆在农村沼气资源开发领域的广度和深度都处于国际前列，农村户用沼气池的普及率极高。但限于城乡沼气管网建设的缺乏，截至目前，中国大陆绝大多数地区的农村沼气资源仅限于自给自足，即使有多余的沼气产出，也无法通过管道输送至城市供气系统，从而实现商业化。与大陆沼气开发相比，台湾地区的农村户用沼气普及率不高，但商业化程度却远高于中国大陆，这主要得益于城乡一体化的燃气管道基础设施建设，使农村多余的沼气资源能够高效便捷地输送至城市供气系统。由此可

① 《〈生物质能可持续准则〉国际标准制定采纳中方建议》，中国质量新闻网，2015 年 4 月 10 日。

见，两岸在沼气资源开发领域具有明显的互补优势，在未来发展过程中，大陆可借鉴台湾较为先进的城乡基础省市建设经验，为沼气资源的商业化开发提供基础条件；台湾则可借鉴大陆在农村户用沼气池推广方面的成功经验和配套政策，促进农村沼气资源的深度开发和沼气产业的持续发展。

3. 两岸可加强第二代生物液体燃料技术的研发合作

“第二代生物燃料”是指摆脱以玉米等粮食作物来生产生物燃料的第一代生物燃料生产模式，转而以秸秆、木材等农林废弃物为主要原料，利用这些废弃物中的纤维素来提炼液体燃料的生产技术。与第一代生物燃料相比，第二代生物燃料拥有原材料供给充足、成本低、无须改造汽车发动机等优点。中国大陆和台湾在第二代生物燃料技术研发方面也不甘落后，但目前而言两岸在这一领域都处于研发试验阶段，技术成熟度较低，距离大规模工业化生产仍有一定差距。大陆第二代生物燃料的技术研发工作主要由大学和科研院所主导，台湾纤维素燃料乙醇的技术研发工作则是由“行政院原子能委员会核能研究所”负责开展。未来可通过开展技术研发合作来促进两岸第二代生物燃料技术的共同进步，具体措施包括：加强两岸相关科研机构的技术研讨与人员交流；搭建第二代生物燃料技术交流平台，促进技术成果的交流与共享；成立专门的技术协会，共同研发新一代生物液体燃料技术，攻克技术难关，早日实现纤维素生物液体燃料技术的商品化。

4. 两岸应合力应对生物液体燃料领域的原材料短缺问题

如第五章热点问题分析部分的相关内容所述，目前中国大陆和台湾的生物液体燃料产业都面临原材料供给短缺的问题。究其原因，主要是因为两岸生物液体燃料产业的原料供给结构历来以废弃油脂、农林废弃物等废弃物为主，能源作物的种植面积十分有限，但随着产业规模的扩大，有限的废弃物已无法满足生物液体燃料的生产需求。为此，首先，要积极研制第二代生物液体燃料技术，争取早日实现以纤维素来取代废弃物及能源作物；其次，短期内有必要在一定范围内增加非粮类能源作物的种植面积，缓解生物液体燃料产业原材料供应紧张的局面；最后，限于大面积种植能源作物会引发“与粮争地”的争议，积极开辟原材料进口渠道不失为一种明智的选择。目前大陆和台湾都积极尝试通过进口来缓解原材料供应紧张的局面，在此过程中，可通过两岸合作来增强谈判能力，压低谈判价格，为两岸生物液体燃料产业争取到更加物美价廉的原料供应，实现两岸生物质能产业的互利共赢。

第二节 两岸新能源产业合作机制构建

能源问题关系国家安全和外交战略，而两岸能源合作还涉及台湾当局的政策引领、国外势力干预等。现阶段，由于缺乏政治互信、能源竞争、经济利益驱动不平衡、合作机制缺失等问题的存在，导致两岸新能源合作存在诸多障碍，相关的合作机制还有待建立。目前海峡两岸在经贸合作机制层面已取得一定程度的进展，并在通信、金融等领域也进行了积极的探索与协商，但在新能源合作层面欠缺重视，因此急需建立长期良好稳定的合作机制。

一、两岸新能源产业合作机制构建原则

1. 一个中国的原则

两岸在政治上的共识问题是建立两岸新能源开发建设合作机制的前提。坚持一个中国原则，是两岸任何合作都必须遵守的政治基础和最基本原则。自两岸双方相继加入 WTO 后，虽然经济贸易往来更加频繁，但两岸的经贸关系仍是中国主体与其单独关税区之间的经贸关系，因此未来两岸新能源合作只有在坚持一个中国的基础上才能进一步发展与深化。

2. 坚持市场主导的原则

两岸实行的都是市场经济体制，都强调市场在资源配置中的决定性作用。未来两岸在新能源领域合作过程中，除了政府给予必要的引导和政策支持之外，更应遵循市场经济原则，坚持市场为导向，通过市场机制的支配、调节及运转，实现合作双方利益最大化。

3. 政治经济暂时分离的原则

当前必须要注意到，短期内两岸政治关系很难有突破性进展。在坚持一个中国框架内，为积极促进两岸经济融合发展，两岸应当采取政治与经济暂时分离的合作方式，暂且将合作中的政治分歧先搁置，求同存异，从而实现大陆与台湾在新能源领域更灵活与务实的合作。

4. 短期与长期相结合的原则

随着两岸经济贸易往来的日益频繁，两岸经济一体化程度不断加深，必然会对减少两岸政治分歧提供有利的支撑。短期在采取实际可行操作策略的同

时，要结合长期合作机制的稳定性和持久性，兼顾合作机制的现实性与前瞻性，才能实现两岸新能源领域合作的长期稳定发展。

5. 共同支持、共同投入、共享成果的原则

两岸在太阳能利用、海上风电开发等新能源技术合作方面有广阔的前景，大陆具有科研单位众多、市场潜力大、相关产业链条长等优势；台湾掌握着新能源领域部分尖端技术的应用，并在推进新技术产业化方面积累了众多经验。两岸研究机构和企业应加强联系与合作，使两岸在新能源领域的技术和产业方面优势互补，形成完整的技术研发和产业体系，并按照“共同支持、共同投入、共享成果”的原则开展技术研发等方面的合作，通过合作来抢占新能源领域的技术高地，进而使两岸在国际新能源领域占据一席之地。

二、两岸新能源产业合作机制构建路径

在合作机制的构建上，既应从政治、政策等宏观层面角度考虑机制的制度化与稳定性问题，又应从区域等中观层面、企业等微观层面考虑合作机制的可行性问题。

1. 宏观层面

宏观层面主要是指两岸当局的政策支持与引导，主要包括总体政策支持和具体产业政策两方面。

（1）依托“一带一路”倡议，积极开展新能源合作。“一带一路”倡议的提出为深化两岸合作提供了契机。近些年“一带一路”周边地区经济增长较为迅速，而且这些地区能源资源较为丰富，在此背景下，两岸新能源企业应抓住这一机遇发展壮大，积极开展合作，在开发本地市场的同时，还应积极开拓海外市场。为此，可以成立海峡两岸新能源合作组织，例如在“两岸经济合作委员会”下设立“两岸新能源合作委员会”，从而有效推动两岸新能源产业领域的全面合作。

首先是完善相关基础设施，要构建全方位服务平台，及时有效地处理企业的信息咨询，使企业更迅速便捷地获取沿线地区新能源产业的发展情况，并减少两岸新能源相关企业的审批限制，缩短审批时间。其次是完善相关法律法规，切实解决两岸新能源企业拓展海外市场时面临的困难，从而更顺畅地与沿线地区企业开展合作、有效对接。同时还要建立纠纷处理与协调机制、争端解决机制，以确保合作的稳定性与持续性。最后是健全新能源产业合作的多元化投资体系，优化新能源产业发展所需的融资环境。例如，可以设立新能源产业

的专项发展资金，为两岸新能源企业合作提供更有力的资金支持。

（2）为新能源产业合作提供具体政策引导与支持。经济社会的发展对两岸核电、太阳能、水电等新能源产业合作提供了良好的机遇。以核电为例，目前大陆核电发电量仅占大陆地区发电量不足4%，远落后于世界平均水平。2014年习近平总书记在中央财经领导小组第6次会议上表示，要“抓紧”启动东部沿海地区新的核电项目建设。福建作为东部沿海的前沿，未来将会是核电产业发展的重要区域，与之隔海相望的台湾则在核电产业发展方面积累了丰富经验，加上福建自贸区的设立，未来两岸在核电产业领域必然会有更多的政策支持。另外，面对光伏产业内需不足等问题，两岸可以借鉴国外发达国家的经验，积极推进太阳能光电技术在城乡建筑领域的应用，例如规定特定公共建筑物必须使用太阳能屋顶，并对使用太阳能设备的居民进行补贴。

2. *中观层面*

中观层面主要从区域、行业等视角来推进两岸新能源产业合作，包括发挥福建自贸区优势和制定新能源行业准入标准等。

（1）发挥福建自贸区对台合作的政策优势。中国（福建）自由贸易试验区总体方案中明确指出，要把自贸区建设成为深化两岸经济合作的示范区。在当前两岸新能源领域合作存在众多障碍的情况下，可以充分发挥自贸区的优势，积极开展两岸新能源产业合作，在自贸区内先行先试以探索经验、累积互信。现阶段已有众多台湾人在福建从事新能源、新材料等相关行业的工作，在此基础上，自贸区要进一步发挥对台优势，高度关注两岸新能源企业的发展需求，营造优良的软硬基础设施环境，增强两岸贸易与经济技术交流。此外，更要突出制度与政策创新的重要性，归纳总结可复制、可推广的经验与做法，从而带动其他地区发展。

（2）制定两岸一体化的新能源产业认证体系。目前两岸新能源领域存在行业混乱、建设低端等现象，为此，两岸应共同制定一体化的新能源产业认证体系，厘清相关产品、技术等标准。例如LED照明产品，只有在达到特定颜色光效、固定时间寿命等标准时，才可以准入市场。通过一系列认证体系标准来促进企业优胜劣汰，进而提升产品质量和竞争力。

3. *微观层面*

微观层面主要是从企业层面来探讨如何有效推进两岸新能源产业合作。

（1）联合开展科技研发攻关，提升企业核心竞争力。新能源企业技术落后是目前两岸面临的最根本问题。考虑到两岸拥有众多大学与相关科研单位，两岸新能源企业应更好地运用这类资源，走产学研相结合的发展之路。联合开展科技研发攻关，加大相关技术人才的培养，通过共建科技园区、智库、研究所、成立专项基金等途径，增强企业的技术创新水平，提升核心竞争力。

（2）采用循序渐进策略，减小企业合作阻碍。在当前两岸缺乏政治互信背景下，宜采取循序渐进、先易后难的策略，避免政治因素一开始就对新能源产业合作产生干扰，即合作首先要从企业之间展开，在企业双方都有获利情况下，再逐步深入推进两岸新能源产业的合作，进而推动宏观层面合作机制的构建，即两岸官方机构的参与，来确保合作的长期性与稳定性。

参考文献：

[1] 肖惠、王勇：《两岸新能源产业合作前景探讨》，《厦门科技》2016 年第 2 期。

[2] 王勇：《东山岛与澎湖列岛风电产业合作前景探讨》，《现代台湾研究》2015 年第 6 期。

[3] 刘叶志：《海峡两岸新能源开发建设合作机制的构建》，《生产力研究》2008 年第 10 期。

[4] 杨芳、邵诚道、孙传旺：《“一带一路”背景下两岸能源合作的政策选择》，《台湾研究》2016 年第 8 期。

[5] 万琳：《整合两岸资源优势　促进风电产业升级》，《风能》2010 年第 8 期。